관경사첩소觀經四帖疏 현의강기玄義講記

-관무량수불경 선도대사 소疏 강설-

선도대사善導大師 찬술
정공 스님·이시푼촉 스님 강설
도영 스님 편역

서방삼성도(西方三聖圖). 아미타부처님과 관세음보살(우), 대세지보살.

中生을 사바세계에서 극락세계로 인도하고 접인하시는 석가모니불(右)과 아미타불을 형상화
한 이하백도도(二河白道圖)

善導大師
弥陀化身
創净土宗
楷定古今
本願称名
凡夫入报
平生业成
现生不退

선도善導 대사

일러두기

1. 원문은 대정장大正藏 No. 2018 관무량수불경소觀無量壽佛經疏 제1권을 저본으로 하여 번역하였다.

2. 이시푼촉 스님(중국명 지원智圓 스님)의 강기는《관경사첩소강기觀經四帖疏講記》상권에서 제1권 현의분을 번역하였다.

3. 정공 큰스님의 강기는 1992년 12월 대만台灣 경미화장도서관景美華藏圖書에서《불설관무량수불경소佛說觀無量壽佛經疏》(강기로 약칭)를 강설한 내용과 1993년 10월 싱가포르 불교거사림에서《관경선도소청화觀經善導疏菁華》(청화로 약칭)를 강연한 내용에서 현의분 강연분을 편집하여 번역하였다.

목 차

선도대사(善導大師; 613~681년)

정종淨宗 2조 광명선도光明善導 대사 전기

이시푼촉 스님 강술

선도대사의 전기를 학습하기 앞서 먼저 아미타부처님 화신이신 광명선도光明善導 대사님께 예경을 드리고, 가지加持를 구하여야 합니다. 각자 마음속으로 선도대사의 면전에서 삼배 정례頂禮하는 모습을 관상합니다. 그런 다음 공경심 가운데 안온히 머물면서 선도대사의 전기를 듣고 받아들입니다.

선도대사의 전기는 아미타부처님께서 위없는 자비력으로 중국 땅에 현현顯現하심에 대한 기록입니다. 선도대사의 전기를 학습하는 목적은 참된 신심과 공경심을 일으킨 후 대사의 가르침에 의지해서 한평생 정토를 수지하는 지침으로 삼고자 함입니다. 아래에서는 갖가지 전기를 혼합하여 대사님의 사적을 강술할 것입니다.

당나라 시대 선도대사의 속성은 주朱씨로 산동山東 임치현臨淄縣 사람입니다. 그는 매우 어려서 밀주密州 명승明勝 법사에 의지해 출가하여 《법화경》과 《유마경》을 독송하였습니다. 밀주는 산동 제성현諸城縣으로 거리는 임치현에서 멀지 않았습니다. 명승 법사는 당시 삼론종三論宗의 학장學匠으로 가상嘉祥 대사와 함께 법랑法朗 대사의 제자(高徒)였습니다.

한 번은 선도대사께서 서방변상도西方變相圖를 보시고 정토를 그리워하며 왕생하길 발원하는 마음이 생겨 말씀하시길, "어떻게 하면 신식神識을 연화대에 의탁하여 정토에 살 것인가(何當托質 蓮臺 棲神淨土)." 하셨습니다. 이는 '나는 신식神識을 서방정토의 칠보연화대에 의탁하여 정토에 거처하고 싶다'는 뜻입니다. 이때 그에게 정토왕생에 대한 강렬한 지원誌願이 이미 현전하였습니다. 「서방변상도」는 바로 서방극락세계의 갖가지 장엄을 묘사한 그림입니다. "변變"은 전변轉變으로 진실한 정토를 그림으로 바꾼다는 뜻입니다. 당연히 그림으로는 진실한 정토를 묘사할 수 없지만, 그래도 사람에게 동경하는 마음을 일으킬 수 있습니다. 당시 대사께서 서방변상도를 한번 보고 정토에 왕생하려는 마음을 일으켰고, 일심으로 이번 일생에 마침내 정토의 보배연화에 날 수 있기를 그리워하셨습니다. 이는 가장 중요한 정토의 믿음과 발원입니다.

선도善導대사께서는 20세에 구족계를 받은 이후 묘개妙開 법사와 《관경觀經》을 보고서 그 당시 기쁘고 슬픈 감정이 교차하면서 찬탄하며 말씀하시길, "나머지 행업을 닦아 치우치고 돌아가서는 성취하기 어렵고, 오직 이 관문만이 닦으면 결정코 생사를 뛰어넘는다(修余行業 迂僻難成 ; 唯此觀門 定超生死)." 하셨습니다. 그는 다른 법문으로 닦는 것은 곧장 질러가지 않고 너무나 멀리 돌아가서 성취하기 어렵고, 오직 홀로 16관문으로 잘 닦아야 비로소 결정코 생사를 벗어날 수 있다고 깨달았습니다. 말하자면 16관 수행으로 아미타부처님의 위신·가피를 얻은 후 경계가 저절로 현전함을 관하고 마음을 정토에 의탁하면 이로 말미암아 생사를 벗어나게 됩니다. 단지 자심自心이 아미타부처님 위신력의 섭지攝持를 받아 정토에 이르기만 하면 생사를 벗어날 수 있는 셈입니다. 그러나 정토법문은 타력의 특색이 매우 또렷하게 드러나므로, 우리는 믿음과 발원으로써 아미타부처님의 마음과 화합하여 일단 부처님의 위신력으로 섭지를 받아 곧장 정토에 안치되면 곧 생사를 벗어납니다. 이러면 이미 몇 겁의 수행을 뛰어넘을 수 있습니다.

그래서 당시 선도대사께서《관경》을 보시면서 한편으로는 슬픈 감정이, 한편으로는 기쁜 감정이 들었습니다. 슬픈 것은 오랜 겁 이래로 줄곧 생사의 수레를 굴리면서 이 삼악도에서 출리出離할 수 없었고, 아미타부처님의 수승한 법문을 만나지 못하였다는 점입니다. 기쁜 것은 오늘 마침내 이런 기회가 생겨 이렇게 무량수불의 법문을 만날 수 있었다는 점입니다.

그 당시 사람들은 담란曇鸞대사처럼 선경仙經을 닦으면 장수할 수 있다고 여겼습니다. 나중에 보리류지菩提流支 삼장법사께서 서방극락세계 무량수불 법문의 수행을 일러주면서 그에게 16관법을 일러주셨습니다. 그는 당시 항상 즐겁고 기뻐하였습니다. 왜냐하면 이 법문은 진정으로 우리가 죽음이 없는 과위를 실현할 수 있고, 이번 생에 짧게는 수십 년 후 정토에 왕생할 수 있으며, 이로부터 영원히 윤회와 작별을 고하고 더 이상 어떤 업의 괴로움도 없기 때문입니다.

《신수왕생전新修往生傳》에 따르면 당시 선도대사께서는 공덕이 심심미묘한 도는 반주삼매般舟三昧를 뛰어넘는 것이 없다 여기시고, 필생의 정력을 이를 닦는데 투입하셨으며, 나중에 종남산終南山 오진사悟眞寺에 은거하시어 일심으로 관법을 닦으셨다고 합니다. 종남산은 당나라 수도인 장안의 남쪽에 있고, 오진사는 종남산의 남전현藍田縣에 있었습니다. 이 사원은 수나라 개황 연간(581~600)에 정업 법사淨業法師가 창건하였고, 후에 보공保恭, 혜초慧超, 법성法成 등의 큰스님이 잇달아 주지住持하셨습니다. 그들이 모두 정토법문을 닦았기에 오진사는 정종의 도량이라 말할 수 있습니다.

선도대사께서 오진사에서 법을 닦으신 상황은 어떠하였을까요?《신수왕생전》에 따르면, 대사께서는 종남산 오진사에 은거하신 후 몇 해 지나지 않아 관상을 닦으면서 이미 피로를 잊고 깊고 미묘한 경계에 들어 삼매 중에 지관地觀에서 극락세계의 보배누각·보배연못·금빛 좌대에 이르기까지 마치 눈앞에 있는 것처럼 완비할 수 있었습니다. 이는 대사께서 20세 시절에 이미 삼매를 증득하여 극락세계의 수승한 경계가 현전하는 경험한 것입니다.

또한 한 편의 전기에 따르면 당시 선도대사께서는 병 중에 이미 극락세계의 갖가지 수승한 장엄이 나타나자 감격한 마음에 눈물이 끊임없이 흘러내렸고 몸을 일으켜 땅에 엎드려 예배하였습니다. 이미 수승한 삼매를 성취한 이후에는 곳곳에 다니시며 인연에 따라 중생을 이롭게 하는 전법을 시작하셨습니다.

처음에는 도작道綽선사께서 진양晉陽에서 정토법문을 개시하며 드날리고 있다는 소식을 듣고서는 천리를 멀다 않고 찾아가 도작선사에게 정토묘문에 대해 배움을 구하였습니다. 그때 마침 초겨울로 찬바람이 매섭게 불어 낙엽이 바람에 무수히 떨어져 깊은 구덩이를 가득 메울 지경이었습니다. 이에 대사께서는 바리때를 가지고 구덩이에 들어가 정좌하여 일심으로 염불하셨는데, 어느새 순식간에 며칠이 지나가버렸습니다. 이때 홀연히 공중에서 "이제 길을 떠나도 괜찮다. 가는 곳에 더 이상 장애가 없을 것이다." 하는 계시의 소리가 들려왔습니다. 이에 대사께서는 구덩이에서 나와 계속 길을 갔고, 도작선사가 계시는 현중사玄中寺에 이르러 선사를 향해 자기의 숙원을 표현하였습니다. 당시 도작선사께서는 그에게 《무량수경》을 전수하여 주셨습니다. 대사께서 경권을 펼치고 상세히 열독하심에 종전에 삼매에서 본 서방극락정토가 마치 눈앞에 있는 듯 생생하였습니다. 이에 7일 동안 삼매에 들어 정좌에서 일어나지 않았습니다.

어떤 사람이 선도대사에게 묻길, "제자는 염불하여 왕생할 수 있습니까?" 하였습니다. 대사께서는 그에게 연꽃 한 송이를 마련하여 불전에 놓고 7일 동안 닦은 후 연꽃이 시들지 않으면 왕생할 수 있다고 말씀하셨습니다. 이 사람이 7일 동안 닦으니, 과연 연꽃이 시들지도 않고 노랗게 변하지도 않았습니다. 당시 도작선사께서도 선도대사가 정토의 수증修證에 지극히 깊은 조예가 있음에 매우 놀라고 감탄하셨습니다.

《서응전瑞應傳》에서도 이야기 하나를 들려줍니다. 당시 동도(東都, 낙양)의 뛰어난 스님 한 분이 《화엄경》을 40번이나 강의하였습니다. 그도 도작선사의 도량에 가서 삼매에 들어 노닐며 관하였습니다. 당시 그는 감탄하며 말하길, "나 자신은 한심스럽게도 다년간 단지 주석서의 문자를 공부하느라 몸과 마음을 수고롭게 하였을 뿐인데, 어찌 염불에 이렇게 불가사의한 이익이 있음을 생각이나 하였겠는가." 하였습니다. 이에 선도대사께서 그에게 말씀하시길, "경전의 말씀은 모두 진실한 말이다. 부처님께서 어찌 헛된 말씀을 하시겠는가!" 하셨습니다.

이는 선도대사께서 그에게 정토법문에는 확실히 불가사의한 불력의 가지加持가 있음과 석가모니부처님께서는 결코 헛된 말씀을 하시지 않았고, 육방 제불께서도 결코 사람을 속이지 않으며, 아미타부처님의 48대원은 결코 헛된 원이 아님을 실증해 주신 것입니다. 이 강경법사는 종전에 매우 큰 공부를 하였지만 모두 문자만으로 하였을 뿐입니다. 《화엄경》을 40번 강설하였으니, 얼마나 큰 정력을 들였는지 짐작할 수 있습니다! 그러나 불법을 닦고 증득함에 진실한 수용을 얻을 수 없었습니다. 그가 도작선사의 삼매도량으로 들어온 이후 깊은 관에 들어가서야 비로소 염불에 불가사의한 이익이 있음을 발견하였습니다. 이것이 바로 불력의 가피를 얻음입니다.

이어서 선도대사께서는 당시의 경성인 장안에 가셔서 사부대중 제자들을 불러 모아 귀하든 천하든 어느 한 계층에 국한되지 않고, 모두 대사의 감화를 받아 백정과 술집 잡부에 이르기까지 모두 감응과 깨달음을 얻을 수 있었습니다. 《불조통기佛祖統記》에도 이러한 이야기 하나가 기록되어 있습니다. 당시 장안에 성이 경京씨인 백정이 있었는데, 선도대사께서 사람에게 염불을 권하여 성 전체가 모두 육식을 끊는 일이 생겼습니다. 이 백정은 화가 나고 원망하는 마음이 생겨 칼을 가지고 사원으로 달려가 대사를 죽이려고 하였습니다. 당시 선도대사께서는 그에게 사방을 가리키자 문득 정토의 경계가 나타났습니다. 이에 경씨 백정 이 사람은 바로 마음을 돌려 뜻을 바꾸어 서방에 태어나겠다고 발원하였습니다. 그의 마음은 매우 절박하여 매우 큰 나무 한 그루 위에 올라가 염불하면서 투신하여 임종하였습니다. 그 자리에 있던 사람들은 모두 화신불께서 그의 신식神識을 정수리에서 이끌고 나가 서방극락에 왕생하게 하시는 모습을 보았습니다. ～

당시 선도대사의 감화를 받아 경성에서는 매우 많은 출가 및 재가 사부대중 제자들이 모두 매우 절박하게 왕생을 구하는 마음을 일으켰습니다. 어떤 이는 높은 산 정상에서 아래로 투신하였고, 어떤 이는 매우 깊은 강물로 투신하였으며, 어떤 이는 매우 높은 나뭇가지에서 떨어졌고, 어떤 이는 분신 공양하는 등등 굉장히 많아 거의 1백여 명이나 되었습니다. 또한 어떤 이는 범행梵行을 닦아 처·자식을 버렸습니다. 《아미타경》을 10만 내지 30만 번 염송하고, 아미타불을 매일 1백5천에서 10만 번 염하여 염불삼매를 얻어 정토에 왕생한 사람은 그 수를 헤아릴 수 없었습니다.

어떤 사람이 선도대사님께 묻길, "염불의 선근으로 정말 정토에 왕생할 수 있습니까?" 하니, 대사께서 답하시길, "그대가 염한 바처럼 반드시 그대가 발원한 바를 만족할 것이다." 하셨습니다. 그런 후에 대사께서는 스스로 한번 소리 내어 아미타불을 염하니 한 줄기 광명이 입에서 나왔고, 열 번 소리 내어 염하니 열 줄기 광명이 입에서 나왔으며, 내지 1백 번 소리 내어 염하니 1백 줄기 광명이 입에서 나왔습니다.

《염불경念佛鏡》의 기록에 따르면 한번은 서경의 사원에서 대사께서 금강 법사와 염불의 우열을 겨룬 적이 있었습니다. 대사께서 발원하시길, "각 경전에 따르면 세존께서 이르시길, 염불 일법으로 정토에 왕생할 수 있나니, 1일 내지 7일 일념에서 십념에 이르도록 아미타불을 염하면 반드시 왕생할 수 있다 하셨습니다. 만약 이것이 중생을 속이는 말이 아니라 진실한 말씀이라면 곧 이 불당 안의 두 분 성상이 모두 광명을 놓을 것입니다. 만약 이 염불이 거짓된 법으로 정토에 왕생하지 못하고 이것이 중생을 속여서 미혹케 하는 것이라면 저 선도로 하여금 이 높은 법좌에서 곧장 무간지옥에 떨어져 오랜 시간 괴로운 과보를 받으며 영원히 벗어날 기약이 없을 것입니다." 하셨습니다. 이에 곧 선도대사께서 여의장如意杖으로 불당 안의 불상 전체를 가리키자 모든 불상이 다 광명을 놓았습니다.

선도대사께서는 아미타불의 화신으로 그 저술과 원력은 모두 지극히 큰 가피입니다. 에피소드 하나를 말하겠습니다. 후대의 소강少康대사는 "후선도後善導"라 불렸습니다. 《송고승전宋高僧傳》의 기록에 따르면 중당(中唐; 766~835년) 시대에 이르러 소강대사가 낙양 백마사白馬寺에 참방하러 와서 동방에 방광이 남을 보았습니다. 그는 '어떤 경법인가?' 하고 유심히 찾아보았습니다. 그것은 선도대사가 쓴 《서방화도문西方化導文》이었습니다. 소강은 이를 보고서 매우 기뻐서 축원하며 말하길, "내가 만약 서방극락과 인연이 있다면 오직 원하옵건대, 이 한편의 글에서 다시 광명을 보이소서." 하였습니다. 그가 축원을 마치자 과연이 글에서 거듭 새롭게 광명이 번쩍였고, 그 광명에는 무량무수한 화신불·화신보살들이 계셨습니다. 당시 소강대사께서는 감동을 받아서 발원하며 말하길, "겁석은 옮길 수 있으나, 나의 원은 결코 바뀌지 않으리라(劫石可移 我願無易矣)." 하셨습니다. "겁석劫石"은 바로《대지도론》에서 말한 폭과 높이가 각각 40리나 되는 큰 바위로 천인이 백년에 한번 내려와 매우 가벼운 하늘 옷으로 한번 바위를 떨어서 이 바위를 다 떨어버릴 때까지 걸리는 시간이 일겁 시간의 양입니다. 소강대사께서는 "설령 겁석을 전부 다 떨어버릴 수 있을지라도 나의 원은 바뀔 리가 없다." 말씀하셨습니다.

당시 그는 선도대사의 가피를 받았고, 그 후 맹렬하게 정토에 왕생을 구하는 원을 발하였습니다. 이것이 바로 결정하겠다는 의지(誌)입니다. 우리 수행에 있어 가장 중요한 것은 바로 이것입니다. 왕생할 수 있느냐 여부는 당신에게 결정하겠다는 의지가 있느냐를 살피는 것입니다. 만약 당신이 이미 왕생을 결정하겠다는 마음을 일으키면 왕생할 수 있지만, 여전히 미루며 이렇지 않다고 여기면 확실하지 않습니다. 정토는 믿음과 원력을 대단히 중시합니다. 만약 내가 일심으로 극락세계에 가겠다고 이미 결심하였다면 설령 머리가 잘릴지라도 결코 변하지 않고, 언제 어디서라도 마음속의 지원(誌願)을 바꾸지 않는다면 극락세계에 갈 수 있습니다.

소강대사는 선도대사의 가피를 받았습니다. 과연 그 가피는 매우 희유하여 구하기만 하면 반드시 응함이 있었습니다. 방광을 말하면 직접 광명을 발하였고, 견불見佛을 말하면 바로 부처님께서 나타나셨습니다. 이때 그는 선도대사에게 매우 큰 신심을 내어 일심으로 장안에 머물면서 선도대사의 진영이 모셔진 영당影堂에 가서 예배를 올리고 싶었습니다. 영당에 모셔진 선도대사의 화상畫像에 소강대사가 공양을 바친 후 일심으로 선도대사를 친견하길 기도하였습니다. 당시 선도대사의 화상이 바로 부처님의 몸으로 변화하면서 소강대사에게 말씀하시길, "그대는 나의 가르침에 의지해 중생을 이롭게 하고 함께 안양토에 왕생할지어다." 하셨습니다. 이는 바로 당신이 나의 교법에 의지해 중생을 이롭게 하고 인연 있는 중생을 섭지攝持하여 모두 극락세계로 가라는 뜻입니다. 소강대사께서는 이 말씀을 들은 후 깨달은 바가 있었습니다.

그는 두 차례 선도대사의 경문이 방광함을 보고서 마음을 정토에 귀의하겠다고 결정하고서 "겁석은 옮길 수 있으나, 나의 원은 결코 바뀌지 않으리라." 발원하였습니다. 나중에 또한 선도대사께서 불신佛身을 화현하여 그에게 설법해 주셨습니다. 이후 그는 스스로 행하고 다른 이를 교화함에 모두 정토를 귀의처로 삼았습니다. 전기에 따르면 나중에 남방 강릉江陵 과원사果願寺에 가서 한 스님을 만나 그에게 말하길, "그대가 중생을 교화·인도하고 싶다면 직접 신정新定 지방으로 가거라. 그대의 인연이 그곳에 있으리다." 하였습니다. 말씀을 마친 후 모습이 보이지 않았고, 단지 미묘한 향과 광명이 서방극락으로 갈 뿐이었습니다.

그는 신정에 도착해 성에 들어가 걸식을 하였습니다. 약간의 돈을 받으면 아이에게 염불을 유도하였고, 아이가 소리 내어 한번 염불하면 한 푼의 돈을 주었습니다. 한 달 남짓 지나자 그 아이들은 모두 염불하기 시작하였고, 많이 염불하면 돈을 많이 주었습니다. 이렇게 일 년이 지나가자 남녀노소를 불문하여 소강대사를 보면 모두 "아미타불, 아미타불!" 염불하였습니다. 그 후 그는 오룡산烏龍山에 정토도량을 건립하고, 수많은 행인을 섭수하여 극락세계에 왕생하게 하였습니다. 매번 법좌에 올라 남녀 제자들에게 서방을 향해 염불하라고 시켰습니다. 마침내 모두들 다 소강대사가 고성으로 "아미타불"을 염할 때 부처님께서 그의 입에서 나옴을 보았습니다. 열 번 소리 내어 염하면 열 분의 부처님께서 나오셨는데, 마치 여러 개의 구슬이 연결되어 있는 것 같았습니다. 소강대사께서는 모두에게 말씀하시길, "그대들은 부처님의 신상을 보면 왕생할 수 있다." 하셨습니다. 이는 바로 "후 선도"의 전기 중 한 단락입니다.

당나라 경성의 천복사에서 회감懷感이란 스님이 있었는데, 처음에는 염불하면 극락정토에 왕생할 수 있다고 믿지 않았습니다. 이에 선도대사를 배견拜見하고서 자신의 의심을 제거하였습니다. 선도대사께서는 그에게 지극한 마음으로 염불하면 장래에 반드시 증험이 있을 것이라 법문하셨습니다. 회감 스님은 도량에 들어가 21일 염불하였지만, 신령한 감응이나 서상을 보지 못하였습니다. 그는 자신의 업장이 깊고 무겁다고 한탄하면서 식음을 전폐하고 목숨을 버리기로 마음먹었습니다. 선도대사께서 그를 제지하시고 그에게 3년간 정성을 다해 염불하겠다고 발원하라 하였습니다. 그 후 회감 스님은 일심으로 정토를 수지하여 마침내 신령한 서상을 얻어 몸소 금빛 불상에서 백호광명이 나오는 모습을 보고서 염불삼매를 증득하였습니다. 그는 《군의론群疑論》 7권을 세간에 유통하였습니다. 목숨을 마치려 할 때 이르러 화신불이 와서 영접함을 감득하고서 서방을 향해 합장하고서 안상히 왕생하였습니다.

선도대사께서는 비록 삼매를 깊이 증득하여 대신통과 대증량 (證量; 현량)이 있었지만 그의 행지는 매우 엄격하였고, 뼈를 깎는 각고의 정진을 하였습니다. 《신수왕생전新修往生傳》의 기록에 따르면 당시 선도대사께서 장안에 가신 이후 불당에 들어갈 때마다 지극히 공경하는 마음으로 합장 호궤하고 일심으로 염불하였는데, 모든 힘을 다할 때까지 멈추지 않았습니다. 나아가 매우 추운 겨울에도 땀을 흘릴 때까지 염불하여 이러한 모습으로 자신의 지극한 정성을 표시하였습니다. 대사께서는 불당에서 나서면 사람들에게 정토법문을 강설하여 주셨고, 출가자와 재가 신도들이 모두 보리심을 일으켜 정토행을 닦도록 교화·인도하셨으니, 한 시각도 남을 이롭게 하는 일을 하지 않은 때가 없었습니다.

그는 30여 년 동안 줄곧 밤에 눕지 않았고, 어느 곳에서도 잠을 잔 적이 없었습니다. 목욕하는 때를 제외하고 옷을 벗은 적이 없었습니다. 날마다 반주삼매般舟三昧를 닦고 예불하며 방등경에 예배함을 자신의 수행으로 삼았습니다. 게다가 계율을 호지護持하여 털끝만큼도 허물고 범한 적이 없었습니다. 지금까지 여자를 쳐다본 적도 없었고, 마음에 명리의 마음을 한 생각도 일으키지 않았으며, 입으로 교묘하게 꾸미는 말을 하지도 않았고, 희롱하며 웃는 일도 없었으며, 그 행지가 매우 엄격하셨습니다.

　대사께서 가시는 곳마다 사람들은 앞 다투어 그에게 공양을 바쳤습니다. 음식, 옷, 침구, 탕약 등 수많은 물품들을 그는 여태껏 스스로 쓰신 적이 없었고, 전부 보시하는데 쓰셨습니다. 좋은 음식을 얻으면 모두 식당에 보내어 대중에게 공양하셨고, 자신은 약간의 거친 음식만 드셨고 생존을 유지할 수 있으면 만족하셨으며, 좋은 치즈 유제품은 지금까지 누린 적이 없었습니다. 무릇 사람들이 공양한 돈은 모두 《아미타경》을 필사하는데 사용하여 모두 십만 여 권을 필사하였고, 정토변상도를 3백여 폭을 그렸습니다. 평상시 길을 혼자 다니셨고, 다른 사람과 같이 걷지 않으셨습니다. 사람들과 세간의 사소한 일을 이야기하면 수행에 장애 될까 두려워하셨기 때문입니다. 가사 옷과 바리때를 다른 사람이 씻도록 하지 않았고, 노년에 이르기까지 한 번도 바꾸지 않았으며, 줄곧 인연 있는 중생을 교화하셨습니다.

　《불조통기佛祖統記》의 말씀에 근거하면 선도대사께서는 아미타불의 화신으로 이 국토의 인연 있는 중생을 섭수하여 서방극락 세계에 왕생하도록 돕기 위해 특별히 장안에 자취를 보이셨습니다. 《불조통기》의 말씀에 따르면 아미타불의 화신이 장안에 가서 졸졸 흐르는 물에서 "중생을 염불하도록 가르칠 수 있다"는 말소리가 들렸습니다. 대사께서 장안에서 교화를 하신지 3년이 지나자 장안성 전체가 염불소리로 가득 찼습니다. 대사께서는 법을 닦는 시간을 제외하고 그밖에 몇 십 년간 모두 정토법문을 홍양하여 인연 있는 사람들을 섭수하는데 온힘을 기울였습니다.

위에서 이미 말씀드렸듯이, 그는 모든 신심 있는 분이 공양한 물품 전부를 《아미타경》 필사에 사용하여 총 10만권을 필사하였고 정토변상도 3백여 폭을 그렸습니다.

당시 대사께서 필사한 경권을 인연 있는 남녀 신도들에게 증정하였고, 공양한 사람이 무수히 많았습니다. 한 권을 필사하여 한 사람에게 증정하면 이 사람이 정토의 인연을 맺을 수 있음을 알아야 합니다. 당시 필사한 경문의 수량은 10만 권에 도달하였습니다. 현재 일본 경도 용곡龍谷대학의 도화관에 선도대사께서 친히 필사한 《아미타경》이 수장되어 있습니다. 이 경권은 1899년 대곡大谷탐험대에 의해 중국의 (신장 위구루) 투루판에서 발굴되었습니다. 대사의 홍원으로 경권은 마침내 서역까지 유통되어 당시의 교화사업이 매우 광범위하였음을 볼 수 있습니다.

오늘날 돈황의 천불동에서는 《관무량수경觀無量壽經》 만다라가 건립되어 있는데, 이는 바로 선도대사가 직접 그린 것으로 줄곧 오늘날까지 전해지고 있습니다. 게다가 유명한 낙양의 용문석굴에는 온화하고 점잖으며 부귀한 형상의 노사나불상盧舍那佛像이 모셔져 있는데 선도대사께서 제작을 감독하신 것입니다. 전기 기록에 따르면 이 불상은 당나라 고종이 건립하기 시작해서 무측천武則天이 지분전脂粉錢 2만냥을 시주하고 선도대사에게 감독하도록 교령을 내렸습니다. 이로써 선도대사께서는 불교예술에 조예가 깊어 최고수준에 이르렀음을 알 수 있습니다. 그가 그린 정토변상도는 매우 수승하였습니다. 이는 대사께서 삼매경계에서 몸소 극락세계를 보셔서 이렇게 그리셨기 때문에 불가사의한 가지加持의 힘이 있었습니다.

선도대사가 세간에 유포한 저작은 이른바 5부 9권으로 《관경사첩소觀經四帖疏》4권,《왕생예찬往生禮讚》1권,《관염법문觀念法門》1권,《법사찬法事讚》2권,《반주찬般舟讚》1권입니다. 다른 갖가지 저명한 게송도 있는데 모두 민간에 광범위하게 유포되었습니다. 그 가운데 《관경사첩소》의 영향력이 가장 컸습니다.

《사첩소》를 지을 때 매우 많은 신령한 감응이 있었습니다. 《사첩소》의 마지막에 대사께서는 직접 이러한 영험을 기록하셨습니다. 대사께서 말씀하시길, "저는 생사범부로 지혜가 짧고 얕지만 부처님의 가르침은 매우 깊고 미묘하여 저는 마음대로 주해를 쓸 수 없습니다." 하셨습니다. 그래서 스스로 지극한 마음으로 기원하여 영험을 얻고자 하였습니다. 당시 대사께서는 먼저 "진허공·변법계의 일체 삼보께 정례 귀명하옵고, 석가모니불·아미타불·관음·대세지보살·서방정토의 보살대해중과 정토의 일체장엄상 등에 정례하옵나이다." 예배하고, 대사께서는 말씀하시길, "저는 현재 《관경》의 요의를 나타내어 고금의 잘못을 바로잡는 정칙으로 삼고 싶사오니, 만약 제가 쓴 것이 삼세제불·석가모니불·아미타불 등의 대자대비하신 본원의 뜻에 부합한다면 원하옵건대 꿈속에서 제가 원하는 바 일체 경계상이 보이게 하옵소서."라고 기도하셨습니다.

이렇게 불전에서 서원을 맺은 이후 날마다 《아미타경》을 세 번 염송하고, 아미타불을 3만 번 소리 내어 염하였습니다. 바로 그날 밤에 서방의 허공에서 갖가지 정토장엄의 미묘한 상의 경계가 전부 현전함을 보았습니다. 갖가지 빛깔의 보배산이 백 겹 천 겹이었고, 갖가지 광명이 아래로 지면 위에 비추고 대지는 황금 빛깔로 나타났습니다. 중간에 제불보살께서 계셨는데, 어떤 이는 앉아 있고 어떤 이는 서 있으며, 어떤 이는 설법하고 있고 어떤 이는 잠자코 아무 말도 하지 않으며, 어떤 이는 손을 내밀어 움직이고 있고 어떤 이는 안온히 머물러 움직이지 않는 등 갖가지 미묘한 상이 있었습니다. 이러한 상을 본 이후 대사께서는 바로 합장한 채 서서 관에 들어가 한참 후에야 경계에서 나왔습니다. 마음속으로 더 없이 뛸 듯이 기뻐하며 하나하나씩 16관 등에 담긴 각각의 함의를 기록하였습니다.

이로부터 이후 날마다 매일 밤 꿈속에서 언제나 출가인 한 분이 《관경》의 현의 과문을 지시하였고, 현의를 다 쓰고 난 이후에 더 이상 신통력을 지닌 스님이 보이지 않았습니다.

대사께서 본서를 다 쓰신 이후 지극한 마음으로 서원을 세워서 7일을 약정하여 감응을 간절히 구하였습니다. 매일 《아미타경》 10번과 아미타 명호를 3만 번 염송하였습니다. 초야初夜와 후야後夜에 모두 극락세계의 갖가지 장엄상을 관상하고 성심으로 귀명 예배하셨습니다. 그날 밤 바퀴 세 개가 길가에서 굴러가는 모습이 보이더니, 문득 한 사람이 흰색의 낙타를 타고 앞에 와서 권고하여 말하길, "스승이여, 노력할지라. 결정코 왕생하여 퇴전하지 말라. 이 세계는 불결과 오탁으로 가득 차서 대단히 고통스러우니, 이 세계의 향락을 탐하지 말라." 하였습니다. 대사께서는 대답하길, "현자께서 호의로 오셔서 저를 살피고 인도하시니, 저는 반드시 생명이 다할 때까지 게으리고 오만한 마음을 일으키지 않겠나이다.” 하셨습니다. “둘째 날, 아미타부처님께서 자마진금 빛깔의 몸을 나툰 채 칠보수 아래 황금 빛깔 연꽃 위에 단좌하여, 열 분의 스님께서 부처님을 둘러싸고 각자 보배수 아래에 앉아계셨습니다. 부처님 뒤쪽 보배수 위에는 하늘 옷이 걸린 채 둘러싸고 있었습니다. 당시 대사께서는 서방을 향해 마주보고 합창한 채 앉아서 관에 들어가 계셨습니다. 셋째 날 밤에는 두 개의 매우 높고 거대한 당번 통나무가 뚜렷이 나타났고, 도로는 종횡으로 교차하여 한눈에 보아도 아무런 장애가 없었습니다. 이때 아직 7일이 되지 않았지만 이러한 영험상을 얻어 대사께서는 여기에 이르러 기도를 멈추셨습니다.

이렇게 《사첩소》는 이미 부처님의 인증을 청하여 마쳤습니다. 그래서 한 글자, 한 문구라도 늘리고 줄일 수 없습니다. 바로 인광대사께서 말씀하신 것처럼 대사의 설법은 부처님의 설법과 마찬가지입니다.

12세기, 일본의 법연상인法然上人께서 《관경소》에 의거하여 일본정토종을 성립시켰습니다. 상인께서는 일찍이 한 차례 꿈속 경계를 기록한 적이 있습니다.

나는 《관경소》를 여덟 차례 읽고서 생각이 혼란한 범부일지라도 칭명의 묘행에 의지해서 부처님의 원력에 올라타면 반드시 아미타부처님의 정토에 왕생함을 알았다. 비록 나 자신은 왕생이 이미 결정되었을지라도 또한 일체중생을 위해 이 미묘한 도를 홍양하고 싶지만, 시기는 여전히 단정하기 어려워 마음속으로 주저하는 생각을 품었다. 어느

날 밤, 꿈에 공중에서 매우 큰 자주빛 운무가 일어나 사해바다를 광대한 범위로 덮었다. 자주빛 구름에서 무량한 광명이 나왔고, 광명에서 온갖 보배 뭇 새가 나와 날개 짓을 하며 사면팔방으로 날아갔다. 당시 나는 높은 산에 올라가 고승 한 분이 구름 서상에서 출현하시어 내 앞에 서 계심을 보았다. 나는 그분께 공경히 예를 표하고 그분의 존용尊容을 우러러보았다. 단지 그의 허리 이하만 보아도 부처님의 색신처럼 황금 빛깔이 나타났고, 허리 위는 일반 스님처럼 출가 의상을 입고 있었다. 이 고승께서 말씀하시길, "나는 당나라 선도대사이니라. 그대가 전수염불 법문을 홍양 유통할 수 있음은 매우 희유한 까닭에 내가 그대에게 인증해 주려 왔노라. 앞으로 그대는 걸림없이 홍법하여 멀리 떨어진 지역까지 전할 수 있으리라." 하셨다. 나는 땅에 엎드려 간청하여 말하길, "원컨대 저에게 직접 정토교문의 구결을 전수하여 주셔서 저 자신이 먼저 신심을 낼 수 있게 하고, 다른 사람도 신심을 내게 하여 주십시오." 하였다. 이때 선도대사께서 일러 말씀하시길, "훌륭하고 훌륭하다! 보살 · 대성인께 그대에게 정토교법을 원하는 대로 수여할 것이니라." 하셨다.

이는 바로 당시 법연 상인이 꿈속에서 선도대사께서 인증과 가지加持를 주시는 광경을 본 것입니다.

선도대사께서 장안에서 중생을 교화하시니, 출가자 재가자로 선도대사께 귀의한 사람이 매우 많아 문전성시를 이루었습니다. 후에 선도대사께서 머무신 사찰에서 정토변상도를 그리는데, 갑자기 모두에게 좀 더 빨리 완성하라고 재촉하셨습니다. 어떤 연고인지 물으니, 대사께서 말씀하시길, "나는 왕생하려 하니,

이틀 삼일 밤만 머물 것이니라." 하셨습니다. 이후 대사께서는 문득 작은 병에 걸린 모습을 보이시다 문을 걸어 잠그고 환희심에 머물며 정토에 왕생하셨습니다. 대사께서는 세상에 69년 머무셨습니다. 몸은 부드럽고 얼굴색은 평상시와 같았으며, 당시 신이한 향과 음악이 나타나 오랜 시간이 지나서야 사라졌습니다. 왕생한 때는 서기 681년 3월 14일이었습니다.

고종황제가 선도대사께서 염불하실 때 입에서 광명이 나온다는 사실을 알고서 사원에 "광명사光明寺"라는 이름을 하사하였습니다. 《서응전瑞應傳》에 말하길, "불법이 동으로 갔지만, 아직 선사만큼 번성하지 않았다." 하였습니다. 바로 불법이 동토로 전해진 이후 선도선사처럼 공덕이 이렇게 높고 큰 적은 없다는 말입니다.

송나라 지영智榮 선사께서 대사를 찬탄하여 말씀하시길, "선도善導대사께서는 아미타부처님의 화신으로 부처님의 육자 명호를 부름은 곧 부처님을 찬탄함이요 곧 참회함이요, 곧 발원회향이자 일체선근으로 정토를 장엄함이다." 하셨습니다. 이는 선도대사께서는 아미타부처님의 화신이고, "나무아미타불南無阿彌陀佛" 여섯 글자를 칭념할 때가 바로 부처님에 대해 찬탄함이며, 부처님 전에 참회함이며, 발원·회향함이며, 일체선근으로 정토를 장엄함이라는 뜻입니다.

연지蓮池대사께서 찬탄하여 말씀하시길, "선도화상께서는 세상에서 아미타부처님의 화신이라 전해지니, 그의 수행이 전일하고 엄격하며 중생을 광범위하게 이롭게 함을 보면 세세만대에 내려가도 여전히 사람을 감동시켜 신심을 내게 할 수 있다."
하였습니다. 선도대사께서는 아미타부처님의 화신이라고 전해
지니, 그의 수행이 전일하고 엄격하였고 중생을 광범위하게
이롭게 하였음을 보면 비록 세세만대 내려가도 모두를 감동시켜
신심을 일으키게 할 수 있습니다.

　인광印光대사께서 말씀하시길, "만약 기꺼이 성심을 다해 신명
을 던지면 서방에 결정코 왕생할 수 있다." 하셨습니다. 말하자
면 만약 우리가 성심으로 선도대사의 자비원력 가운데 뛰어들어
그의 저술에 따라 실행하면 결정코 서방극락에 왕생할 수 있습
니다.

　이상으로 아미타부처님의 화신이신 광명선도 화상의 전기를
간략히 강술하였습니다.

南無阿彌陀佛

現生不退　平生業成　凡夫入報　本願稱名　楷定古今　創淨土宗　彌陀化身　善導大師

善導大師 彌陀化身 創淨土宗 楷定古今 本願稱名 凡夫入報 平生業成 現生不退

도량에서 밤낮으로 마음 단속을 이어가며
전심으로 아미타불을 염하고
마음과 소리가 이어가되,
오직 앉고 오직 서서 7일간 잠을 자지 않으며,
또 때에 맞춰 예불 독송하며
염주도 잡을 필요 없이,
단지 합장 염불만 알고
염념이 견불見佛하는 생각을 지어라.
부처님께서 말씀하시길,
"아미타부처님 진금색신의 광명이 철저히 비추고
견줄 바 없이 단정함을 그리워하면
심안心眼으로 현전함을 볼 것이다."
−선도대사 〈관념아미타불상해相海삼매공덕법문〉

선도善導 대사

선도대사 관경변상도

불설관무량수불경소佛說觀無量壽佛經疏 권 제1

[현의분玄義分]

하나, 귀명게歸命偈

먼저 대중들에게 발원하고 삼보에 귀의하길 권합니다.

先勸大衆發願歸三寶

[이시푼촉 스님 강기]

가장 먼저 대중에게 보리의 지원誌願을 발하고, 삼보에 귀명할 것을 권하십니다. 여기서 보리의 발원은 특별히 무상심無上心을 발하여 생사를 뛰어넘고 아미타부처님의 법계로 들어가는 것을 가리킵니다. 또한 정토로의 출리出離 및 보리의 발원에 계합함을 포함합니다.

출가 재가 모든 사부대중은

각자 무상심을 발해야 합니다.

생사는 싫어하기 실로 어렵고,

불법은 기뻐하기 또한 어렵나니,

모두 금강의 뜻을 발하여

사류四流를 횡으로 뛰어넘어 끊고서

아미타불 극락세계로 가길 발원하고,

귀의하여 합장 정례하나이다.

道俗時衆等　各發無上心　生死甚難厭　佛法復難欣

共發金剛誌　橫超斷四流　願入彌陀界　歸依合掌禮

[이시푼촉 스님 강기]

　출가·재가 대중들은 각자 무상도심無上道心을 발해야 합니다. 생사에 대해 염리심厭離心을 내기는 매우 어렵고, 불법에 대해 흔모심欣慕心을 내기도 무척 어렵습니다. 그래서 이렇게 만나기 어려운 희유한 인연이 도래할 때 우리는 반드시 금강의 지원誌願을 함께 발해야 합니다. 이번 일생이 다하도록 윤회를 벗어나고 생노병사와 네 가지 폭류瀑流를 끊으며, 무시이래 아직도 해결하지 못한 생사대사를 해결하기 위해 우리는 곧 아미타부처님의 정토세계에 왕생하여 불퇴전을 획득하고 일생에 불도를 원만히 성취하길 발원해야 합니다! 이러한 금강지金剛誌를 일단 발한 후에는 영원히 다른 사람에 의해 바뀌지 않고 언제라도 줄곧 살아서 마지막 숨을 거둘 때까지 이러한 발원을 견고하게 집지하여야 합니다.

아미타부처님의 정토에 왕생하여 증입하는 목적을 위해 우리는 시방법계가 다하도록 일체 삼보의 바다에 귀의하여야 합니다. 이 때문에 모두 삼보에 합장하며 정례합니다.

[정공스님 강기]

도속시중등道俗時衆等 각발무상심各發無上心 : 「시時」는 현전이란 뜻으로 그 당시 대중입니다. 재가 이중과 출가 이중의 사부대중 제자는 각자 모두 무상보리심을 발해야 합니다. 왜냐하면 이 법문은 대승법이고, 대승법은 보리심의 기초위에 건립되는 것이기 때문입니다. 무엇을 보리심이라 합니까? 아래의 몇 문구가 보리심입니다.

생사심난염生死甚難厭 불법부난흔佛法復難欣 : 염리할 수 있으면 진실로 깨닫습니다. 세간 사람들은 모두 이 세간의 명리(名聞利養; 명예와 재물)와 오욕육진五慾六塵을 탐냅니다. 그런 생각을 알아차리고 내려놓는다면 이것이 진정한 깨달음입니다. 이 세간을 내려놓고 불법을 구하면 불법이 듣기 어려워도 잘 듣고, 단지 들을 뿐만 아니라 매우 환희하며 받아들입니다. 「흔欣」은 환희하며 받아들임입니다. 이것은 진정으로 깨달은 사람이 아니면 할 수 없습니다.

공발금강지共發金剛志 : 「금강」은 발한 원심이 영원히 무너지지 않고, 영원히 변하지 않음을 비유한 것입니다.

횡초단사류橫超斷四流 : 「사류四流」는 탐욕(欲)·소견(見)·생존(有)·

무명無明을 말합니다. 욕欲은 욕계로, 사혹思惑·견·유·무명, 이 네 가지가 당신에게 있으면 삼계를 벗어날 수 없습니다. 삼계三界 안의 욕계欲界에서 욕欲은 오욕으로 재물욕(財)·색욕(色)·명예욕(名)·식욕(食)·수면욕(睡)을 말합니다. 이것이 욕계의 업인業因입니다. 이를 끊지 않는다면 재가자이든 출가자이든, 어떤 법문을 수학하든지 상관없이 재물·색욕·명예·식욕·수면, 이 다섯 가지 일에 대해 탐애貪愛가 있다면 욕계를 떼어놓을 수 없습니다. 그래서 이를 욕류欲流라고 합니다. 이 사류四流에서 첫째가 욕류欲流입니다. 욕계의 업인이 있으면 욕계를 벗어날 수 없습니다. 위로는 색계·무색계가 있습니다. 색계·무색계에는 사혹思惑이 있고 견혹見惑이 있습니다. 바로 견사번뇌見思煩惱로 잘못된 견해, 잘못된 사상이 있습니다. 이것을 끊어버리지 못하고 이 두 가지가 있다면 삼계를 벗어날 수 없습니다. 바꾸어 말하면 윤회를 벗어날 수 없습니다.

여기서 우리들에게 이 네 가지 번뇌(四流)를 끊어 버려야만 삼계를 벗어날 수 있고, 육도윤회를 벗어나 여읠 수 있다고 말씀하십니다. 이는 말하기는 쉬워도 실천하기는 매우 어렵습니다. 그래서 실재로는 다른 법문에 의지해서 수학하면 아마도 가망이 없을 것입니다. 오직 정토만 있을 뿐이니, 아미타부처님 위신력의 가지를 구해야 삼계를 횡으로 벗어날 수 있습니다. 삼계를 횡으로 벗어나면 어떻습니까? 업을 끊을 필요가 없고, 업을 진 채 왕생합니다. 그래서 끊을 필요 없이 왕생할 수 있는 것은 오직 정토법문만 있을 뿐입니다.

원입미타계願入彌陀界 : 우리는 진정한 원심을 발하여 서방극락세계에 태어나길 구해야 합니다. 무엇이 진정한 원심입니까? 선도 대사께서 본경에서 우리들에게 설명해주시므로 우리들은 이를 특별히 유의해야 합니다.

세존이시여, 저희들은 일심으로
시방법계가 다하도록 법성진여의 바다와
보신·화신 등 삼신제불께 귀명하나이다.
일체보살님 한 분 한 분,
삼신불의 모든 권속 등
무량한 장엄보신 및 화신 보살과
십지 삼현의 연지해회 보살께 귀명하나이다.
삼대아승지겁 동안 수행이 원만하든 못하든지,
지혜와 행지가 원만하든 못하든지
번뇌가 다하였든 못하였든지
습기가 사라졌든 않았든지 관계없이
공용지功用地와 무공용지無功用地가 있고,
지혜를 증득하였든 못하였든지
위로 묘각 및 등각위 보살이 있고,
혹은 금강유정의 마지막 계위 보살이 있고
혹은 일념에 상응한 후

과지의 덕인 열반이 현전하는 제불께서 있나니
이들 모두 분들께 지극정성으로 귀명하나이다.

世尊我一心　歸命盡十方　法性眞如海　報化等諸佛
一一菩薩身　眷屬等無量　莊嚴及變化　十地三賢海
時劫滿未滿　智行圓未圓　正使盡未盡　習氣亡未亡
功用無功用　證智未證智　妙覺及等覺　正受金剛心
相應一念後　果德涅槃者

[이시푼촉 스님 강기]

이는 일체 불보살님께 귀명함을 가리킵니다. 가장 먼저 시방법계가 다하도록 법신·보신·화신의 삼신 일체제불께 귀명합니다. "법성진여의 바다"는 법신불을 가리킵니다. "바다"는 비유로 깊고, 넓으며, 끝이 없다는 뜻이고, "법성진여"는 법신을 가리킵니다. 그것은 분별심으로 측량할 수 없으므로 "깊다" 하고, 그 근본은 어떠한 한도에도 떨어지지 않으므로 "넓다" 합니다. 이렇게 일체 한도를 뛰어넘고, 언어분별로 도달할 수 없는 진여법성이 바로 부처님의 법신입니다. 법신으로부터 보신과 화신, 두 종류의 색신이 나타나니, 바로 색신불을 가리킵니다. 이 때문에 우리들은 일심으로 시방세계가 다하도록 일체 법신·보신·화신 삼신불께 귀명합니다.

연이어 초발심 보살부터 마지막 계위의 일체보살에게 모두

귀명합니다. 이 때문에 시방세계 삼신불의 모든 권속과 연지해회
海會의 보살에게도 전부 귀의한다고 말씀하십니다. 이곳에는
무량한 장엄보신 및 화신이 있고, 성위聖位 십지十地와 지전地前
삼현三賢1)의 연지해회 보살을 망라합니다. 삼대아승지겁三大阿僧
祇劫 동안 수행이 원만하든지 원만하지 못하든지, 지혜와 행지行持
가 원만하든지 원만하지 못하든지, 번뇌를 다 끊었든지 다 끊지
못했든지, 습기가 사라졌든지 사라지지 않았든지 관계없이, 이곳
에는 공용지功用地와 무공용지無功用地가 있고, 지혜를 증득하였
든지 지혜를 증득하지 못하였든지 이곳에는 위로 묘각위妙覺位
및 등각위等覺位보살이 있고, 혹은 금강유정金剛喻定의 마지막
계위 보살이 있으며, 혹은 일념에 상응한 후 과지果地의 덕인
열반이 현전하는 제불께서 있습니다. 이들 모든 분들께 지극정성
으로 귀명합니다.

[정공 스님 강기]

세존아일심世尊我一心 : 이 부분에서 중요한 것은 「일심一心」입니다.

귀명진시방歸命盡十方 법성진여해法性眞如海 : 이 일구가 말하는 것은
자성본체(性體)입니다.

보화등제불報化等諸佛 : 이것은 상相을 말합니다. 앞은 성性이고,
이것은 상相으로 성상性相이라고 해도 좋고, 체상體相이라고 해
도 좋습니다. 이 상에서 말하는 것은 정보正報로 보신불, 화신불

---

1) "화엄경에서 제일 중요한 것은 천궁사회(天宮四會)이다. 이 천궁 사
   회의 정설正說은 십주十住, 십행十行, 십회향十廻向, 십지十地의 사품
   四品인데, 앞의 3품을 삼현三賢, 마지막 1품을 십성十聖이라고 한
   다."《화엄학개론華嚴學槪論》, 김잉석

입니다.

일일보살신––菩薩身 권속등무량眷屬等無量 : 「보살」은 부처님의 「권속」입니다.

장엄급변화莊嚴及變化 : 이 일구는 보토報土를 말합니다. 앞의 것은 정보이고, 여기서 말하는 것은 보토와 화신불입니다. 「변화」는 화신불, 화신보살입니다.

십지삼현회十地三賢海 : 이 부분에 이르러 시방일체 진정한 선지식은 모두 중생에게 염불하여 정토에 태어나길 구하라고 권유하십니다. 진정한 선지식은 부처님과 마음도 같고, 원도 같습니다. 부처님께서 일체중생에게 아미타불을 염하여 정토에 태어나길 구하라고 하시고, 선지식도 부처님과 같습니다. 이를 진정한 선지식이라 하고, 「십지삼현회」에 포괄됩니다.

불법에서 말하는 것은 이런 「하나(一)」이고 '오로지 하나'(專一)가 아닙니다. '오로지 하나'이면 평등하지 않습니다. 그것이 말하는 것은 '어느 하나'(任一)입니다. 《화엄》에서는 십현문十玄門에서 「주반원융主伴圓融」을 말합니다. 누가 주인입니까? 만약 우리가 비로자나불毘盧遮那佛이 주인(主)이라고 말하면 다른 부처는 모두 짝(伴)입니다. 싸울 일이 있다고 생각합니까? 현재 국회에서 모두 싸우고 있습니다. 왜 그렇습니까? 평등하지 않기 때문입니다. 기어코 비로자나불이 주인이 되면 다른 부처는 주인이 될 수 없습니까? 그러면 불법계는 매우 시끄러워집니다. 그래서 불법은 '오로지 하나'가 아니라 '어느 하나'입니다. 비로자나불을 주인으로 삼으면 모든 일체 불보살은 모두 짝입니다. 아미타불을 주인으로 삼으면 비로자나불도 짝입니다. 석가모니불을 주인으로 삼으면 아미타불이 짝입니다. 이러면 모두가 평등하여 말이 없습니다.

어떠한 사람도 주인이 될 수 있고, 나아가 우리 자신이 주인이 될 수 있습니다. 나는 주인이고 제불보살은 모두 나의 권속이고 모두 나의 짝입니다. 그래서 허공이 다하도록 법계에 두루 존재하는 일체중생 개개의 존재가 모두 주인입니다. 이러면 모두 평등하여 말이 없습니다. 그래서 주반원융에서 주인은 오로지 하나가 아니라 어느 하나입니다. 유정有情의 분수에도 분分이 이렇고, 무정無情의 분수에도 분이 이렇습니다. 이 세계를 주인으로 삼으면 다른 세계는 짝이 됩니다. 어떠한 세계라도 모두 주인이 될 수 있고, 모두 짝이 될 수 있습니다. 이러한 주인과 짝이라야 원융함을 우리는 반드시 알아야 합니다.

시겁만미만時劫滿未滿 : 이는 우리의 수행 시간을 말합니다. 일반적으로 범부로부터 부처가 되기까지 3대아승지겁三大阿僧祇劫을 수행해야 원만합니다. 왜 원만하지 않습니까? 1아승지겁, 2아승지겁을 닦아도 보살의 지위에 있고 원만하지 않습니다. 원만하든, 원만하지 않든지 간에 모두 그 안에 포함됩니다.

지행원미원智行圓未圓 정사진미진正使盡未盡 : 「지행원미원」은 바로 우리가 오늘날 그가 개오開悟하였다라고 말하는 것입니다. 개오에는 작은 깨달음이 있고, 큰 깨달음이 있으며, 확철대오(大徹大悟)가 있습니다. 확철대오가 있어야 지행이 원만합니다. 작은 깨달음, 큰 깨달음은 아직 원만하지 않습니다. 「정사진미진」에서 「정사正使」는 번뇌입니다. 견사번뇌見思煩惱, 진사번뇌塵沙煩惱를 다 끊었거나, 아직 다 끊지 못했습니다.

습기망미망習氣亡未亡 : 번뇌를 이미 다 끊었어도 그에게는 「습기」가 여전히 존재합니다. 공부가 한층 더 깊어지면 습기가 사라집니다.

공용무공용功用無功用 증지미증지證智未證智 : (초지보살에서 칠지보살까지는 이미 진여를 증득하였으나, 가행加行의 공功을 쌓아야 하므로 이들을 공용지功用地라 합니다. 팔지보살은 무공용지無功用地에 들어가 어떤 일을 하거나 자기의 목적을 위해서 자기의 의도대로 하는 것이 아니라, 자연의 흐름대로 순리대로 중생의 근기에 따라, 그 몸을 나타내어 중생을 제도하면서도 그것에 집착하지 않습니다.) 여기서 「증지證智」는 불보살의 과위를 증득하여 이미 성불하였음을 말합니다. 「미증지」, 십지보살과 등각보살처럼 아직 성불하지 않았음을 말합니다.

묘각급등각妙覺及等覺 정수금강심正受金剛心 상응일념후相應一念後 과덕열반자果德涅槃者 : 정종에서는 늘 "일념에 상응하면 일념이 그대로 부처이고, 염념마다 상응하면 염념이 그대로 부처이다(一念相應一念佛 念念相應念念佛)"라고 말합니다. 이들은 모두 우리들이 귀의해야 할 대상입니다. 이로 말미암아 귀의의 경계 범위는 너무나 광대합니다. 그것은 단지 아미타부처님일 뿐만 아니라 본사 석가모니부처님이고, 일체제불이며, 일체보살이고, 방금 말한 대로 일체 선지식에 이릅니다. 「정사진미진正使盡未盡」을 말하였기 때문에 이 범위는 너무나 큽니다. 우리들은 초발심자로 번뇌가 다 끊어지지 않았고, 습기도 사라지지 않았습니다. 그래서 초발심

자로부터 성불에 이르기까지 진정한 선지식은 모두 다 사람들에게 정토를 전수專修하고 정토를 전홍專弘할 것을 권하므로 모두 우리들의 귀의처입니다. 그래서 이 경계범위는 매우 큽니다.

저희들은 모두 삼신보리

제불여래께 귀명하옵나니

걸림 없는 신통력으로

은연중에 가피하여 섭수하여 주시옵소서.

저희들은 모두 삼승 등 일체현성 및

부처님의 대비심을 배우고 영원히 퇴전하지 않는

보살성중에게 귀명하옵나니

청하옵건대 법계를 소요하는 가운데 저희를 가피하시어

염념마다 제불을 친견하게 하여 주옵소서.

我等鹹歸命　三佛菩提尊　無礙神通力　冥加願攝受

我等鹹歸命　三乘等賢聖　學佛大悲心　長時無退者

請願遙加被　念念見諸佛

[이시푼촉 스님 강기]

저희들은 모두 지극한 정성으로 법신·보신·화신 삼신보리三身菩提, 곧 제불 여래께 귀명합니다. 당신들께서는 걸림 없이 사무쳐 비추는 신통력으로 이미 저의 마음을 거울에 비추어 아시고 저의 원을 명확히 아시어 저의 마음에 은연 중에 가피를 내려주시고 저를 섭수하여 주시길 기원합니다. 저희들은 모두 삼승으로 섭수되는 일체 현성賢聖[2] 및 모든 부처님의 대비심을 배우고 영원히 퇴전하지 않는 보살성중에게 귀명하나니, 당신들께서 이 법계 가운데 저희들을 곧바로 가피하여 저희들로 하여금 염념마다 제불여래를 친견할 수 있도록 기원합니다.

[정공 스님 강기]

아등함귀명我等咸歸命 : 이 같은 삼귀는 다른 부분에서는 매우 보기 드뭅니다. 이것은 선도대사께서는 확실히 이런 심량 · 견해가 다른 사람과 같지 않습니다. 아미타부처님의 본원과 아미타부처님께서 중생을 두루 제도하는 저 중생을 접인하시는 방법 · 수단에 진실로 상응합니다!

삼불보리존三佛菩提尊 : 바로 여래를 말합니다. 이를 번역하면 「삼三」은 정正이고 「불佛」은 각覺이며, 「보리菩提」도 각으로 정등정각正等正覺을 뜻합니다.

무애신통력無礙神通力 명가원섭수冥加願攝受 : 우리들이 귀의하는 목적은 제불여래께서 원만 무애한 위신력으로 은연중에 우리들을 가지하고 우리들을 섭수하여 주시길 구하는 것입니다.

아등함귀명我等咸歸命 삼승등현성三乘等賢聖 : 앞에서는 불력의 가지

---

2) 성인이 아닌 유정을 모두 범부라 하는데, 범부 가운데 성인의 지위에 가까운 이들, 즉 아직 견도의 경지에는 이르지 못했지만 이미 악을 떠난 유정을 현(賢)이라 하며, 견도의 경지 이상의 이들을 성(聖)이라 하며, 이들을 통칭하여 현성(賢聖)이라 한다

를 구했고, 여기서는 보살 벽지불 아라한 삼승성현의 가지를 구합니다.

학불대비심學佛大悲心 장시무퇴자長時無退者 : 이 두 문구는 우리들이 불보살· 아라한의 가지加持를 구하는 조건입니다. 우리들에게 어떠한 조건이 있어 다른 사람에게 가지를 부탁하여야 그가 진실로 가지를 내려줍니까? 어떤 사람은 불보살에게 가지를 구하여도 구할 수가 없고, 결과적으로 수포로 돌아가고 맙니다. 원인이 어디에 있을까요? 격언에 「이치대로 여법해야 한다(要如理如法)」라는 말이 있습니다. 이치와 법은 바로 이 문구에서 우리들에게 부처님의 대비심이 있어야 합니다. 일체 마음속에 대자비심을 특히 말합니다. 자비가 불심입니다. 대비심을 발하여야 할 뿐만 아니라 오랜 시간 물러나지 않아야 합니다. 영원히 물러나지 않는 대자비심이 있어야 불보살과 성현들께 마음마다 상응하고, 이때 구함이 있어야 비로소 감응이 있습니다.

청원요가지請願遙加被 염념견제불念念見諸佛 : 「염념견제불」은 바로 상응으로 일념이 상응하면 일념이 그대로 부처이고, 염념마다 상응하면 염념마다 그대로 부처입니다.

저희들이 우둔하고 미련한 몸에 끄달려
광겁토록 유전하다가
지금 석가모니부처님께서 말법시대에 남기신 가르침인
아미타부처님 본원, 극락왕생의 요문을 만났사오니

정선定善 · 산선散善 등을 수지한 선근을 회향하여
속히 무생법신을 증득하게 하옵소서.

我等愚癡身　曠劫來流轉　今逢釋迦佛　末法之遺跡
彌陀本誓願　極樂之要門　定散等回向　速證無生身

[이시푼촉 스님 강기]

이는 가피를 기원하는 목적을 말한 것으로 곧 이번 생에 정토법
문을 수지하여 정토에 왕생하고 속히 무생법신을 증득하고픈
소원과 희망을 완성하는 것입니다. 이 때문에 말합니다. "저희들
이 어리석고 어두운 마음에 끄달려서 끊임없이 생사 한가운데
유랑하고 광겁曠劫토록 벗어나기 어려운데 오늘 다행히 석가모니
부처님께서 말법시대의 유교遺敎로 선설하신 아미타부처님 본원
의 바다, 극락정토에 왕생하는 첩경인 요문을 만났으니, 이 때문
에 제불보살에게 가피를 구하고 저희들이 정선定善 · 산선散善
두 가지 문을 수지한 선근을 (보현보살의 십대) 원왕願王에 회향하
여 이번 생에 정토에 왕생하여 속히 무생법신을 증득하길 기도하
나이다."

이어서 선도대사께서는 자신이 지은 게송으로 본회本懷를 말하
고 《사첩소》를 지어서 정토문의 대의를 열어 보이십니다.

[정공 스님 강기]

아등우치신我等愚痴身 광겁래유전曠劫來流轉 : 이 두 문구는 우리들이

우둔하고 미련하여 업을 짓고 육도에 윤회하는 과보를 받는 것을 말합니다.

금봉석가불今逢釋迦佛 말법지유적末法之遺跡 : 선도대사께서 출생하신 시대는 석가모니부처님의 말법이 시작되는 시기입니다. 「말법」은 1만년으로 우리들이 사는 현재는 말법의 2번째 1천년이 시작되었습니다. 선도대사께서 우리들과 1천여 년 떨어져 있지만 특별히 현재가 말법임을 보여 우리들과 관계가 특별히 친밀합니다. 우리들 모두 말법시기에 비로소 석가모니부처님의 가르침을 듣게 되었습니다.

미타본서원彌陀本誓願 극락지요문極樂之要門 : 「요要」는 가장 중요한 법문을 말합니다. 극락세계에 왕생하여 물러남 없이 성불하는 것은 일체불법에서 가장 중요한 법문입니다.

정산등회향定散等廻向 속증무생신速證無生身 : 「정산定散」이란 바로 본경에서 말씀하시고 있는 수학의 방법으로 뒤쪽에서 말할 것입니다. 선도대사께서는 이 수행을 정선定善과 산선散善으로 나누었습니다.

저는 보살장,
돈교 일승의 바다에 의지해
삼보에 귀의하는 게송을 설하여
불심과 상응하옵나이다.
시방세계 항하사의 제불께서

육신통으로 저를 비추어 아시니
지금 두 분 세존의 가르침에 근거하여
정토법문을 널리 열어 보이겠나이다.

我依菩薩藏　頓教一乘海　說偈歸三寶　與佛心相應
十方恒沙佛　六通照知我　今秉二尊教　廣開淨土門

[이시푼촉 스님 강기]

저는 보살장·돈교 일승인 정종 법문의 바다에 의지하여 삼보에 귀명하는 이 게송을 선설하여 부처님의 뜻과 상응하고자 하옵니다. 시방세계 항하사의 제불께서 걸림 없는 육신통으로 저를 비추어 알고 가피를 베풀어 주시어, 현재 저는 사바세계와 극락세계, 두 국토에서 이끌어 주시는 석가모니부처님과 아미타부처님 두 분 스승님의 거룩한 가르침을 굳게 지켜서 널리 정토 묘문을 열어서 드러내고, 아미타 부처님의 본심·법문의 본의를 털어놓아서 일체가 모두 거룩한 마음에 은밀히 부합하길 바랍니다.

[정공 스님 강기]

아의보살장我依菩薩藏 돈교일승해頓教一乘海 : 이 경전은 대승「보살장」으로 보살이 배우는 것입니다. 대승일 뿐만 아니라 「돈교일승」에 속합니다. 일승법은 부처님께서 《법화경》에서 말씀하신 「오직 일승법이 있고, 이승도 없고 또 삼승도 없습니다(唯有一乘法 無二亦

無三)」. 우리들은 《법화》가 일승이고, 《화엄》이 일승임을 압니다. 이 경은 일승일 뿐만 아니라 일승돈교이므로 그것은 대단히 얻기 어렵습니다. 돈頓은 속도가 빨라서 이번 생에 성취합니다.

설게귀삼보說偈歸三寶 여불심상응與佛心相應 시방항사불十方恆沙佛 육통조지아六通照知我 금승이존교今乘二尊教 : 석가모니부처님은 우리 사바세계의 본사本師이시고, 아미타부처님은 극락세계의 도사導師이십니다. 「이존」은 이 두 분 부처님의 가르침을 가리킵니다.

광개정토문廣開淨土門 원이차공덕願以此功德 평등시일체平等施一切 : 우리들은 이 법문에 따라 수학하여 이 법문을 널리 보급하여야 하고, 이 법문을 자신의 심력이 다하도록 일체중생을 가르치고 인도하여야 합니다. 일체 중생이 보리심을 발하여 극락에 왕생하길 희망합니다.

원하옵건대 이 공덕으로
일체중생에게 평등하게 베풀고,
다 함께 보리심을 발하여
안락국에 왕생하게 하옵소서.

願以此功德　平等施一切　同發菩提心　往生安樂國

[이시푼촉 스님 강기]

이것은 발원회향입니다. "원하옵건대 본 주소(註疏; 사첩소)를 지은 공덕으로 법계의 일체중생에게 평등하게 보시하게 하옵고, 원하옵건대 공동으로 보리심을 일으켜서 극락세계에 왕생하도록 하옵소서."

[정공 스님 강기]

동발보리심同發菩提心 왕생안락국往生安樂國

「안락국」은 바로 극락세계입니다. 이 때문에 우리들 심원해행心願解行은 부처님과 상응해야 하고, 조금도 사심이 있어서는 안 됨을 기억해야 합니다. 조금이라도 사심이 있어서는 정토법문을 수학해도 상응하지 않고 극락세계에 갈 수 없습니다. 또한 부처님께서는 아무런 조건 없이 중생을 널리 제도합니다. 그래서 아무런 제한을 두지 말고 많이 유통할 수록 좋습니다. 이러면 당신의 공덕은 무량무변합니다. 이것을 「일체중생에게 평등하게 보시하는 것」이라 합니다. 우리들은 반드시 이 진리를 알아야 합니다.

둘, 7문요간 七門料簡

이 《관무량수경》 속 현의를 먼저 7문으로 나누어 요간料簡하고, 그런 다음 경문에 의지해 뜻을 해석할 것이다.

此《觀經》一部之內 , 先作七門料簡 , 然後依文釋義。

[이시푼쵹 스님 강기]

《관무량수경》의 대의에 대해 먼저 7문 요간3)을 지어서, 즉 7문으로 나누어서 그것의 함의를 설명하고, 그 다음에 경문에 의지하여 문구마다 의리를 해석할 것입니다. 다시 말하면 먼저 현의를 선설한 후에 다시 경문의 뜻을 해석할 것입니다.

[정공 스님 강기]

선도대사께서는 현의분을 7단으로 나누셨습니다. 지금부터 7단을 선도대사께서 말씀하신 대로 개략적으로 소개할 것입니다.

첫째 먼저 서제序題를 표명하고, 둘째 그 경명을 해석하며, 셋째 종지의 다름과 교상의 대소를 변석하고, 넷째 설법하는 사람에 차별이 있음을 바로 드러내며, 다섯째 정선定善과 산선散善의 통별

---

3) 불교의 교리를 분별·선택·해석하는 것. 문답을 통해서 교리를 해석 하는 것을 뜻한다.

通別에 차이가 있음을 요간하고, 여섯째 경논의 상위相違를 화회和會시키고 문답을 널리 베풀어 의정疑情을 풀어주며, 일곱째 위제희 부인이 부처님의 정설을 듣고 얻은 이익과 정도를 요간한다.

第一、先標序題；第二、次釋其名；第三、辯釋宗旨不同、教之大小；第四、正顯說人差別；第五、料簡定散二善通別有異；第六、和會經論相違，廣施問答，釋去疑情；第七、料簡韋提聞佛正說得益分齊。

[이시푼촉 스님 강기]

이른바 7문요간을 분별하면 이러합니다. 첫째, 가장 먼저 서제序題를 표명함으로 즉, 본경의 유서由序 혹은 연기를 선설합니다. 둘째, 그 다음 경명의 함의를 해석합니다. 셋째, 본경의 특별한 종취宗趣를 분명하게 가려야 합니다. "종宗"은 본경이 신봉하는 대상으로 관불삼매 혹은 염불삼매를 가리킵니다. "취趣"는 수행이 지향하는 대상으로 극락세계에 왕생함입니다. "교상의 대소"는 본경이 대소승 중의 보살장菩薩藏에 속함을 판정합니다. 넷째, 본경을 선설하는 자의 차별로 즉, 부처님께서 친히 선설하심을 드러냅니다. 다섯째, 정선定善과 산선散善 양자가 통별(通別；공통점과 차이점)의 측면에서 지닌 함의를 요간합니다. 여섯째, 경전과 논서가 서로 어긋나는 부분을 화회和會하고 광대하게 문답을 설립하여 행자의 의정疑情[4]을 풀어줍니다. 일곱째, 위제희 부인이 부처님의 정설正說을 듣고 이익을 얻은 시간과 정도의 양을 판정합니다.

---

4) 한 줄기 의심이 드러나 끊어지지 아니할 때, 진정한 의심이 드러나게 되는 때를 말한다.

南無阿彌陀佛

一切善業迴生利，
不如專念彌陀號；
念念稱名常懺悔，
人能念佛佛還憶。

——善導大師

일체 선업이 중생을 이롭게 하지만,
아미타부처님 명호를 일심 칭념함만은 못하네
생각 생각에 염불하면 늘 참회가 되거니와
사람이 능히 부처님 염하면 부처님도 그를 생각하네.
- 선도대사

[제1문] 서제 표명

첫째, 먼저 서제序題5)를 표명한다.

第一、先標序題者。

[이시푼촉 스님 강기]

여기서는 두 가지로 나누어 내용을 포괄합니다. 1. 일대시교一代時敎가 흥기한 인연을 표명합니다. 2. 정토대교淨土大敎가 흥기한 인연을 표명합니다.

가만히 생각하건대, 진여는 광대하여 오승五乘도 그 변제를 헤아리지 못하고, 법성은 깊고 높아 십성十聖도 그 변제를 궁구하지 못한다. 진여의 체양, 양성은 중생의 꿈틀거리는 마음에서 벗어나지 않고, 법성은 무변으로 변체는 곧 원래 움직이지 않는다. 무진법계는 범부와 성인에게 나란히 원만하다. 두 가지 물든 때는 여여법성으로 곧 두루 함식을 포용하고 있다. 그 묘체에는 항하사의 공덕을 갖추고 있고, 적멸묘용을 갖추어서 담연하다.

竊以眞如廣大 , 五乘不測其邊；法性深高 , 十聖莫窮其際。眞如之體量 ,

---

5) 책 등의 첫머리에 책을 펴내게 된 동기나 경위, 내용, 또는 그에 관계된 사항을 간단히 적은 것을 말한다.

量性不出蠢蠢之心；法性無邊 , 邊體則元來不動。無塵法界 , 凡聖齊圓。
兩垢如如 , 則普該於含識。恒沙功德 , 寂用湛然。

[이시푼촉 스님 강기]

첫째 단락에서는 중생이 본래 부처임을 선설합니다.

진여광대眞如廣大 오승불측기변五乘不測其邊 법성심고法性深高 십성
궁기제十聖莫窮其際

"진여眞如"란 제법이 본래 이러하다(如是)는 말로 진眞이란 허망
하지 않음이고, 여如란 다르지 않음을 뜻합니다. 진여는 그 광대
함이 지극하여 일체 오승五乘은 부처님 계위(佛位) 앞까지 증득하
지 못하고, 모두 그것의 변제邊際를 헤아릴 수 없습니다. 법성法性
이 매우 깊고 크고 넓어서, 십성十聖도 그것의 깊이 쌓인 내용(底蘊)
을 궁진할 수 없습니다.

진여지체량眞如之體量 양성불출준준지심量性不出蠢蠢之心 법성무변
法性無邊 변체즉원래부동邊體則元來不動

진여와 법성은 같은 뜻으로 이 문구는 대구(對仗)를 써서 묘사한
것입니다. 진여는 이체理體로, 헤아릴 수 없는 양이 있어 일체가
모두 이 양에 포섭되는 바(所攝)가 됩니다. 그리고 이 양성(量性
; 체)도 결코 중생의 꿈틀거리며 망녕되이 움직이는 마음을 떼어
놓고 그밖에 진여본성이 따로 있는 것이 아닙니다. 바꾸어 말하면
진여본성은 일체 망상 한가운데 있습니다.

법성은 변邊과 겉(表)과 단절되어 있습니다. "변邊"은 유有·무

無·쌍역(雙亦; 유이기도 무이기도 함)·쌍비(雙非; 유이지도 무이지도 않음)의 사변四邊을 가리킨다. "무변無邊"이란 바로 희론을 떠난 것으로 그것은 어떠한 분별식의 인식 대상 경계(所緣境)에도 떨어지지 않습니다. "변체즉원래부동邊體則元來不動", 여기서 "변邊"이란 바로 망식妄識이 앞에 현현하는 일체 인아人我·법아法我의 상相으로 모두 하나의 고정된 상(定相)을 얻을 수 있는데, 하나의 고정된 점에 떨어지면 "변邊"이라 일컫습니다. 이 일체 현현, 그 본래의 체성은 바로 실상본신實相本身입니다. 비록 사변四邊의 법으로 현현하거나 혹은 인아·법아의 상으로 현현할지라도 다만 이 일체는 모두 망상일 뿐, 그것은 망식·분별식이 지은 것이기 때문에 모두 생멸의 객진법客塵法으로 생하고 멸함·오고 감 등의 변이變異가 있습니다. 그러나 실상본신은 원래 부동으로 어떠한 변이도 없나니, 이는 생하지도 멸하지도 않고·오지도 가지도 않으며·늘지도 줄지 않는 본래 스스로(本自)의 묘체입니다.

무진법계無塵法界 범성제원凡聖齊圓

"무진無塵"은 본래 청정하여 모든 객진을 여의었습니다. "법계法界"는 바로 일체만법의 근원입니다. "범성제원凡聖齊圓"이란 바로 범부와 성자는 단지 현상 위에서 가설된 차별일 뿐, 실제 상에서는 본래 스스로 일여로서 곧 범부와 성인은 아무런 흠결 없이 동등하게 이 법계를 구족하고 있습니다. 범부에게 줄지도 성인에게 늘지도 않아 본래 원만하므로 이를 일러 "원圓"이라 합니다.

양구여여兩垢如如 즉보해어함식則普該於含識

"양구여여兩垢如如", 번뇌장·소지장所知障의 두 가지 물든 때 (垢染)는 본래 허망하게 분별하는 체성으로 실상에서는 결코 존재하지 않습니다. 이 때문에 바로 이 일체 현상의 당하에 그 자체는 바로 여여법성으로 지금까지 모두 어떠한 변동도 없습니다. "즉보해어함식則普該於含識", 식識은 단지 일종의 (경계가) 허망하게 나타난 것(妄現)으로 그것의 체성은 바로 본래 자신의 실상이고 이 때문에 일체 함식含識의 마음 가운데 모두 이러한 여래장 혹은 자성불이 있습니다.

항사공덕恒沙功德 적용담연寂用湛然

이 묘체 상에는 항하사 수만큼이나 많은 자성공덕법이 있습니다. "적寂"은 바로 본래 적멸이거나 본래 생멸이 없음이고, "용用"은 바로 본신이 항하사만큼이나 많은 묘용을 구족하고 있음입니다. "담연湛然"은 바로 맑고 청정하여 모든 물든 때가 없음을 말합니다.

이상으로 중생은 본래 부처임을 설명하였습니다. 실상에서는 본래 부처와 중생은 차별이 없습니다. 그러면 무엇 때문에 부처님께서는 또 화신化身으로 이 세계에서 가르침을 전하시는가? 이하에서는 대교大教를 흥기한 인연을 설명합니다.

[정공 스님 강기]

[청화] 이 일구는 정말 우주와 인생의 진상입니다. 이 일구는 매우 또렷하게 명백하게 말하고 있으나, 우리는 또렷하게 명백하

게 듣지 못합니다. 만약 또렷하게 들리면 당신은 성불하여 업을 마칩니다. 석가모니부처님께서 49년 설한 일체법은 이 단락의 상세한 설명·상세한 해석일 뿐입니다. 「진여」·「법성」은 모두 우리 자신의 진심이자 본성입니다. 이는 세존 설법의 근본입니다. 부처님께서는 진여와 법성에 근거하여 설법하셨습니다. 시방삼세 일체제불께서 설한 일체법은 모두 진여 자성에 근거하여 설하였습니다. 이를 정법이라 하고, 정지정견正知正見이라 합니다. 깨달음은 이 일을 깨닫는 것이고, 미혹은 이 일을 미혹하는 것입니다. 깨달으면 불보살이라 하고, 미혹하면 범부라 합니다. 「광대」는 어느 정도까지 큽니까? 이른 바 「커서 바깥이 없습니다(大而無外)」 만약 바깥이 있으면 큰 편이 아닙니다. 「작아서 안이 없습니다(小而無內)」 이는 우리의 진심·본성을 말합니다. 「심고深高」는 생각하지 못하고 헤아리지 못함을 비유합니다.

「오승五乘」은 보살菩薩·연각緣覺·성문聲聞·천天·인人으로 진정 닦음이 있고, 배움이 있고, 증득이 있습니다. 십성十聖은 좀 더 구체적으로 말하면 지상보살地上菩薩입니다. 초지부터 십지까지 모든 보살도 매우 또렷이, 매우 원만하게 알 수 없습니다. 우리들은 어떻게 알 수 있습니까? 진정으로 구경까지 원만하고 명백하면 성불의 경계로 부처님 이하는 이에 이르지 못합니다. 그래서 《법화경》에 이르시길, "오직 부처님과 부처님만이 바야흐로 구경에 이를 수 있다(唯佛與佛方能究竟)" 하셨습니다. 등각보살 이하 "십성은 그 변제에 궁진할 수 없습니다." 이는 우리들에게 우주와 인생의 진상을 말해 줍니다. 바꾸어 말하면 이는 진여실상으로 우리들이 이를 분명히 알고자 하면 조급해서는 안 되고 천천히 알아야 합니다. 부처님께서는 진실로 명백히 아십니다. 부처님께서 비록 우리들에게 설명해 주시지만, 우리들은 들어도 여전히 잘 알지 못합니다. 원인은 어디에 있을까요? 우리 자신이 그 경계에 이르지 못했기 때문입니다. 들어도 이해할 수가 없고, 그의 뜻을 분명히 알 수 없습니다. 급해서는 안 될 뿐만 아니라 이 방법과 수학에 따라 점차적으로 알아나가면 결국 분명히 아는 날이 있을 겁니다. 먼저 우리들에게 여기서 신심을 건립하라고 합니다.

「체體」는 바로 본체입니다. 「원래부동元來不動」이면 부처가 되고 보살이 됩니다. 불보살의 진심·본성은 움직이지 않고 여여부동합니다. 미혹한 범부의 진심·본성도 움직이지 않습니다. 망심이 움직이는 것이지 진심은 움직이지 않습니다. 한 생각이 일어나고 한 생각이 멸함을 망념이라 합니다. 진심에는 생각이 없고 망심이어야 생각이 있으므로 망념·망동이라 합니다. 염念·동動, 이 두 글자는 진이 아니라 망입니다. 진념은 움직이지 않고 망념은 움직이며, 진심은 움직이지 않고 망심은 움직입니다. 진眞은 체로서, 비록 움직이지 않을지라도 그것은 변화할 수 있고 작용을 일으킵니다. 작용이 일어나 허공법계로 변하여 나타납니다. 십법계 의정장엄은 바로 이 움직이지 않은 진여본성이 변하여 나타난 것입니다.

[강기] 「꿈틀거리는 마음(蠢蠢之心)」은 바로 우리 범부의 마음입니다. 제불여래가 증득한 구경원만한 경계는 우리 한 사람 한 사람이 모두 구족하고 있지만, 부처님은 깨달았고 우리들은 미혹할 따름

입니다. 차이가 여기에 있습니다. 우리들은 왜 미혹할까요? 우리들에게는 망상 집착이 있습니다. 그래서 《화엄경》에서 이르시길, "단지 망상·집착으로 인해 증득할 수 없느니라(但以妄想執著而不能證得)." 하셨습니다. 만약 우리가 망상·집착이 다하면 성불합니다! 등각보살도 여전히 제거하지 못한 일품의 생상무명生相無明이 있어 그도 여전히 구경원만에 이를 수 없습니다. 그는 반드시 일분의 망상·집착을 없애야 원만히 성불할 것입니다. 이 때문에 번뇌와 집착이 많을수록 우리들의 미혹은 더욱 깊어지고, 고뇌도 더욱 무거워지니, 이치가 이렇습니다.

[청화] 그래서 체상에서 「범성제원凡聖齊圓」을 말합니다. 「범」은 범부이고, 「성」은 불보살입니다. 엄격히 말하면 성은 부처를 가리킵니다. 부처님은 성인이지만 보살은 모두 범부로 불리어 구계유정九界有情이라 합니다. 구법계에는 보살·성문·연각을 포함하고 아래로는 육도입니다. 통상 육도는 범이라 말하고, 아라한 이상은 성聖이라 하여 사성육범四聖六凡입니다. 「제齊」는 같음이고, 「원圓」은 원만입니다. 제불여래의 진심인 자성은 원만합니다. 우리의 진심인 본성도 원만하여 제불여래와 다르지 않습니다.

진여본성이 작용을 일으켜 십법계 의정장엄이 변하여 나타난다 말했습니다. 「항사공덕」, 이는 항하사 숫자만큼 무량무변한 공덕이 있다는 뜻입니다. 「공」은 공용功用이고, 「덕德」은 능력입니다. 그것의 작용과 공능은 무량무변하여 십법계 의정장엄을 짓습니다. 다른 종교에서는 우주만물은 신이 창조하였다 말합니다. 우리는 불경을 읽으면 진여법성이 만물의 창조주임을 깨닫습니다. 그것은 능조能造이고 허공법계는 모두 소조所造로 그것이 변하여 나타난 것입니다. 이것이 사실진상입니다.

마지막 구「적용담연寂用湛然」에서「담湛」은 물처럼 매우 청정하다는 뜻입니다. 오염이 없고 물결이 없어 거울처럼 바깥 경계를 또렷이 비출 수 있고, 수면 위에서 바닥까지 훤히 볼 수 있습니다. 이는 진여본성은 먼지 한 알에도 물들지 않고 비록 우주만유를 창조할지라도 그것은 또렷하고 명백합니다. 여기서 중요한 것은 적寂입니다. 적은 정定으로 마음에 망념 번뇌가 없고, 근심 걱정이 없는 상태입니다. 정定은 모르는 것이 하나도 없고 모두 다 또렷하고 명백합니다. 왜 압니까? 본래 압니다! 물이 깨끗하고 물결이 일어나지 않을 때 바깥 사물이 또렷하게 비출 수 있는 것과 같습니다. 왜 비출 수 있습니까? 본래 비출 수 있습니다. 왜 비춤을 잃습니까? 물결이 일어나면 잃어버립니다. 물이 오염되어 깨끗하지 않으면 잃어버려서 비출 수 없습니다. 그래서 마음은 청정하고 평등해야 합니다. 《무량수경》에서 말하는 것은「청정평등각」입니다. 청정평등이 바로 적寂입니다. 각覺은 바로 작용을 말합니다. 이렇게 작용하여 모르는 것이 없고 할 수 없는 것이 없습니다.

《반야경》에서 잘 말하고 있습니다. 세존께서 그 당시 49년간 강경설법 하신 가운데 《반야경》을 22년 설할 만큼 그것은 매우 중요합니다. 반야의 정수는 반야무지般若無知입니다. 무지無知는 적寂을 말합니다. 그것이 작용을 일으키면 알지 못하는 것이 없습니다. 그래서 적寂은 근본지根本智라 하고, 알지 못하는 것이 없음은 후득지後得智라 합니다. "반야는 앎이 없고, 알지 못하는 것이 없다(般若無知 無所不知)"6) 하셨습니다. 여기서 무지無知는 체이고, 체는 바로 적寂입니다. 알지 못하는 것이 없음은 작용을 일으킴이고, 작용을 일으키면 알지 못하는 것이 없습니다. 이는 근본 이론을 근거로 우리를 위해 설명한 것입니다. 일체 불법은 모두 이것에 의지합니다. 그래서 이를 소개하지 않을 수 없습니다.

번뇌의 장애로써 깊게 덮여 (보리열반의) 청정본체가 (번뇌의) 현발로 말미암아 비추는 작용이 사라진 까닭에 대비심으로 은밀히 서역에 응화하시어, 화택의 문에 재빨리 들어가 감로를 뿌려 군맹을 적셔주고, 지혜의 횃불을 비추어 기나긴 밤 겹겹이 싸인 어둠을 밝히며, 세 가지 보시로 (중생을) 평등하게 갖추게 하고, 사섭법으로 (중생을) 나란히 섭수하며, 오랜 겁의 고인苦因을 열어 보여주시고 영생의 낙과樂果를 깨달아 들어가게 하신다.

6) 《도행반야경道行般若經》에서는 "반야는 알 수 있는 대상도 없고, 볼 수 있는 대상도 없다(般若無所知 無所見)" 하셨다. 이렇게 지혜와 비춤의 용用을 분별하고서 상相이 없고, 앎이 없다 말한 것은 무엇 때문인가? 정말 상相 없음의 앎과 알지 못함의 비춤이 있음이 분명하다. 왜 그러한가? 대저 아는 것이 있으면 곧 알지 못하는 것이 있다. 성인의 마음은 앎이 없는 까닭에 알지 못하는 것이 없다. 알지 못함의 앎을 일러서 일체지一切知라 한다. 그래서 《사익범천소문경思益梵天所聞經》에 이르시길 "성인의 마음은 알 수 있는 대상이 없어, 알지 못하는 것이 없으므로 믿을 만하다(聖心無所知 無所不知 信矣)." 하셨다. 이로서 성인은 그 마음을 비워서 그 비춤을 실답게 하고, 종일 알면서도 일찍이 안 적이 없다. _《조론肇論》반야무지론 제3, 승조僧肇

但以垢障覆深 , 淨體無由顯照。故使大悲隱於西化 , 驚入火宅之門 , 灑甘
露潤於群萌 , 輝智炬則朗重昏於永夜。三檀等備 , 四攝齊收。開示長劫之苦
因 , 悟入永生之樂果。

[이시푼촉 스님 강기]

그러나 현상現相 중에서 중생은 매우 깊은 미몽에 들어갑니다. 이러한 착란의 힘으로 말미암아 매우 깊은 전박纏縛[7]이 출현하는데, 이를 번뇌에 덮인 여래장[8]이라 합니다. (보리열반의) 청정본체[9]가 (번뇌의) 현발現發·출현으로 말미암아 비추는 작용이 없게 되는데, 이로 인해 법신이 오도五道에 유전하게 하거나, 혹은 본신의 자성불이 미혹되어 헛된 꿈속 경계에 빠져서 본체로 돌아갈 수 없게 합니다. 실제로는 찰나에도 떼어놓을 수 없고

---

7) 번뇌는 중생의 몸과 마음을 얽어 묶어서 자유롭지 못하게 하는 것이므로 전박이라고 한다.

8) "첫째는 거두어들이는 여래장(能攝如來藏)이다. 자성自性에 머물러 있을 때 여래 과지果地의 공덕을 다 거두어들이고 있으니, 여래를 거두어들이고 있다는 뜻에서 여래장이라고 부르는 것이다. 둘째는 거두어들여진 여래장(所攝如來藏)이다. 번뇌에 얽매여 청정하지 못한 법이 모두 여래의 지혜 안에 있다. 여래가 그것을 거두어들이고 있기 때문에 여래에 속하는 법이라는 뜻에서 여래장이라고 부르는 것이다. 셋째는 숨겨지고 덮인 여래장(隱覆如來藏)이니, 법신인 여래가 번뇌에 덮여 있음을 말한다. 여래가 스스로 숨었다는 뜻에서 여래장이라고 부른 것이다." 《금강삼매경론金剛三昧經論》 원효대사

9) "둘째, 무시이래 보리열반의 청정본체로 곧 너희들의 일체식은 본래 순수한 광명으로 일체 반연할 수 있는 능력이 있는데도 오직 이 본래의 순수한 광명인 식에 향함만으로는 반연하는 능력이 오히려 그것에 도달할 수 없어 마침내 저절로 자신이 본래 명철한 본성을 버려 비록 종일 행하여 스스로 깨닫지 못하고, 억울하게도 온갖 생사 악취에 빠지게 되느니라(無始菩提涅槃元清淨體。則汝今者識精元明 能生諸緣 緣所遺者。由諸衆生 遺此本明 雖終日行 而不自覺 枉入諸趣)." 《대불정수능엄경大佛頂首楞嚴經》

털 하나의 간격도 없습니다. 그러나 망상에 떨어짐으로 말미암아 일종의 헛된 가상인 상속윤전相續輪轉이 확실히 있습니다. 이때 만약 그의 마음에 응함이 없고 그의 면전에서 화신으로 현현하여 그를 인도함이 없다면 그는 계속해서 고개를 돌릴 수 없습니다.

이로 인해 제불께서는 대비심 가운데 "서역인도에 은밀히 응화하십니다." 여기서 "서화西化"는 비로자나毗盧遮那여래께서 이 세계에서 서역인도에서 화현하심을 가리킵니다. "은隱"은 비밀계를 가리킵니다. 곧 법계 안에서 저절로 자비의 힘으로 중생의 선연善緣에 수순하여 응화應化를 현현하니, 범정凡情의 면전에서 단지 인류와 동류의 몸으로 보이지만 실제상으로 대비의 역용입니다. 하지만 범부의 인식으로는 그것의 비밀계를 보지 못하므로 "은비隱祕"라 일컫습니다.

경입화택지문驚入火宅之門, 이는 비유의 기법입니다. 중생은 모두 불타는 집(火宅)에 머물러 때때로 삼독의 맹렬한 불길에 타들어 가는 것을 멈출 수 없습니다. 이로 인해 부처님께서는 자비심으로 자재하게 화택문으로 들어가 구조하고 제도하십니다.

어떻게 중생을 구조·제도하시는가? "감로를 뿌려 군맹을 적셔주고 지혜의 횃불을 비추어 기나긴 밤의 겹겹이 쌓인 어둠을 밝힌다." 하십니다. "감로를 뿌려", 이는 묘법을 선설함을 가리킵니다. 법수로 중생의 심지를 촉촉이 적셔 그의 선근으로 하여금 끊임없이 싹이 트게 하니, 이를 "군맹群萌을 적셔줌"이라 합니다. 법에는 일종의 선근계를 증장시키는 역량이 있습니다. 법의 일깨우는 작용으로 말미암아 중생의 선근은 끊임없이 현발顯發합니다.

그 다음은 바로 지혜의 횃불 혹은 광명으로써 긴긴 윤회의
어두운 밤 속 중생의 겹겹이 싸인 혼암昏暗을 비추어 깨뜨립니다.
"혼昏"은 무명을 가리킵니다. 즉 중생심에 있는 업과業果에 어리
석음과 진실한 뜻(眞實義)에 어리석음입니다.10) 왜냐하면 줄곧
무명의 힘에 구르는 바가 되어 본성의 광명을 볼 수 없고, 이로
인해 줄곧 이러한 거듭 또 거듭된 미혹전도 한가운데 있습니다.

삼단등비三檀等備 사섭제수四攝齊收：이는 바로 재시財施·법시法
施·무외시無畏施 세 가지 버림(舍)으로 일체중생을 평등하게 이
롭게 하고, 보시布施·애어愛語·이행利行·동사同事 사섭법四攝
法으로 일체중생을 섭수攝受한다는 뜻입니다.

개시장겁지고인開示長劫之苦因 오입영생지락과悟入永生之樂果：이
는 사제四諦 혹은 이고득락離苦得樂의 정도를 선설하여 그에게
오랜 겁 이래로 생사대고生死大苦의 인유因由 혹은 근원을 열어

---

10)《대법론對法論》에 이르시길, "어리석음에는 두 가지가 있으니, 첫째
는 다르게 익음(異熟)에 어리석음이요. 둘째는 진실한 뜻에 어리석음
이다. 다르게 익음에 어리석은 까닭에 불선행不善行을 일으키고, 진
실한 뜻에 어리석은 까닭에 복부동행福不動行을 일으킨다." 하셨다.
전자는 염오성染汚性으로 무명과 합할 때 마음이 다르게 익은 행상
行相을 신해하는 정견正見을 수용하지 못하는 까닭이다. 후자의 진실
한 뜻은 곧 사제四諦이다. 저것에 어리석은 까닭에 진리를 보아 깨
닫지 못한 자는 비록 선심을 일으킨다 할지라도 저것으로 말미암아
눈에 따라 따라다니며 속박하는 바인 까닭에 또한 우치愚癡라고 한
다. 그 세력에 말미암아 삼계의 괴로움을 여실하게 알지 못하여 곧
나중에 인성因性인 복부동행福不動行을 발기할 수 있다.《판비량론判
此量論》원효대사

보여주시고, 그런 다음 괴로움을 여의는 정도를 선설하여 그로 하여금 괴로움과 괴로움의 인이 영원히 적멸한 무루락과無漏樂果를 증득하게 함을 가리킵니다.

　군중이 미혹이 빠져 습성이 달라서 욕락이 같지 않아 비록 실법의 근기가 하나도 없을지라도 평등하게 오승五乘의 작용이 있나니, 삼계에 자비의 구름을 펼쳐서 대비심에 법우가 쏟아지게 하신다.

只爲群迷性隔、樂欲不同 ，雖無一實之機 ，等有五乘之用。致使布慈雲於三界 ，註法雨於大悲。

[이시푼촉 스님 강기]

　군미성격群迷性隔 욕락부동樂欲不同 : 이는 바로 미혹에 빠진 범부를 가리킵니다. 그들은 누세에 형성된 습성이 각자 다름으로 말미암아 각자의 욕락이 천차만별입니다. 이런 습성은 모두 일념의 무명으로 비롯된 이후 각자의 망동·관습에 따라 개별적인 경향을 조성합니다. 여기는 실법의 근기가 하나도 없으니, 이는 완전히 꿈속 경계 같은 현현·습기력의 표현이기 때문입니다. 그래서 중생은 미혹에 물든 반연에 따라 천차만별의 근성根性이 나타납니다. 중생을 인도하여 법계로 돌아가기 위해서는 환 같은 법을 사용하여 환 같은 중생을 제도하여야 합니다. 이로 인해 무량한 중생의 근성에 맞추어 상응하게 오승五乘에 포섭되는 무량묘법의 대용大用이 있습니다. 말하자면 여래께서는 중생의 무량한 근성에 응하여 무량한 법문을 시설하십니다.

치사포자운어삼계致使布慈雲於三界 **주법우어대비**註法雨於大悲 ： 이
는 바로 자비심을 일으켜 무량한 교법 감로를 널리 펴서 두루
삼계의 각종 유정을 가피하심을 가리킵니다. 일체는 모두 대비심
에 근원하여 중생의 괴로움을 뽑아 구제하시고, 이고득락離苦得樂
의 교법을 선설할 수 있습니다. 이로 인해 "대비심에 법우가
쏟아지게" 하십니다.

여래께서 이렇게 설법하신 효과는 어떠한가? 아래에서 말씀하
십니다.

진로塵勞하는 마음에 등흡等洽하지 않음이 없고, 아직 듣지 못한
법의 이익에 두루 젖나니, 보리종자가 이를 빌어서 마음을 꺼낼
수 있어 정각의 싹이 염념마다 촉촉이 적셔줌으로 인해 자라게
된다. 자기의 마음에 의지해 수승한 행을 일으키니, 정토문 밖의
팔만사천법문이다. 점교와 돈교로 곧 각각 근기에 맞는 바에 칭합하
고 인연에 따라 모두 해탈을 받게 한다.

莫不等洽塵勞 , 普沾未聞之益。菩提種子藉此以抽心 , 正覺之芽念念因茲
增長。依心起於勝行 , 門余八萬四千。漸頓則各稱所宜 , 隨緣者則皆蒙解
脫。

[이시푼촉 스님 강기]

이는 부처님께서 세상에 나오실 때 중생의 근기에 응하여
교법을 선설하시어 무릇 인연이 있는 사람은 누구나 해탈을

얻을 수 있음을 말합니다.

　부처님의 설법에는 이치에 계합(契理)하고 근기에 계합(契機)하
는 두 가지 덕상德相이 있는데, 여기서는 단지 두루 근기에 응하여
상응하는 법문을 시설하심을 말합니다. 중생의 진로塵勞하는
마음에 계합하지 않음이 없고 상응하여 인도하는 방편을 베푸십
니다. 이로 인해 "진로에 등흡等洽하지 않음이 없다"고 말씀하십
니다. 계합하지 않음이 없음을 "등흡等洽"이라 하고, "진로塵勞"는
범부의 마음이 끊임없이 망동 잡염雜染하는 가운데 있음을 가리
킵니다. 이른바 교법을 시설함은 이 망동하는 마음을 조복調伏함
아님이 없어 그것으로 하여금 해탈로 취향趣向할 수 있게 합니다.
그래서 중생의 마음에 응하여 교법을 시설해야 하나니, 예컨대
탐욕이 많은 사람을 위해 부정관不淨觀을 시설하고, 분노가 많은
사람을 위해 자비관慈悲觀을 시설하며, 어리석음이 많은 사람을
위해 연기관緣起觀을 시설하십니다. 이른바 "약은 귀하고 천한
것이 없나니 병을 치료하는 것은 양약이고, 법은 뛰어나고 하열한
것이 없나니 근기에 계합하는 것이 묘법이다(藥無貴賤 癒病者良
法無優劣 契機者妙)." 하셨습니다. 만약 근기에 계합하지 않으면
효과가 일어나지 않습니다.

　여래의 설법은 본래 얻을 수 있는 어떠한 실법도 없지만, 중생의
마음에 응하여 각종 대치하는 방법을 설립하십니다. 이러한
법을 한번 전수해가면 중생의 근성에 계합하여 그가 사용해보면
매우 적합할 뿐만 아니라 목적에 도달할 수 있습니다. 이로
인해 중생이 아직 듣지 못한 법을 들은 후에 모두 두루 법익에
젖어 보리종자는 교법의 일깨움을 경유하여 "마음을 꺼낼" 수

있고, 그것이 싹트기 시작하여 정각正覺의 싹을 묘법이 촉촉이
적셔줌으로 인해 염념마다 증장합니다.

중생은 모두 자기의 마음에 의지함과 동시에 부처님께서 지시
한 법도에 수순하여 각종 거룩하고 미묘한 수행을 일으킵니다.
이것이 바로 정토문 이외의 팔만사천 법문입니다. 여기서 또한
돈교頓教·점교漸教 두 가지로 나뉘고 각자 모두 중생의 기의機宜
에 칭합稱合합니다. 근기가 아직 무르익지 않은 자는 점교를
통해서 한걸음씩 인도하고 근기가 이미 무르익은 자는 돈교를
통해서 재빨리 원만히 성취합니다. 요컨대 교법이 인연을 일깨움
에 따라 모두 해탈을 얻을 수 있습니다.

여기서 "수연隨緣"은, 여래장이 염染·정淨 두 가지 인연에
따름을 말합니다. 중생은 과거에 교법을 아직 듣지 못하였을
때 줄곧 미혹하여 물든 인연에 따라 삼계육도의 고취苦趣 한가운
데 유전하는데, 이는 일종의 혹업고惑業苦에 의한 착란순환입니
다. 그러나 교법을 듣고 난 이후 미혹을 바꾸어 깨닫고서 깨달은
청정한 인연에 따라 점차 해탈로 취향하고, 그의 마음 속 우매함
및 착란의 힘에서 해탈합니다. 이 중간에 각종 층차가 있습니다.
예컨대 오승교법五乘教法을 선설하고 인과를 선설할 때 업과에
어리석음을 제거하고 각종 비복업非福業으로 인해 악취에 떨어지
는 고난에서 빠져나옵니다. 한걸음 나아가 무아無我의 교법을
선설하여 그에게 무아의 진실의로 어리석음을 제거하여 아집에
따라 일으킨 각종 번뇌의 업행을 제거하게 하십니다. 이렇게
하여 중생이 삼계의 과보를 해탈할 수 있도록 하십니다. 한걸음
더 나아가 여전히 법무아法無我를 개시하여 그에게 일체 인연의

법이 실재한다는 집착이 일으키는 변역생사變易生死를 제거하게
하십니다.

이처럼 여래께서 교법을 시설하여 중생으로 하여금 교법 일분
一分・ 소분少分 혹은 만분滿分의 청정한 깨달은 인연에 따르게
하여 점차 무명을 제거하는 동시에 망동의 업행을 멈추어서
이러한 잡염雜染의 연기에서 해탈할 수 있습니다.

이상으로 말한 것은, 부처님께서 세상에 나오셨을 때 중생의
근기에 응하여 설법하시어 응당 해탈한 것도 모두 그 시기에
해탈함이고, 응당 성숙한 것도 모두 성숙하게 함입니다. 그러나
여전히 매우 많은 중생이 해탈을 얻지 못하고 있으니, 이 부분의
중생에 대해서는 응당 여하히 구제・제도하겠는가? 다음은 특별
히 정토대교를 선설한 연기입니다.

그러나 중생의 장애가 많아 그것을 취하여 깨닫기는 기약하기
어렵습니다. 비록 수많은 문으로 가르치고 일깨우나 범부가
미혹함으로 말미암아 두루 잡을 수 없습니다.

장애가 매우 깊은 한 부류의 중생이 있어 그는 즉생卽生에
혹은 단기간 내에 개오開悟의 달성을 기대하기 어렵고, 살아있는
동안 성도聖道를 현증現證할 수 없습니다. 비록 세존께서 중생의
근기에 응하시어 이미 세심하게 원만한 교법을 시설하여 이른바
팔만사천 문의 가르침을 열었지만, 범부의 미혹한 마음(迷情)으로
그에게는 즉생卽生에 원만하게 파악할 능력이 없습니다. 말하자
면 그의 일생 한가운데 여전히 이 교법에 인연하여 증과證果를
실현할 방법이 없습니다.

(불효자식의) 인연을 만나 위제희 부인이 지극히 청하길, "저는 지금 안락국에 즐겨 왕생하고자 하오니, 원하옵건대 여래께서 저에게 사유하는 법을 가르쳐 주시고, 정수를 닦는 법을 가르쳐 주시옵소서." 하였다. 그러자 사바세계 화주이신 석존께서 그 청으로 인연한 까닭에 곧 정토의 요법을 널리 여시고, 안락국토 능인能仁의 특별한 밀의인 홍원법문을 분명히 드러내셨다.

> 遇因韋提致請：我今樂欲往生安樂，唯願如來教我思惟、教我正受。然娑婆化主因其請故，卽廣開淨土之要門，安樂能仁顯彰別意之弘願。

[이시푼촉 스님 강기]

이 같은 정황아래 특수한 기연機緣 하나가 출현하여 부처님께서 정토묘법을 선설하시게 하셨으니, 위제희 부인이 불효자식의 인연을 만나 그녀의 마음속에 염리厭離심이 생겨서 근심 번뇌가 없는 세계에 태어나려고 하였습니다. 부처님께서 광명대를 화현化現하여 무수한 청정 불찰토를 현현하시니, 위제희 부인이 이를 본 후 지극한 마음으로 여래께 설법을 간절히 청하였습니다.

"저는 지금 극락세계에 왕생하고자 하오니, 오직 원하옵건대 여래께서 저에게 사유하는 법을 가르쳐주시고, 저에게 정수를 닦는 법을 가르쳐 주십시오."

그녀의 간청에 응하신 인연으로 사바세계 교주이자 본사이신 석가모니부처님께서 정토의 요문을 널리 여시고, 안락세계 교주이신 아미타부처님에 대해 그 특별한 밀의인 홍원弘願법문을 드러내 보이셨습니다.

이는 바로 이 방위의 부처님께서 저 방위의 부처님이 중생을 섭인攝引하여 저 부처님 세계에 왕생하는 법문을 선설하신 것으로, 곧 수승한 정토문의 교법이 출현한 것입니다. 이 일문의 주된 뜻은 중생을 전부 다른 한 부처님 세계의 교법 가운데 인섭引攝하여 제도·해탈을 얻게 함입니다. 당연히, 그 주제는 바로 아미타부처님의 특별한 원력과 안락국토로 나아가는 요문을 선설하시는 것입니다.

[정공 스님 강기]

이 단락의 이야기는 경문에서 볼 수 있습니다. 일반인은 사후에 대해 말할 것입니다. 사람의 일생은 평등하지 않게 태어납니다. 어떤 사람은 부귀한 가정에서 태어나고, 어떤 사람은 가난한 가정에서 태어납니다. 태어난 후 평생 불평등합니다. 무엇이 가장 평등합니까? 죽음이 가장 평등하다고 말합니다. 잘못 보셨습니다. 죽음이 오히려 더 평등하지 않습니다. 어떤 사람은 서방극락세계에 가서 성불하고, 어떤 사람은 지옥에 떨어져 죄를 받으니 어떻게 평등하단 말입니까? 평등하지 않게 태어나서 평등하지 않게 살다가 더욱 더 평등하지 않게 죽습니다. 이것이 사실의 진상입니다.

그래서 총명한 사람과 깨달은 사람은 생각하길, '내가 세상에 머무는 시간은 매우 짧다. 시간이 짧아 말할 것도 없지만, 장래 사후는 시간이 길어서 정말 중요하다. 그 고락은 지금 이 세상의 고락보다 훨씬 더 중요하다.' 우리는 진정으로 행복하고 싶고, 영원히 행복하고 싶습니다.

위제희 부인은 이번 법회에서 그녀가 몸소 경험하고 몸소 느낀 것을 인연으로 부처님에게 도움을 구하게 되었습니다. 부처님께서는 그녀에게 시방세계 중에서 스스로 선택하라고 가르쳐주셨고, 그녀가 선택한 것은 서방극락세계 극락정토입니다. 그녀의 이 선택은 실제로 말하면 우리를 대신해서 선택한 것입니다. 왜냐하면 우리가 받는 고난, 겪는 경계는 그녀와 아무런 차이가 없습니다. 그녀는 깨달았고, 우리도 오늘 깨닫습니다. 그녀는 서방극락세계를 선택하였습니다. 우리는 그녀가 매우 정확하게 선택하였다고 믿습니다. 석가모니부처님께서도 옳게 선택하였다고 찬탄하셨습니다!

그렇다면 어떤 방법으로 선택해야 옳습니까? 그녀는 두 마디 말로 간절히 구하였습니다. "오직 원하옵건대 여래께서 저에게 사유하는 법을 가르쳐주시고, 저에게 정수를 닦는 법을 가르쳐주십시오." 이 두 마디 말은 매우 중요합니다. 부처님께서는 수많은 대승경전 상에서 일체법은 마음에서 생긴다고 말씀하셨습니다. 바꾸어 말하면 "제가 어떻게 생각해야 서방극락세계에 태어날 수 있습니까? 부처님께 가르침을 구합니다." 그래서 이 구절은 너무나 중요합니다.

대사께서는 앞에서 우리에게 이 법문은 대승의 가중 중요한 법문이라고 말씀해 주셨습니다. 확실히 말하자면 실제 수행공부는 본경에서 말하는 정선定善·산선散善입니다. 정선定善은 무엇인가 하면 바로 《아미타경》에서 설한 「일심불란一心不亂」이고, 《무량수경》에서 설한 「일향전념一向專念」입니다. 이것이 우리들이 진정으로 수학하는 공부입니다.

대사님께서 여기서 말씀하신 산선散善은 평상시 우리가 말하는 정조쌍수正助雙修의 뜻과 다르지 않습니다. 대사님께 말씀하신 정선·산선은 모두 조행助行이 아니고 정행正行임을 알아야 합니다. 만약 우리가 그것을 정선이 정행이고, 산선이 조행이라고 본다면 이는 잘못 본 것입니다. 정선·산선은 모두 정행에 속하고, 이로 인해 정선·산선 이 두 가지 방법은 어떤 방법으로 수학하든지 관계없이 모두 왕생할 수 있습니다. 정선을 닦아도 왕생할 수 있고, 산선을 닦아도 왕생할 수 있으며, 정선·산선을 모두 닦으면 당연히 더 좋고, 모두 결정코 왕생합니다. 대사께서 간단히 주해하시길,

그 요문이란 곧 《관경觀經》의 정선定善·산선散善 두 문이다. 정선은 곧 사려를 그쳐 마음을 집중함이고, 산선은 곧 악을 폐하여 선을 닦음이다. 이 두 행을 회향하여 왕생을 발원하고 구한다.

其要門者 , 卽此《觀經》定散二門是也。定卽息慮以凝心 , 散卽廢惡以修善。回斯二行 , 求願往生也。

[이시푼촉 스님 강기]

이른바 안락국토에 왕생하는 요문은 바로 이《관경》에서 설하신 정선定善·산선散善 두 문입니다. "정定"은 망동하는 사려思慮를 멈추고 심식心識을 고요하게 안정시킴을 가리킵니다. 말하자면 뒤섞이고 어지러운 생각을 버리고 마음이 점차 하나의 관하는

경계 위에 고요하고 안정되게 매달아 최종적으로 삼매정수三昧正受의 경계에 들어가는 것을 정선定善이라 합니다. 산선散善은 산란한 자리에 머물러 있는 것으로 수행하는 방식은 주로 악업을 버리고 선행을 수지하는 것입니다. 정선·산선 두 문으로 거두어들인 선행을 회향하여 서방극락에 왕생하길 발원하고 구하면 직접 정토에 태어나니, 그것이 정토에 태어날 수 있는 요문입니다.

그렇다면 왜 범부는 정선·산선 두 문에 의지해 최소한의 요구조건으로도 모두 서방에 왕생할 수 있습니까? 이는 아미타부처님께서 48홍원으로 섭지(攝持; 가지)하시는 연고입니다. 시방불국토에서 이는 지극히 특수한 원력으로 범부가 혹업惑業을 끊어버리지 않은 채 아미타부처님의 자비심, 위신력의 가피에 의지하여 임종시 극락세계에 왕생할 수 있습니다. 이 때문에 안락국토 능인能仁(아미타부처님)의 특별한 홍원대의弘願大義라고 말씀하셨습니다.

[정공 스님 강기]

정즉식려이응심定卽息慮以凝心 : 「려慮」는 사려입니다. 이는 바로 망상·잡념으로 이것을 그쳐야 합니다. 「응심凝心」, 이 마음을 청정히 하여야 합니다. 바로 《아미타경》에서 말하는 「일심불란一心不亂」입니다. 이것이 바로 정定입니다. 어떤 방법으로 도달합니까? 명호집지, 바로 한마디 아미타불로 도달합니다. 이 방법으로 어떻게 닦습니까? 어느 때 어느 곳이든 우리들 마음속에 하나의 생각이 일어나면 이 생각이 선한 생각이든 악한 생각이든 묻지 말아야 합니다. 왜냐하면 이런 생각은 진심이 없어 모두 망념입니다. 이런 생각이 일어나면 바로 아미타불로 바꾸어서 부처님 명호를 들어야 합니다. 「나무아미타불」, 이 일념으로 당신의 생각을 깨어버리면 이 마음은 천천히 정定을 얻습니다. 이를 염불삼매라 하고, 진염불眞念佛이라 하며, 공부라 합니다. 염불하는 사람은 여전히 항상 망상이 있고, 번뇌가 있습니다. 비록 염불할지라도 공부가 없어 득력하지 못합니다. 이러면 왕생이 매우 어렵습니다. 단지 내생을 위해 인연을 지을 뿐 이번 생에는 왕생할 수 없습니다. 이번 생에 결정코 왕생하려면 진정으로 실천(眞幹)하여야 합니다. 이 한마디 아미타불로 모든 일체 생각을 모두 깨버려야 합니다.

홍원弘願이라 함은 《무량수경》에서 설한 바처럼 일체 선악 범부가 왕생할 수 있는 이유는 모두 아미타부처님 대원업력에 올라타 증상연으로 삼지 않음이 없기 때문이다.

言弘願者 , 如大經說 , 一切善惡凡夫得生者 , 莫不皆乘阿彌陀佛大願業力 爲增上緣也。

[이시푼촉 스님 강기]

이른바 홍원이란 《무량수경無量壽經》에서 설한 바와 같습니다. 즉 일체 선악범부가 정토에 태어날 수 있는 이유는 아미타부처님 대원업력[11])에 올라타 증상연增上緣으로 삼지 않음이 없어야 비로

---

11) 이것에 대해 정토종에서는 여러 가지 해석이 있다. 1) 대원의 업인력業因力을 가리킨다. 정토의 장엄과 자비중생의 공덕은 일체 아미타부처님 본원의 작용력이 미친 바 밖에는 없다. 2) 대원의 힘, 대업의

소 왕생할 수 있기 때문입니다. 이것이 정토법문이 지극히 기묘하고 특이한 점입니다. 이 때문에 장애가 많은 중생은 즉생卽生에 깨달음을 취해 과위를 증득할 수 없고, 아미타부처님 대원의 도움을 빌려야 정토에 왕생하여 생사의 문제를 해결할 수 있다는 말입니다.

[정공 스님 강기]

우리는 이 한 마디 말씀을 들으면 마음이 편안합니다. 우리는 왜 왕생합니까? 아미타부처님께서 본원으로 섭수하심에 우리가 의지하기 때문입니다. 자신이 갖추어야 하는 공부는 간단히 말해 「일심으로 염불하면서 악을 끊고 선을 닦는 것(一心念佛 斷惡修善)」입니다. 일심으로 염불함이 정선定善이고, 악을 끊고 선을 닦음이 산선散善입니다. 이 두 마디 말을 기억하기만 하면 됩니다. 무엇이 선이고, 무엇이 악입니까? 무릇 일체중생을 이롭게 하는 것이 선이고, 무릇 자신을 이롭게 하는 것은 모두 악입니다. 그래서 진정한 수행인은 자신의 이익을 구해서는 안 되고 염념이 중생을 이롭게 하면 됩니다.

당신이 이 말을 분명히 이해하였다면 당신은 점점 더 많이 버릴 것입니다. 당신이 재보시財布施를 하면 설사 전 세계 경제가 불황

힘을 가리킨다. 즉 법장보살(아미타부처님께서 인위因位에서 발원할 때 이름)의 발원과 수행이다. 법장보살은 중생을 구제 제도함을 사유하여 48원을 세운 까닭에 대원력大願力이라 한다. 보살께서 대원을 발한 후에 조재영겁兆載永劫에 걸쳐 육도만행을 쌓은 까닭에 대업력大業力이라 한다. 3) 대원大願·대업大業·대력大力을 가리킨다. 즉 법장보살의 발원 수행 및 결과 완성된 아미타부처님의 구제력이다. 담란대사, 도작대사, 선도대사 등의 저서를 참조하라.《불광대사전佛光大辭典》

일지라도 당신은 복보가 있어 당신의 옷과 음식, 재물은 아무리 써도 모자라지 않을 것입니다. 그래서 진정으로 이 세간법을 좌우하는 힘은 총명도 지혜도 지략도 아니고, 복보입니다. 복보는 어디서 옵니까? 악을 끊고 선을 닦음에 있습니다. 악을 끊음은 자신의 사리사욕을 끊음입니다. 반드시 염념 가운데 일체중생을 이롭게 함에 전심전략을 다해야 이 복보는 불가사의합니다. 그래서 아미타부처님의 본원과 상응하면 아미타부처님께서 반드시 당신을 가지加持하시고, 아미타부처님의 대원업력이 증상연增上緣12)이 됩니다. 그래서 당신은 결정코 정토에 왕생할 수 있습니다.

[청화] 어떤 사람은 이 법문을 듣고 난 후 의심이 듭니다. '나의 업장은 매우 무겁고 죄업이 매우 깊은데, 저 불보살의 국토에 나는 갈 자격이 없다.' 아미타부처님께서 그를 이끌고 가시려는데, "죄송합니다. 죄송합니다." 그는 여전히 사양합니다. 뒤로 물러서면 방법이 없습니다.

여기서 대사께서는 우리는 범부로 모두 죄업을 지은 사람이지만 경전에서 말하는 오역십악五逆十惡만큼 이렇게 무겁게 짓지는 않고 그들에 비하면 훨씬 가볍다고 말씀하십니다. 오역십악을

12) 우리가 욕심내고 성내고 어리석고 오만한 생각을 하게 되면, 요망하고 간사한 마귀가 우리들에게 증상연增上緣을 만들어 주게 되며, 반대로 부처님을 생각하면 부처님이 우리에게 증상연을 만들어 주게 된다. 만물은 같은 종류끼리 모이고, 사람은 같은 무리로 나누어지기 마련이다. 아미타불이 변화하여 나타난 여러 가지 장엄정토는 대단히 수승한 증상연이니, 우리들의 나머지 세 가지 연(緣)을 이끌어내어 우리들의 성덕(性德)으로 하여금 아미타불과 둘이 없고 차별이 없게 하면, 성덕이 완전하게 저절로 드러나게 된다. 아미타불을 하나의 모범으로 삼는 것이 바로 본질이다. 《불설아미타경요해강기》, 정공법사

지어도 목숨이 다하려 할 때 선한 인연을 만나 십념 일념에도 모두 왕생할 수 있으니, 우리가 왕생하지 못한다고 누가 말하겠습니까?

그래서 선도대사께서는 이 법문은 「만인이 닦아 만인이 가는 법문」이라고 하십니다. 문제는 당신이 기꺼이 닦으려고 하느냐에 달려 있습니다. 기꺼이 닦으면 결정코 왕생합니다. 이런 이론과 방법에 따라 착실히 실천하면 결정코 왕생할 수 있습니다. 당신은 왜 왕생할 수 있습니까? 자신의 역량에 의지하는 것이 아니라 아미타부처님 48원에 기대면 아미타부처님의 원력이 우리를 왕생하도록 돕습니다. 「증상연增上緣」은 바로 도움으로 우리는 아미타부처님의 도움을 얻습니다.

석가모니부처님께서 우리를 위해 이 법문을 설해주신 것은 석가모니부처님께서 추천하시는 것이나 마찬가지입니다. 석가모니부처님께서 추천하시고 그곳에서 아미타부처님께서 환영하시니 가지 못할 도리가 있겠습니까! 당신이 이 법문을 믿지 않고 기꺼이 받아들이지 않는다면, 바꾸어 말하면 세존께서 추천하셨는데도 "나는 추천이 필요 없고, 나 자신의 능력에 의지해 할 수 있다." 말합니다. 당신의 능력이 도대체 얼마나 큽니까? 믿을 수 없습니다.

일체경론에서는 망상·번뇌를 끊지 않으면 삼계를 벗어나지 못한다고 합니다. 반드시 부처님의 추천에 기대어야만 그곳에서 아미타부처님께서 환영하시고, 이렇게 왕생합니다. 이 일구는 매우 중요합니다. 우리는 비로소 염불왕생에 대해 신심이 생기고 다시는 의심이 생기지 않습니다. 대사님께서는 이어서 고구정녕 노파 심에 우리에게 권유하십니다.

또한 부처님의 밀의인 홍원은 깊고, 정토교문은 깨닫기 어려워서 삼현십성도 엿볼 수 있는 바가 아니다. 하물며 나처럼 믿음이 가벼운 털 같은 외범부가 감히 지취旨趣를 알겠는가? 석가모니부처 님을 우러러 생각하여 이곳에서 보내고, 아미타부처님께서 저 국토에서 내영來迎하신다. 저곳에서는 부르고 이곳에서는 보내니, 어찌 가지 않을 수 있겠는가? 오직 부지런히 일심으로 법을 받들어 목숨이 마칠 때까지 다할 뿐이다. 이 예토의 몸을 버리면 곧 저 정토의 법성신의 상락을 증득하리라. 이로써 곧 간략히 서제序題를 표명하여 마쳤다.

又佛密意弘深 , 教門難曉 , 三賢十聖所弗窺測。況我信外輕毛敢知旨趣？
仰惟釋迦此方發遣 , 彌陀卽彼國來迎。彼喚此遣 , 豈容不去也？唯可勤心
奉法 , 畢命爲期。舍此穢身 , 卽證彼法性之常樂。此卽略標序題竟。

[이시푼촉 스님 강기]

부처님의 밀의는 지극하고 그 홍원은 깊고 광대하며, 불가사의 한 부처님의 수행 경계인 정토교문에 대해 일반적인 지혜로는 깨닫기 어려워서 삼현십성의 보살도 모두 그것의 오묘함을 살필 수 없습니다. 하물며 나는 믿음이 가벼운 털 같은 외범부外凡夫[13]

---

13) 오늘날의 범부는 현재 믿음과 생각이 가벼운 털이라 하고, 또 부정 취라 하며, 또 외범부라 한다(當今凡夫 現名信想輕毛 亦名不定聚 亦名

일 뿐인데, 어떻게 감히 내가 정토의 깊고 깊은 지취(旨趣; 목적과 의도)를 또렷이 안다고 말하겠습니까? 또한 어떻게 확고히 서방극락에 태어나길 구할 수 있겠습니까?

유일한 것은 석가모니부처님께 의지해 이곳에서 보내고, 아미타부처님께서는 저 국토에서 마중하러 오십니다. 이쪽에서는 부처님께서 제게 가라 하시고, 저쪽에서는 부처님께서 와서 접인하시니, 제가 어떻게 가지 않을 수 있겠습니까? 이는 일반인의 권유가 아닙니다. 비록 제가 법문의 깊고 깊은 오묘한 점을 모를지라도 제가 가장 믿는 것은 부처님이고 부처님께서 제게 가라고 하시니, 제가 어찌 가지 않을 수 있겠는가? 부처님께서 오셔서 저를 부르시는데, 어찌 제가 부처님 품에 안기지 않을 수 있겠습니까? 이 때문에 저는 도의상 거절하지 못하고 털끝만큼도 의심이 없습니다. 이미 두 국토의 도사導師께서 이렇게 은근히 권유하시고 접인하시니, 저는 오직 밤낮으로 정근하여 부처님의 법교法教를 받들어 지니고 임종할 때까지 줄곧 행해야 합니다. 이 예토의 몸을 버리면 정토 법성신法性身의 상락자재를 증득할 수 있습니다.

여기서 "상락常樂"은 변화되는 괴로움을 겪지 않음, 즉 번뇌에 얽매여 전전輪轉하는 괴로움을 받지 않음입니다. 정토의 법성신을 증득한 이후 무루無漏의 큰 즐거움을 항상 누리게 됩니다. 이 때문에 중요한 한 가지만 해결하면 나머지는 저절로 풀리니, 생사유전의 괴로움을 영원히 끊습니다.

外凡夫)《안락집》도작대사

이상으로 간략하게 서제序題를 표명하였고, 정토교법의 연기를 선설하였으며, 성교聖敎에 의지해 서방극락으로 가는 유서曲序를 선설하여 마쳤습니다.

[정공 스님 강기]

앞 경문은 우리가 이해할 수 있지만, 이후 경문은 우리가 이해할 수 없습니다. 「삼현십성」의 보살들도 이해할 수 없는데, 하물며 우리겠습니까? 우리는 이 부분에서 신심을 세워야 합니다.

석가모니부처님께서는 우리에게 서방극락세계로 가서 우리를 보내라고 권하시고, 그 쪽에서는 아미타부처님께서 어서 어서 오라고 환영하고 계시는데, 아직도 성공하지 못하겠습니까? 세존께서 우리에게 가라고 하심은 바로 우리에게 신원행을 가르치심입니다. 우리가 오늘 믿음과 발원을 알았다면 어떻게 행해야 할까요? 일심으로 염불하고, 악을 끊고 선을 닦으면 간단명료해집니다. 이렇게 할 수만 있다면 그 쪽에서 아미타부처님께서는 매우 환영하시고 염념마다 광명을 비추시니 어찌 가지 못할 도리가 있겠습니까?

대사께서는 우리들에게 경전을 강설한 인연을 말씀하여 주시어 우리가 사실 진상을 깨닫고, 이 경전과 법문의 중요성을 이해하여 더없이 기쁜 마음으로 학습하도록 일깨우셨습니다. 진정으로 발심하여 반드시 몸과 수명이 다하도록 귀의하여야 합니다! 우리는 이번 생에 모두 이 법문에 의지하여야 합니다.

"이 예토의 몸을 버림"이 중요합니다. 우리들의 몸을 모두 기꺼이 버려야 하니, 하물며 몸 바깥의 물건을 어찌 버릴 수 없겠습니까? 버림이 인因이고, 얻음은 과果입니다. 더 많이 버릴수록 더 많이 얻고, 더 많이 얻으려면 더 버려야 합니다. 많이 얻으면 버리지 않아도 된다고 말하지 마십시오. 그러면 큰일입니다. 당신이 얻은 것을 다 쓰고 나면 아무것도 없습니다.

물처럼 영원히 그것을 유통시켜 영원히 끝이 없으면 좋습니다. 그것을 막지 말고, 방해하지 마십시오. 이 시대, 난세 오탁악세를 살면서 우리는 반드시 한평생 행복하고 즐거우며, 가정은 화목하고 사업도 순조로울 것입니다. 사회가 아무리 어지러워도 나는 화해하고, 천하가 아무리 어지러워도 나는 태평할 수 있으면 이것이야말로 진정으로 행복을 드러내 보이는 것입니다.

[청화] 선도대사는 우리들에게 권하십니다. 오직 홀로 이 법문을 제외하고 그 밖에 두 번째 법문은 없어서 유唯라고 합니다. 「근심勤心」은 바로 용맹정진입니다. 염불을 우리들 이번 생에 제일 큰일로 삼아야 합니다. 우리가 먹지 않아도 작은 일이고 잠자지 않아도 작은 일이지만, 염불하지 않으면 얻을 수 없으므로 염불을 일생에 가장 큰일로 보아야 합니다. 일을 할 때 이 일이 생각을 할 필요가 없으면 한편으로는 일하고 한편으로는 염불할 수 있습니다. 일을 하는데 생각이 필요하면 염불을 내려놓고 제대로 일을 하고 일을 마친 후 일을 내려놓고 부처님 명호를 들면 됩니다. 이를 「근심봉법 勤心奉法」이라 합니다. 「필명畢命」은 일생으로 하루를 살면 하루 염하고 일년을 살면 일년을 염하며 결코 느슨하게 놓아서는 안됩니다.

「**사차예신**捨此穢身」, 몸은 우리에게 가장 친밀한 것이지만 이 몸은 깨끗하지 않습니다. 더운 곳에서는 날마다 땀이 흘러 샤워를 해야 합니다. 이런 몸조차 버려야 하거늘 하물며 몸 바깥의 물건이겠습니까? 그래서 염불당에서는 항상 "신심세계와 모든 인연을 내려놓고 일심으로 염불하여 정토에 태어나길 구하라"고 말합니다. 서방극락세계에 태어나면 일생에 원만히 성불할 수 있습니다. 「**증피법성**證彼法性」은 바로 성불이고, 「**상락**常樂」은 성불의 수용입니다. 우리가 사는 이 세상은 늘 괴롭고 상락이 없습니다. 부처를 이룬 후에는 늘 즐겁습니다. 이 즐거움은 진실한 즐거움입니다. 진정한 즐거움은 오직 홀로 성인에게 비로소 생깁니다. 부처가 되어서야 원만하고 보살의 즐거움은 여전히 원만하지 않습니다.

ㅡ 보적경寶積經

무생법인無生法忍(나고 죽음이 없는 법을 알게 됨)을 깨달으셨다.

그 법法 연설하심을 듣고 믿고 이해하고 기뻐하여

그때에 부왕이 칠만 명의 석종釋種(석가 종족)과 함께

항상 부지런히 정진하여 불도佛道를 얻으실 것이라"고 하시니,

지금에 마땅히 서방극락세계의 아미타부처님을 생각하시어

석가여래께서 말씀하시기를 "부왕父王(정반왕)이시여!

[제2문] 경명 해석

둘째, 다음으로 경명을 해석함이다. 경에서 이르시길, "불설무량수관경일권"이라 하였다.

第二、次釋名者 , 經言 : 佛說無量壽觀經一卷。

[이시푼촉 스님 강기]

둘째 경명을 해석한다. 경명은 "불설무량수관경佛說無量壽觀經"이고 총 1권이다. 경명의 차례에 의거하여 먼저 "불佛"을 해석하고, 다시 "설說"을 해석하며, 다시 "무량수無量壽"를 해석하고, 다시 "관觀"을 해석하며, 다시 "경經"을 해석한다.

"불佛"이라 말함은 서역의 정음으로 이 땅에서는 각覺이라 한다. 자각自覺·각타覺他·각행궁만覺行窮滿을 부처라 이름한다.

言"佛"者 , 乃是西國正音 , 此土名覺。自覺覺他 , 覺行窮滿 , 名之爲佛。

[이시푼촉 스님 강기]

"불佛"은 인도말로 중국에서는 "각覺"이라 번역합니다. 자신의 깨달음과 다른 사람의 깨달음을 회향하여 깨달음과 수행이 원만한 경지에 도달한 경계를 부처라고 합니다. 간략히 범인, 성문·연각과 보살 세 부류와 달리 무상대각無上大覺을 획득하였으므로 부처라고 부릅니다.

[정공 스님 강기]

여기서 「불佛」은 《무량수경》에서도 「불설」, 《아미타경》에서도 「불설佛說」로 이 정토삼부경 앞에는 모두 「불설佛說」이 있습니다. 이 「불佛」은 석가모니부처님만 가리키는 것이 아닙니다. 만약 오직 석가모니부처님만 가리킨다면 기타 일체 대승경전과 별반 다르지 않습니다. 「설說」의 뜻은 매우 광범위하여 일체제불 모두 설합니다. 그래서 「불설佛說」은 일체제불께서 중생을 교화하실 적에 정토삼부경을 설하지 않음이 없습니다. 이러한 뜻을 특별히 기억해야 합니다. 바꾸어 말하면 왜 일체제불께서 모두 이 경을 설하십니까? 모두 이 경을 설함을 기뻐합니까? 실제로 이 경전과 이 법문으로 확실히 중생을 제도할 수 있기 때문입니다. 위로는 등각보살부터 아래로 지옥중생까지 이 법문을 만나면 모두 다 제도 받을 수 있습니다. 제도 받을 수 있을 뿐만 아니라 평등하게 제도를 받으므로 이 법문은 불가사의합니다. 그래서 일체 부처님께서 반드시 설해야 하고 부처님께서 중생에게 이 법문을 설하지 않으면 부처님의 자비심은 원만하지 않습니다.

자각自覺이라 말하여 범부와 분별한다. 이는 성문이 협소하여 오직 자신을 이롭게 할 뿐 타인을 이롭게 하는 대비심이 빠진 까닭이다. 각타覺他라 말하여 이승二乘과 분별한다. 이는 보살에게는 지혜가 있는 연고로 자신을 이롭게 하고, 대비심이 있는 연고로 타인을 이롭게 할 수 있으며, 항상 대비심과 지혜를 쌍으로 행하여

유에도 무에도 집착하지 않는다. 각행궁만覺行窮滿이라 말하여 보살과 분별한다. 이는 여래께서 지혜와 수행을 이미 궁진하고 시겁時劫이 이미 원만함으로 말미암아 세 가지 지위를 넘어서는 까닭에 부처라고 이름한다.

言自覺者 , 簡異凡夫。此由聲聞狹劣 , 唯能自利 , 闕無利他大悲故 , 言覺他者 , 簡異二乘。此由菩薩有智故能自利 , 有悲故能利他 , 常能悲智雙行不著有無也。言覺行窮滿者 , 簡異菩薩。此由如來智行已窮 , 時劫已滿 , 出過三位 , 故名爲佛。

[이시푼촉 스님 강기]

자각自覺이라 하여 범부와 다르다고 구분합니다. 왜냐하면 범부는 완전히 어리석고 몽매함에 빠져서 진실의眞實義에 대해 두 가지 무아無我를 조금도 모르기 때문입니다. 그래서 "자각" 두 글자로써 범부가 아니라고 구분합니다. 이어서 다시 성문은 마음을 협소하고 하열하게 냄으로 인해 단지 자신을 이롭게 하는 마음만 일으키고, 타인을 이롭게 하는 대비심이 모자란 까닭에 "각타覺他"는 이승二乘과 다르다고 분별하여 말합니다. 자신을 깨닫게 하는 마음이 있을 뿐만 아니라 타인을 깨닫게 하려는 마음이 있으며 또한 법계의 무변 중생을 중시하여 일체중생의 괴로움을 뽑아 제도하는 대비심을 일으키고, 그들에게 위없는 깨달음을 베풀어 주고 싶어 하십니다. 이를 "각타覺他"라고 합니다.

이 때문에 보살은 한층 더 나아가 지혜를 본성으로 삼고 지혜가 있는 연고로 자신을 이롭게 할 수 있고, 대비심이 있는 연고로 타인을 이롭게 할 수 있습니다. 언제나 지혜와 대비심을 쌍으로 운행할 수 있어 삼유(三有; 삼계)의 변견과 적멸寂滅의 변견에 집착하지 않습니다. 그렇지만 보살은 아직 도를 배우는 지위(學道位)[14]에 거하며 각행을 궁진하여 원만한 경계에 도달함이 없습니다. 그래서 "각행궁만覺行窮滿"으로써 보살이 아니라고 분별합니다. 지혜와 수행을 막론하고 이미 가장 원만한 경지에 도달하여, 모든 수행을 겪고 지나가야 할 시겁時劫[15]이 전부 원만하여 범부·이승·보살의 세 가지 지위를 넘어섭니다. 이 때문에 부처라고 부릅니다. 이상으로 "불佛"을 해석해 마쳤습니다.

설說이라 말함은 입으로 음성을 내어 진술하는 까닭에 설이라 한다. 또한 여래께서 근기에 맞추어 설법하심은 (중생의 근기가) 여러 가지로 달라서 근기에 따라 맞추어 돈교頓敎·점교漸敎를 시설하고 숨겨짐·드러남의 차이가 있다. 혹 육근으로 두루 설하고

---

14) 삼도三道는 부파불교와 대승불교에서 공통적으로 인정하고 있는 수행의 3단계인 견도見道·수도修道·무학도無學道를 말한다. 즉, 삼도는 성문과 보살 모두에게 해당하는 수행의 3단계이다. 견도見道는 수행자가 모든 견혹見惑에서 벗어나는 지위이다. 진리를 보는 단계라는 뜻에서 견제도見諦道라고도 하고, 진리를 봄이라는 뜻에서 견제見諦라고도 하며 또한 견도의 지위라는 뜻에서 견도위見道位라고도 한다. 수도修道는 수행자가 수혹修惑을 벗어나기 위해 수행하는 기간 또는 지위이다. 수도위修道位라고도 한다. 무학도無學道는 수행자의 수행이 완료되어 무학無學 즉 더 이상 배울 것이 없는 지위이다. 무학위無學位라고도 한다.

15) 3아승기를 말한다. 보살이 성불하는 데 소요되는 시간. "보리(菩提)를 조속히 증득하는 것은 오직 일념一念 뿐이며, 멀리 불도佛道를 구한다면 3아승기에 있다." 《대장일람집大藏一覽集》

상호 또한 그러하다. (중생의) 생각에 응해 그 기연에 따라 모두 증득하는 이익을 받게 한다.

言"說"者, 口音陳唱, 故名爲說。又如來對機說法, 多種不同, 漸頓隨宜, 隱彰有異。或六根通說, 相好亦然。應念隨緣, 皆蒙證益也。

[이시푼촉 스님 강기]

"설說"은 입에서 음성을 내어서 법의를 진술함을 "설說"이라 합니다. 게다가 여래께서 근기에 맞추어 설법함은 중생의 근기가 갖가지로 다르기 때문입니다. 그래서 여래께서는 근기에 수순하여 적절하게 돈교頓教·점교漸教를 시설하고, 은밀설隱密說·현료설顯了說 등 갖가지로 다릅니다. 또한 설근으로 설법을 할 수 있을 뿐만 아니라 안근 등 육근으로 모두 설법하고, 상호로도 설법하실 수 있습니다. 요컨대 중생의 마음에 응하여 그 기연機緣에 따라 묘법妙法을 두루 설하시며 인도하여 그들이 모두 이익을 얻을 수 있도록 하십니다.

[정공 스님 강기]

이 「설說」은 우익대사께서 《아미타경요해》에서 매우 잘 설명하고 있습니다. 자고이래로 조사대덕께서는 설한 적이 없다고 말할 수 있습니다. 이런 설법은 오로지 정종 경론에 대한 것으로 정토삼부경을 설한 것입니다. 우익대사의 "「설說」이란 마음속에 품은 심원에 기뻐하심을 말합니다. 부처님께서는 중생제도를 마음속에 품으시고, 이제 중생들이 성불할 기연이 무르익어, 믿기 어려운 법문을 설하시고 중생들이 구경해탈을 얻도록 하시는 까닭에

기뻐하신다." 하셨습니다. 이것이 《요해》에서 「설說」자를 해석한
것으로, 이 말씀은 매우 훌륭하고 원만합니다. 요즘 말로 하면
이는 중생의 성불 기회가 이르렀다는 뜻입니다. 우리들의 이번
생에 현재 성불의 기회가 왔습니다. 이 인연은 정말 희유하고,
정말 만나기 어렵습니다. 우리가 과거 무량겁 이래로 어떻게
이런 기회를 맞닥뜨릴 수 있겠습니까? 수다원을 증득하는 기회를
맞닥뜨려도 큰일이고, 아라한을 증득하는 기회도 큰일입니다!
어찌 한 사람이 감히 성불을 생각하겠습니까? 우리는 감히 성불을
생각도 못하지만, 성불의 기회를 뜻밖에 맞닥뜨렸습니다. 당신이
이런 기회를 잡을 수 있다면 이번 생에 불도를 원만히 이룰
수 있습니다. 오직 기회가 왔을 때 부처님께서 이 법문을 설하셔야
효과가 있고 진정으로 도움을 줍니다. 부처님께서 이 법문을
설하시지 않으면 우리에게 기회가 와도 성불할 수 없습니다.
기회가 오지 않으면 부처님께서 우리에게 이 법문을 설하여주셔
도 우리는 믿지 못하고, 말해봐야 소용없으므로 반드시 근기와
감응이 상응하여야 합니다.

그래서 이 「설說」은 부처님의 본회本懷를 펴심이고, 이 「설」은
기쁘다는 뜻이 있습니다. 부처님께서 이 법문을 설하심을 대단히
기뻐하십니다. 이런 뜻은 《무량수경》에서 볼 수 있습니다. 부처님
께서 이 법문을 설하실 때 여러 가지로 기뻐하시는데 진정으로
대단히 희유함을 볼 수 있습니다. 아난존자는 일생동안 부처님의
시자로 지내면서 종래 부처님께서 이 날처럼 이렇게 기뻐하시는
모습을 본 적이 없습니다. 이는 중생을 위해 이 법문을 설하시기
때문입니다. 중생이 이 법문을 받아들여 이 법문에 따라 수학하고

일생 한가운데 반드시 원만히 성취합니다. 그래서 이 법문의 수승함은 어떤 법문과도 견줄 수 없습니다. 이것이 불설의 뜻입니다. 이 뜻은 선도대사의 주해에서는 없는데, 제가 이를 보충하였습니다.

"무량수無量壽"라 말함은 이 땅의 한자 음이고, "나무아미타불"이라 말함은 또한 서역의 정음이다. 또한 "나"는 귀이고 "무"는 명이며, "아"는 무이고 "미"는 량이며, "타"는 수이고 "불"은 각이다. 그래서 귀명무량수각歸命無量壽覺이라 말한다. 이는 범어와 한어를 서로 대조한 것으로 그 뜻은 이와 같다.

> 言"無量壽"者 , 乃是此地漢音。言"南無阿彌陀佛"者 , 又是西國正音。又"南"者是歸 , "無"者是命 , "阿"者是無 , "彌"者是量 , "陀"者是壽 , "佛"者是覺。故言歸命無量壽覺。此乃梵漢相對 , 其義如此。

[이시푼촉 스님 강기]

"무량수"는 중국의 한자음이고, "나무아미타불"은 인도의 정음으로 육자를 차례로 해석하면 귀歸·명命·무無·량量·수壽·각覺입니다. 그래서 "나무아미타불"은 바로 "귀명무량수각歸命無量壽覺"입니다. 범어와 한어를 대조하면 뜻은 응당 이와 같습니다.

[정공 스님 강기]

「무량수無量壽」는 중문의 뜻이고, 범어는 바로 「나무아미타불南無

阿彌陀佛」입니다. 이 부처님 명호가 중국 뜻으로 번역되었습니다. 세존께서는 경전에서 우리들에게 소개해 주셨는데「무량수無量壽 무량광無量光」이라 번역되었습니다. 실제로 이 '무량'은 일체중생 당사자의 원만한 자성으로, 무량은 이것을 가리킵니다. 이 무량은 헤아릴 수 있는 무량이 아니라 진실한 무량입니다. 무량한 수명뿐만 아니라 무량한 지혜·무량한 덕능·무량한 재예, 일법 하나하나를 집어 들면 모두 무량입니다.

일체 무량 중에서 어떤 일이 가장 중요하냐고 묻는다면 수명입니다. 당신에게 오늘 무량한 재산·무량한 보배·무량한 권속이 있다고 말할지라도 만약 수명이 없다면 이 무량한 일은 전부 허사가 되고 맙니다! 그래서 일체무량 중에서 가장 중요한 하나는 바로 수명입니다. 수명이 있어야 일체 무량을 비로소 누릴 수 있습니다. 수명이 없으면 이 세계 일체 무량무변한 일이 당신과 아무런 상관이 없습니다! 경전을 번역할 적에 일체 무량 중에서「무량수」라 번역한 이치가 여기에 있습니다.

그래서 여러분들은 단순히 수명 하나만 무량함이 아님을 기억해야 합니다. 단순히 수명 하나만 무량하고 무량한 재산이 없다면, 수명은 비록 길지만 가난의 고통을 겪어야 하고 하루하루를 매우 어렵게 보내야 합니다. 그래서 일체 무량 중에서 이 수명은 하나를 대표한 것으로, 그것은 일체 무량 중에서 가장 중요한 한 가지입니다.

경전에서는 우리에게 서방극락세계 의보·정보의 무량한 장엄을 말합니다. 이는 《무량수경》에서 볼 수 있습니다. 《아미타경》에서는 비록 적게 설하고 있지만, 연지대사께서는 주해에서 상세히 말씀하셨고, 우익대사께서도 매우 명백하게 소개하셨으며, 《관경》에서도 매우 많이 설하고 있습니다. 의보·정보 일체 무량은 모두 우리 자신의 성덕이 흘러나온 것입니다. 다시 말해서 우리는 범부로 견성을 하지 못하여 비록 성덕이 있을지라도 숨겨져 있고 드러나지 않았습니다. 창彰은 바로 분명히 드러남이고, 은장隱藏은 드러나지 않음입니다.

우리는 비록 드러나지 않을지라도 서방극락세계에 태어나면 극락세계 교주이신 아미타부처님의 원만한 수덕修德과 원만한 성덕性德이 드러나므로 우리는 그곳에 가서 그분의 복을 누립니다. 그분의 복은 우리 자신의 자성에 칭합稱合한 복으로 우리는 그분의 복보 가운데서 누립니다. 서방극락세계에서 우리는 번뇌를 끊고, 무명을 깨뜨리며, 원만한 자성을 증득합니다. 이러한 중생을 제도·교화하여 불도를 원만히 이루는 방법은 확실히 시방 일체 제불세계를 극락세계와 견주면 모두 모자라고 극락세계처럼 원만하지 못합니다. 이것이 무량수無量壽의 뜻입니다.

지금 "무량수"라 말함은 법이고, "각"은 인이다. 인법이 모두 드러나는 까닭에 "아미타불"이라 이름한다.

今言"無量壽"者是法 , "覺"者是人。人法並彰 , 故名"阿彌陀佛"。

[이시푼촉 스님 강기]

다시 인법人法에 따라 함의를 해석하면 "무량수"는 법으로 한도가 있는 수명은 없고 법신수法身壽·보신수報身壽·화신수化身壽가 있음을 증득하니, 총괄해서 말하면 법을 가리킵니다. "각"은 위없는 과위를 성취한 부처를 가리키니, 인입니다. 인人·법法을 동시에 현양顯揚하여 "아미타불"이라 부릅니다.

또한 인법人法이라 말함은 관하는 대상인 경계에는 즉 그 둘이 있으니, 하나는 의보依報이고 둘은 정보依報이다.

又言人法者 , 是所觀之境 , 即有其二 : 一者依報 , 二者正報。

[이시푼촉 스님 강기]

인人·법法 이 둘은 바로 관경에서 관하는 대상인 경계로 이것에는 또한 의보依報·정보正報 두 가지가 있습니다. 바꾸어 말하면 "관무량수경觀無量壽經"에서 관하는 대상은 바로 무량수불과 서방극락의 거룩한 경계로 인이 있고, 법이 있습니다. 혹은 의보·정보 두 가지가 있습니다.

의보依報 중에는 즉 그 셋이 있으니, 하나는 지하장엄으로 즉 일체 보배당번의 광명이 서로 밝게 비추는 등이 이것이고, 둘은 지상장엄으로 즉 일체 보배땅·연못·보배숲·보루·궁각 등이 이것이며, 셋은 허공장엄으로 즉 일체 변화하는 보배궁전·보배꽃·나망·보배구름·화조·미풍·광명·일어나는 소리·음악 등

이 이것이다. 앞에서처럼 비록 세 가지 차별이 있을지라도 모두 아미타부처님 청정국토 무루진실無漏眞實의 수승한 상이다. 이는 즉 의보를 총결하였다.

就依報中，卽有其三：一者地下莊嚴，卽一切寶幢光明互相映發等是；二者地上莊嚴，卽一切寶地、池林、寶樓、宮閣等是；三者虛空莊嚴，卽一切變化寶宮、華、網、寶雲、化鳥、風、光、動發聲樂等是。如前雖有三種差別，皆是彌陀淨國無漏眞實之勝相。此卽總結成依報莊嚴也。

[이시푼촉 스님 강기]

의보·정보 양분 가운데 먼저 지하·지상·허공 세 가지 장엄을 포괄하여 의보의 구체적인 상황을 설명합니다. 지상장엄은 보배땅 아래 일체 보광·광명이 서로 밝게 비추는 등의 장엄상입니다. 지상장엄은 지면 위에 현현하는 일체 보배땅·연못·보배숲·보배누각 등 장엄입니다. 허공장엄은 허공 한가운데 일체 변화하는 보배궁전·보배꽃·나망·보배구름·화조·미풍·광명·일어나는 갖가지 소리·음악 등등을 가리킵니다.

종합해서 장소에 따라 나누면 지하·지상·허공으로 나뉘고, 종류에 따라 말하면 무루심無漏心으로부터 나타나는 갖가지 색성향미촉법 등의 장엄이고, 혹은 사상事相으로부터 말하면 이른바 보당·황금 땅·연못·보배숲·궁전·나망·화조·음악 등등이 있습니다. 어떻게 말하든 이는 모두 아미타부처님 청정국토 무루 진실의 수승하고 미묘한 상입니다. 이상은 의보장엄을 총결한 것입니다.

다시 16관觀을 말하면 의보는 어떤 관법觀法이 있습니까?

[정공 스님 강기]

서방극락세계는 《무량수경》에서도 볼 수 있고, 《관무량수경》에서도 볼 수 있으며, 《아미타경》에서도 볼 수 있습니다. 지상의 장엄에서 극락세계의 땅은 유리보배로 이루어진 땅이고, 지상의 길은 황금이 깔린 도로입니다. 황금은 이곳(사바세계)에서는 모두 장신구로 만들어 착용하여 매우 아름답지만 서방극락세계에서는 길을 닦는데 사용됩니다. 이곳에서 보석은 모두 매우 귀중해서 잘 구할 수 없습니다. 이렇게 저렇게 박아 넣어 진주나 보석이 아름답게 빛나도록 만듭니다. 서방극락세계에서는 건축 재료, 집을 짓는 데 모두 보석을 사용합니다.

이로써 서방극락세계에는 산물이 매우 풍부하여 진정으로 원만히 갖추어져 부족함이 없음을 알 수 있습니다. 왜냐고 물어보시면, 지하 지상 공중과 공중의 하늘음악 꽃비, 이러한 장엄은 모두 아미타부처님 청정국토 「무루진실」의 수승한 모습이자 현상입니다. 왜냐하면 극락세계 사람은 모두 「무루진실無漏眞實」을 증득하였기 때문입니다. 진실은 진심인 본성입니다. 극락세계 사람은 모두 진심인 진성심眞誠心을 씁니다.

무루無漏는 번뇌가 없음입니다. 루漏는 번뇌 망상의 대명사로 비유입니다. 마치 깨진 찻잔에 물을 담으면 물이 새듯이 법성의 공덕이 새어버립니다. 그러나 무루이면 완전하여 새지 않습니다. 우리 범부는 깨진 찻잔처럼 우리의 법성, 우리의 지혜, 우리의 공덕이 모두 새어버립니다. 이는 비유로 정말 새는 것이 아닙니다.

정말 샌다면 진여본성이 아닙니다. 바꾸어 말하면 서방극락세계 사람은 망상이 없고 번뇌가 없어 모두 진성심으로 일을 처리하고 사람을 대하며 사물을 접합니다.

우리는 비록 서방극락세계에 가지 않았을지라도 진성심을 쓰는 법을 배워야 합니다. 일상생활에서 번뇌 망상을 제거해버리는 법을 학습해야 합니다. 어떤 방법이냐 하면 바로, 순간순간 염념마다 "아미타불" 이 생각을 떠올리면 당신의 마음속에 아미타부처님께서 계셔서 다른 생각이 있을 리 없습니다. 이 방법은 매우 교묘하여 한 생각에 이 방법으로 일체 망념을 끊어버립니다. 서방극락세계의 수승한 장엄은 어디서 유래하고 어떻게 이런 현상이 생기는지, 이 한마디 말로 명백히 설명합니다.

이 세계를 곰곰이 생각해 보면, 오늘날 이 세계, 이 지구의 오염은 이미 심각한 수준에 이르렀습니다. 과학자들은 만약 지구에서 이러한 오염을 더 이상 개선하지 않는다면, 그들의 예상으로는 50년 후에 이 지구는 인간이 살기에 적합하지 않다고 경고합니다. 50년은 매우 빠릅니다. 이는 정말 매우 심각한 문제입니다. 이 오염은 어디에서 유래합니까? 사람의 마음에서 비롯합니다. 부처님께서는 "의보依報는 정보正報에 따라 바뀐다." 말씀하셨습니다. 정보는 사람의 마음이고 의보는 환경입니다.

확실히 오늘날 사람들의 마음은 오염되어 환경오염보다 더 심각하다고 느낍니다. 탐진치 교만과 오욕육진은 매우 심각한 문제입니다. 50년 후 이 세계는 생존할 수 없는데 어떻게 해야 합니까? 오직 염불해서 서방극락세계에 왕생하여 좋은 환경으로 바꾸어 살아야 총명한 사람입니다. 여러분은 과학자들이 경고한 50년 동안 바싹 달라붙어 염불하지 않으면 이미 늦는다는 것을 기억해야 합니다. 염불은 단지 자신의 일이라고 여기지 마십시오. 염불은 일체중생을 살리는 큰 사업입니다.

또한 의보를 말함이란 일관日觀에서 화좌관華座觀에 이르기까지 총괄하여 의보를 밝힌다. 이 의보에는 즉 통通이 있고 별別이 있다. 별이라 말함은 화좌 일관은 그 별의別依이고, 오직 아미타불에 속한다. 위 6관을 제외하고 그것은 통의通依로 즉 법계의 범부와 성인에 속하지만 왕생하는 사람이 공동으로 수용하는 까닭에 통通이라 말한다.

又言依報者 , 從日觀下至華座觀已來 , 總明依報。就此依報中 , 卽有通有別。言別者 , 華座一觀是其別依 , 唯屬彌陀佛也。余上六觀是其通依 , 卽屬法界之凡聖 , 但使得生者共同受用 , 故言通也。

[이시푼촉 스님 강기]

본 관법 중에서 의보장엄을 관함에는 일관에서 내지 화좌관의 사이를 포괄하고, 모두 의보의 덕상德相을 드러내 밝혀야 합니다. 의보 중에서 또한 '통'이 있고 '별'이 있습니다. '별'은 화좌 일관을 가리키고 특별한 의보를 말한 것으로 오직 색신 아미타불의 소의(所依; 의지할 바 대상)입니다. 그 나머지 6관은 일체 주반(主伴; 아미타부처님과 극락성중) 성현의 공동 소의입니다. 말하자면 무릇 법계의 범부 성인으로 극락정토에 왕생하기만 하면 공동으로 수용하는 처處입니다. 이 때문에 "통"이라 부르니, 바로 공통의 의지할 바 대상입니다.

　또한 이 6관 중에도 곧 진이 있고 가가 있다. 가假라 말함은 곧 일상·수상·빙상 등으로 이는 가의 소의所依이다. 왜냐하면 이는 이 세계에서 볼 수 있는 경계상이기 때문이다. 진의 소의라 말하면 유리지에서 아래로 보루관까지로, 이는 진의 소의이다. 왜냐하면 이는 저 국토에서 진실한 무루로 볼 수 있는 경계상인 까닭이다.

> 又就此六中 ， 卽有眞有假。言假者 ， 卽日想、水想、氷想等 ， 是其假依。由是此界中相似可見境相故。言眞依者 ， 卽從琉璃地下至寶樓觀已來 ， 是其眞依。由是彼國眞實無漏可見境相故。

[이시푼촉 스님 강기]

　이상 여섯 가지 공통 의보 중에도 또한 진眞·가假의 차별이 있습니다. 가假는 일상日想·수상水想·빙상氷想 등을 가리키고, 이는 가假의 소의所依입니다. 왜냐하면 이는 단지 사바세계에서 극락의 상과 유사하게 보일 수 있는 경계상이고, 결코 정토 본신의 경계상이 아닙니다. 그러나 그것을 방편으로 삼아 유리지琉璃地 등의 관을 일으킬 수 있습니다. 그리고 관의 대상인 유리지 내지 보루관樓寶觀이야말로 정토 진실의 의보상입니다. 왜냐하면 이는 저 아미타불 국토의 진실한 무루無漏로 현현現見할 수 있는 경계 상이기 때문입니다. 이상으로 의보의 상황을 해석하였습니다.

관의 대상인 경계 중에 의보를 제외하고 그 밖에 정보 국주國主와 성중聖衆의 장엄상을 분명히 관하여야 합니다.

정보에도 또한 그 둘이 있으니, 하나는 주장엄으로 즉 아미타부처님이고, 둘은 성중장엄으로 즉 현재 저 서계의 성중 및 시방법계에서 함께 왕생한 자이다.

二、就正報中 , 亦有其二：一者主莊嚴 , 卽阿彌陀佛是；二者聖衆莊嚴 , 卽現在彼衆及十方法界同生者是。

[이시푼촉 스님 강기]

정보 중에도 주반主伴 두 종류가 있습니다. 주主 장엄은 아미타부처님을 가리키고, 반伴 혹은 성중장엄은 현재 서방극락의 성중 및 서방극락에 함께 왕생한 시방법계 성중을 가리킵니다.

또한 이 정보 중에도 또한 통이 있고, 별이 있다. 별이라 말함은 곧 아미타부처님이다. 즉 이 별에도 또한 진이 있고 가가 있다. 가정보假正報라 말함은 즉 제8상관像觀이다. 관세음·대세지 등 또한 이와 같다. 이는 중생의 장애가 심중하고 염혹처染惑處가 깊음으로 말미암아 부처님께서 처음부터 진실한 모습을 관상하면 현현顯現함이 없을지 몰라 진상眞像을 가립假立하여 마음에 머물게 하여 관상이 저 부처님이 증득한 경계와 동일하게 하였다. 그래서 가정보라 말한다.

又就此正報中，亦有通有別。言別者，即阿彌陀佛是也。即此別中亦有眞有假。言假正報者，即第八像觀是也。觀音勢至等亦如是。此由衆生障重，染惑處深，佛恐乍想眞容，無由顯現，故使假立眞像以住心，想同彼佛以證境，故言假正報也。

[이시푼촉 스님 강기]

정보 중에도 '통'이 있고 '별'이 있습니다. '별'은 아미타불을 가리키고, 별 중에는 또한 진眞·가假의 별이 있는데, 가정보假正報는 제8상관을 가리킵니다. 관세음·대세지보살 등도 진眞이 있고 가假가 있습니다.

왜 가관假觀을 시설하였습니까? 이는 사바세계 중생의 장애가 장기간 미혹과 망상에 빠져 있어 지극히 깊고 두텁기 때문입니다. 부처님께서는 중생이 처음부터 서방 삼성의 진실한 색신상을 관상하면 관경觀境이 너무나 광대하고 깊고 미묘함에 중생의 업장과 미혹이 깊고 무거워 현현할 수 없을지 몰라, 맨 먼저 방편을 시설하여 진상眞像 하나를 가립假立하여 관상觀想이 중생의 마음이 그 위에 머물러 저 부처님께서 증득한 청정한 경계와 동일하도록 하셨습니다. 그래서 가정보假正報라고 말합니다.

진정보眞正報라 말함은 즉 제9진신관이다. 이는 앞쪽 가정보를 닦음으로 말미암아 점차 산란한 생각을 그치고 심안이 열리며,

저 방위의 청정한 의정 이보의 갖가지 장엄을 거칠게 보고서 혼란과 미혹을 제거한다. 장애를 제거함으로 말미암은 까닭에 저 진실의 경계상을 볼 수 있다.

言眞正報者 , 卽第九眞身觀是也。此由前假正 , 漸以息於亂想 , 心眼得開 , 粗見彼方淸淨二報種種莊嚴 , 以除昏惑。由除障故 , 得見彼眞實之境相也。

[이시푼촉 스님 강기]

이른바 진실한 정보는 제9관인 부처님의 진신관을 가리킵니다. 이는 앞쪽에서 이미 가정보假正報를 닦았음으로 말미암아 마음을 하나의 소연所緣 상에 집중하여 점차로 산란된 망상을 그치고 점차 선정을 얻습니다. 그 기초 상에서 심안이 홀연히 열리며, 서방의 청정한 의정 이보의 갖가지 장엄을 대략 보고서 혼란과 미혹을 제거합니다. 장애의 때를 제거한 연고로 말미암아 서방의 진실한 경계상을 볼 수 있는데, 이때 소견所見을 진정보라 합니다.

통정보라 말함은 즉 관음 대세지 등 이하이다. 이상으로 통별진가를 말한 것은 의보·정보 이보를 바로 밝혔다.

言通正報者 , 卽觀音勢至等已下是也。向來所言通別眞假者 , 正明依正二報也。

[이시푼촉 스님 강기]

이른바 통정보는 바로 관음·대세지 등 이하의 보살로 공동의 정토장엄상을 가리킵니다. 이상으로 통通·별別·진眞·가假로 사분하여 의보·정보 이보의 상황을 틀림없이 밝게 드러내었습니다. 이렇게 인人·법法 혹은 의依·정正 이보로써 관하는 바 경계를 해석하니, 이것도 바로 "무량수불"을 대표하는 바의 내용입니다.

이어서 "관觀"과 "경經"의 함의를 해석합니다.

"관"이라 말함은 비춤이다. 항상 청정한 신심의 손으로써 지혜의 광휘를 지니고 저 아미타부처님의 정보·의보 등을 비추는 일이다.

言"觀"者 , 照也。常以淨信心手 , 以持智慧之輝 , 照彼彌陀正依等事。

[이시푼촉 스님 강기]

"관觀"은 비추어 보아 맞닥뜨린다(照達)는 뜻입니다. 언제나 청정한 신심의 손을 가지고 지혜의 광휘를 지니고 저 아미타부처님 국토의 정보·의보 등 장엄을 밝게 비추는 일입니다.

여기서는 비유의 수법을 씁니다. 신심은 손과 같고, 지혜는 횃불과 같습니다. 손에 횃불을 쥠은 신심 가운데 지혜를 운영하여 국토를 밝게 비출 수 있는 상황을 가리킵니다. 이는 신심이 근본이고, 지혜는 관조觀照의 역용力用이 있음을 표시합니다. 관조하는 대상은 바로 아미타부처님 국토의 정보·의보 장엄입니다. 이것이 바로 "관觀"의 함의입니다.

[정공 스님 강기]

「관觀」은 바로 관조觀照로, 수행공부하여 득력하는 제일보입니다. 우리는 이 수행공부를 삼단계로 나누는데, 제3층을 관조라고 합니다. 무엇을 관조합니까? 여기서 대사께서 하시는 몇 마디 말씀은 대단히 중요합니다. 이는 「이정신심以淨信心」으로 관건은 정신심淨信心, 세 글자에 있습니다. 《금강경》에서 이르시길, "신심이 청정하면 실상이 생하느니라(信心淸淨 則生實相)." 하셨습니다. 청정심은 능조能照이고, 실상은 소조所照입니다. 우리에게는 오늘 관조의 공부가 없습니다. 왜 없는가 하면 우리의 마음이 청정하지 않기 때문입니다. 이로 인해 참선을 하여도 개오開悟할 수 없습니다. 개오할 수 없을 뿐만 아니라 이 마음은 실제로 말해서 너무나 거칠고 망상집착이 너무나 심중하여, 선정을 전혀 얻을 수 없습니다. 교하敎下에서 「대개원해大開圓解」[16]를 말하는데, 우리는 교敎를 배울 수 있는 능력이 없습니다. 「대개원해」는 고사하고 경교의 진실의眞實義를 체득하기가 쉽지 않습니다. 체득할 수 없을 뿐만 아니라 적지 않은 동수는 뜻을 곡해하여 잘못 듣습니다. 이는 마음이 너무나 산란하고 복잡하기 때문입니다. 그래서 청정심이 매우 중요합니다.

대사께서는 여기서 「정신심淨信心」을 말씀하십니다. 정토삼부경

---

16) "만약 교종敎宗에 따른다면, 반드시 (경론의 이치에 대한) 원만한 이해가 크게 열려야(大開圓解) 하고, 선종禪宗에 의한다면, 반드시 첩첩 관문을 곧장 꿰뚫어야(直透重關) 합니다. 그런 다음에야 비로소 도 닦는 걸(修道) 논할 수 있습니다." 《철오선사 어록》, 김지수

에서 설하고 있는 이치, 방법 인과를 완전히 의심하지 않고 모두
다 받아들이고 가르침대로 봉행함을 청정한 믿음이라고 합니다.
여기서 「수手」는 마음으로 청정하게 믿고, 몸으로는 반드시 행해
야 된다는 뜻입니다. 손은 우리의 마음이 손에 이르러 진실로
그것을 행함을 뜻합니다. 아래는 비유입니다. 청정심이 작용을
일으킴이 바로 지혜입니다. 요즘 말로 하면 우리는 육근으로
바깥 육진 경계를 접촉하여 일을 처리하고 사람을 상대하며 물건
과 접할 적에 감정을 쓰지 않고 지혜를 쓰고 이성을 씁니다.
이것을 관조라고 합니다. 다시 말해 일상생활에서 우리는 대부분
모든 일을 이성과 지혜로서 처리합니다. 모든 과실은 감정에서
발생합니다. 정집情執을 버리고 지혜와 이성을 쓰면 수많은 과실
이 줄어듭니다. 이것이 바로 우리가 늘 말하는 악을 끊고 선을
닦는 것입니다.

이러한 기초 하에서 다시 위로 진급함을 「관주照住」라고 합니다.
관조의 제2층이 바로 관주입니다. 이 관주는 바로 우리가 흔히
말하는 선정입니다. 비록 번뇌가 있을지라도 작용을 일으키지
않습니다. 이러한 관주를 정토종에서는 사일심불란이라 하고
이것을 염불삼매라고 합니다. 최상층의 공부는 「조견照見」이라고
합니다. 《반야심경》에서 이르시길 "관자재보살께서 반야바라밀
다를 깊이 행할 적에 조견照見하였다." 하였습니다. 조견照見은
최상승의 공부로 정토종에서는 이일심불란理一心不亂, 선종에서
는 명심견성明心見性 확철대오라고 합니다. 이를 통해서 선종에서
는 관조觀照·관주照住·조견照見의 세 층차를 말하고, 정토종에서
말하는 공부성편功夫成片은 관조의 뜻과 같고, 사일심과 이일심을

말하나, 실제로 증입하는 경계는 같고 명칭만 다름을 알 수 있습니다.

본경에서 우리에게 「관觀」을 가르쳐주시는데 이 관은 바로 수행하는 방법으로 세존께서는 이 경에서 열여섯 가지를 말씀하십니다. 그래서 이 경을 《십육관경十六觀經》이라고 합니다. 십육관을 크게 구별하면 관상염불觀想念佛 · 관상염불觀像念佛 · 지명염불持名念佛 세 가지 부류로 나누어집니다. 어느 것이 관조에 속하고 어느 것이 관주에 속하며 어느 것이 조견에 속합니까? 어떠한 것이든 모두 깊이가 다릅니다. 우리는 지명염불로 처음 공부를 하여 득력하지 못하면 아무것도 말하지 못합니다. 공부가 득력하면 어떠냐 하면 12시간 동안 하루종일 마음속에 부처님만 계십니다. 여기서 말하는 것처럼 마음속에 그리워하고 생각하는 것은 모두 서방극락세계 의정장엄입니다. 이는 대세지보살께서 말씀하신 「억불염불憶佛念佛」입니다. 여기서 억憶은 마음속으로 생각하고 입으로 염하는 것입니다.

이 부처님의 경계는 매우 광대하여 《무량수경》에서 설한 것처럼 아미타부처님께서는 인지因地에서 발심 · 구학求學 · 수행 · 증과證果하며, 중생을 널리 제도하겠다고 발원하셨습니다. 우리는 늘 아미타부처님을 생각하면서 자기도 모르는 사이에 그와 같습니다. 진실로 일체 법은 마음에서 생기므로 아미타부처님을 생각하고 오랫동안 생각하면 당신은 아미타불로 변합니다. 그래서 마음속으로 아미타부처님 의정장엄만 있다고 생각하는 것이 매우 중요합니다. 아미타부처님께서 처음 발심하고 수행하여 증과를 얻어 중생을 널리 제도함이 모두 정보正報입니다. 의보依報의 갖가지 시설은 시방대중에게 서방극락세계의 수행을 제공합니다. 이렇게 좋은 환경은 모두 의보에 속합니다. 장엄이 주로 말하는 것은 이러한 것임을 알아야 합니다.

바꾸어 말하면 의정장엄依正莊嚴, 네 글자가 바로 《무량수경》 전부입니다. 나아가 정토종 경론의 전부가 이 네 글자에 모두 포함되어 있습니다. 우리가 마음속에서 생각하는 것도 이것이고, 바라는 것도 이것이며, 염하는 것도 이것입니다. 이 세간의 일체 진로번뇌를 자기도 모르는 사이에 모두 떼어놓습니다. 그것을 생각하지 않으면 저절로 그것으로부터 멀어집니다. 이때 이 경계를 비로소 관조라 합니다. 우리가 말하는 공부득력·공부성편에서 성편成片이 이런 뜻, 이런 경계입니다. 이렇게 공부하여야 결정코 왕생할 수 있습니다. 서방극락세계의 범성동거토凡聖同居土에 태어납니다.

만약 공부가 더 한층 나아가 사일심불란까지 염하면 견사번뇌를 모두 끊습니다. 단증斷證 공부에서 말하면 그는 아라한 벽지불과 평등하지만 지혜공덕에서 말하면 아라한과 벽지불은 발밑에도 미치지 못합니다! 서방극락세계 방편유여토方便有餘土에 태어납니다. 공부가 여기서 위로 더 나아가면 이일심불란으로, 이는 《반야심경》에서 말하는 「조견오온개공照見五蘊皆空」과 같은 경계입니다. 이는 법신을 보는 경계로 서방극락세계의 실보장엄토生實報莊嚴土에 태어남이고, 적광정토寂光淨土를 분증分證함입니다. 관상觀想이든 관상觀像이든 지명持名이든 어떠한 염불방법으로도 공부에 심천이 있으나, 모두 성취할 수 있습니다.

"경"이라 말함은 날줄(經)이다. 날줄은 씨줄을 간직할 수 있어
포목을 이룰 수 있고, 그 포의 작용이 있다. 경교는 법의를 간직하여
이와 사에 상응하게 하고, 정선과 산선으로 근기에 수순하여 법의가
쇠락하지 않게 한다. 수행·취향하는 사람으로 하여금 반드시
교행敎行의 인연을 빌려서 아미타부처님의 원력에 올라타 왕생하여
저 무위의 법락을 증득하게 한다. 이미 저 국토에 왕생하면 더
이상 두려움이 없고, (서방극락세계에서) 오랫동안 보리만행을
일으켜서 과덕이 지극한 무상보리를 증득하여, 법신이 상주하니
허공과 같다. 능히 이러한 이익을 불러일으키는 까닭에 경이라
말한다.

> 言"經"者，經也。經能持緯，得成匹丈，有其布用。經能持法，理事相
> 應，定散隨機，義不零落。能令修趣之者，必藉敎行之緣因，乘願往
> 生，證彼無爲之法樂。旣生彼國，更無所畏。長時起行，果極菩提。法身常
> 住，比若虛空。能招此益，故曰爲經。

[이시푼촉 스님 강기]

여기서 말하는 "경經"은 법을 간직함(持法), 근기를 간직함(持機)
등 각종 함의가 있습니다. 가장 먼저 "경經"을 날줄(經線)에 비유한
것으로 날줄(經線)로 말미암아 씨줄(緯線)을 지켜 머무르게 할
수 있어 포목(布匹)을 짤 수 있고, 포布의 작용을 일으킬 수 있습니
다.17) 이로 인해 상응하여 경문도 뜻을 포섭하고 근기를 간직하

---

17) 날줄 또는 씨줄만으로는 옷이 되지 않는다. 날줄과 씨줄, 이 두개
는 따로따로가 아니다. 둘이서 하나의 천을 짠다. 날줄의 자유를 씨
줄이 제지한다. 씨줄의 자유를 날줄이 누르고 있다. 서로 팽팽히 맞

여 중생을 제도하는 작용이 있습니다.

구체적으로 말해 이 경교經教로써 법의法義를 간직하여 머무르게 할 수 있고, 능전(能詮; 이사를 나타냄)의 경교는 소전(所詮; 경문으로 나타냄)의 이理와 사事에 상응하여 하나하나 진리를 지시합니다. 게다가 그것은 중생의 근기에 수순하고 상응하여 깨달아 인도할 수 있습니다. 이 경으로 말하면 바로 일체 근기를 포섭하고, 중생의 근성에 수순하여 정선이 있고 산선이 있는 차별로 완전한 서방교법西方教法 계통을 구성하여, 법의法義를 얻고 쇠락하지 않게 합니다. 바꾸어 말하면 제1관에서 16관에 이르기까지 한 필의 베로 비단을 이루는 것처럼, 이 경전은 정선과 산선 두 가지로 포섭한 일체 근기를 간직하여 머무르게 하여 그들을 포섭하고 인도하여 정토에 왕생하게 하는 일체 가르침을 분명히 보입니다. 이것이 바로 섭지攝持의 함의입니다.

그 후 그것의 역용力用을 말하면 그것은 수행·취향하는 사람(서방극락세계로 가는 사람)으로 하여금 가르침에 의지해 염불행을 일으키는 인연을 빌려서 원력(아미타부처님 48대원)에 올라타 정토에 왕생하여 무위의 법락(성덕에서 흘러나온 과보/의정장엄의 즐거움)을 증득하게 합니다. 일생에 서방정토에 가면 더 이상 생사의 공포가 없고, 그곳에서 불퇴전지에 들어가 오랫동안 보리만행을 일으켜 무상보리를 증득하고, 허공과 같은 법신이 상주하는 과위를 획득합니다.

서고 있다. 서로 제압하고 있다. 또 서로 돕고 있다. 둘이서 하나의 역할을 다한다. 비로써 좋은 원단이 만들어진다. 옷을 만들 수가 있다.

이 경으로 말미암아 이렇게 청정국토에 왕생하여 무위법락無爲
法樂을 증득하고, 과덕이 지극한 무상보리를 증득하여 원증법신
에 이르러 성불하는 큰 이익을 얻습니다.18) 이로 인해 "경"이라
부릅니다.

[정공 스님 강기]

서방극락세계에 이르면 확실히 일체 공포·전도·망상이 모두
사라집니다. 우리가 사는 이 세계는 불안하여 한 사람이 태어나서
죽을 때까지 날마다 근심과 우려로 평안할 수 없습니다. 이 사바
세상에 살면서 이와 같고, 다른 세상에 살아도 예외가 없습니다.
인간은 하루도 평안할 날이 없고 공포 가운데 살아갑니다. 천상과
축생, 아귀와 지옥 세상도 예외가 없습니다. 석가모니부처님의

---

18) 《능엄경楞嚴經》에 이르시길, "수덕에 있음에 인이라 하고 증덕에 있
  음에 과라 한다(在修曰因 在證曰果)." 하셨다. 불법에 의지해 증득한
  바 과덕이 청정원각인 후에 「법신상주法身常住」의 상이 「구경청정」의
  이체를 드러낸다고 말하며, 확실히 무멸무생無滅無生하고 불천불변不
  遷不變함이 상주의 과果이니, 칠종의 과덕을 빌려서 법신이 머뭄을
  밝힌다. 1) 보리 즉 각도覺道로 곧 제불보살이 증득한 청정구경의 이
  제理諦이다. 2) 열반 즉 멸도滅度로 곧 제불보살이 증득한 청정구경
  의 법신이다. 3) 진여眞如는 망을 여이어 진이라 하고, 다름이 없
  음을 여라고 하는 즉 제불보살이 증득한 진실무망의 덕행이다. 4) 불
  성은 바로 각성 혹은 각오覺悟의 본능이라 한다. 즉 제불보살이 증
  득한 담명만각湛明滿覺의 성性이다. 5) 암마라식菴摩羅識 곧 백정무
  구白淨無垢의 뜻이다. 담연하여 태허와 갖고, 섬진纖塵을 세우지 않
  으며, 생사에 국한되는 바가 아니고, 열반의 능히 고요한 바가 아니
  니 곧 제불보살 청정본원의 심식心識이다. 6) 공여래장空如來藏으로
  번뇌가 탕연궁진蕩然窮盡하고 만법을 함섭含攝하여 적취積聚가 없는
  즉 제불보살이 증득한 청정한 법신이다. 7) 대원경지大圓鏡智로 대원
  경반大圓鏡般처럼 만법을 통철洞徹하고 만물에 응하여 자취가 없는
  즉 제불보살이 갖추고 있는 원명각조圓明覺照의 지혜덕행이다. 《각의
  층차(覺的層次)》, 백운심처白雲深處

사바세상은 타방 제불국토와도 차이가 많지 않은데, 어디에 가야 안온처安穩處를 찾을 수 있겠습니까? 찾을 수 없습니다!

서방극락세계에 가면 진실로 찾을 수 있습니다. 진허공盡虛空·변법계遍法界에서 오직 홀로 이 안온처를 얻을 수 있습니다. 제불의 보토는 안온처이지만, 대보살의 과위를 증득하지 않으면 얻을 수 없습니다. 우리와 같은 생사범부는 번뇌를 끊을 수 있는 능력이 없고 안온한 곳을 찾고 싶지만 어디에 가서 찾을 수 있습니까? 그래서 진허공·변법계에서 단지 한 곳, 서방극락세계만 있습니다. 오직 홀로 이 한 곳만 있고, 더 이상 다른 곳은 없습니다. 다른 곳이 없음을 어떻게 압니까? 《대장경》을 두루 찾아보면 부처님께서는 다른 곳이 있다고 말씀하시지 않았으므로 우리는 이 세계를 반드시 소중히 여겨야 합니다. 그래서 서방극락세계에 가면 정말 일체 두려움과 공포를 여읠 수 있다고 합니다.

"일권"이라 말함은 이 《관경》 일권은 비록 양회정설이라 말할지라도 총괄해 그 하나를 이루니 그래서 일권이라 이름한다. 그래서 《불설무량수관경》 일권이라 이름한다. 이로써 곧 그 명의를 해석하여 마쳤다.

言"一卷"者，此《觀經》一部，雖言兩會正說，總成斯一，故名一卷。故言佛說無量壽觀經一卷。此卽釋其名義竟。

[이시푼촉 스님 강기]

이른바 "일권一卷"이라 함은 《관경觀經》은 비록 두 차례 법회의 선설이 있었을지라도 총괄적으로 일부로 집성하여 "일권一卷"이라 부릅니다. 그래서 "불설무량수관경佛說無量壽觀經一卷"이라 설하였습니다. 이상으로 명의를 해석하여 마쳤습니다.

[제3문] 종지의 다름과 교상의 대소

셋째, 종지의 다름과 교상의 대소를 변석한다. 《유마경》은 부사의 해탈不思議解脫을 종지로 삼고, 《대품경》은 공혜空慧를 종지로 삼나니, 이 예는 하나뿐이 아니다. 지금 이 관경은 곧 관불삼매를 종지로 삼고, 또한 염불삼매를 종지로 삼으며, 일심으로 회향발원하여 정토에 왕생함을 귀취로 삼는다. 교상의 대소를 말함이란 묻건대, 이 경은 두 장 중에 어느 장에 섭수되는가? 양교 중에 어느 교에 섭수되는가? 답하되, 지금 이 관경은 보살장에 섭수되고 돈교에 섭수된다.

三、辯釋宗旨不同、教之大小者。如《維摩經》以不思議解脫爲宗 , 如大品經以空慧爲宗。此例非一。今此《觀經》, 卽以觀佛三昧爲宗 , 亦以念佛三昧爲宗 , 一心回願往生淨土爲趣。言教之大小者 , 問曰 : 此經二藏之中何藏攝？二教之中何教收？答曰 : 今此《觀經》菩薩藏收 , 頓教攝。

[이시푼촉 스님 강기]

셋째 본경의 종지宗旨와 교상教相을 변명辨明합니다. 《유마힐경維摩詰經》은 부사의해탈을 종으로 삼고, 《대반야경大般若經》은 공혜를 종으로 삼으니, 각 경에는 모두 다른 종지가 있습니다. 이 《관경觀經》은 관불삼매 혹은 염불삼매를 종으로 삼고, 일심으로 회향하여 정토에 왕생하길 발원함을 취로 삼습니다. 종宗은 우러러 받드는 곳이고, 취趣는 수행의 귀취歸趣입니다. 본경에서 우러러 받드는 수행의 종지는 바로 관불삼매 혹은 염불삼매입니다. 이는 바로 마음을 전일하게 아미타불 위에 모아 정정삼매正定三昧를 얻을 뿐만 아니라 산란이 없는 정정正定을 얻는 것입니다. 이 수행의 종지는 어떤 과위를 증득하는 것을 취향하는가? 바로 일심으로 회향발원하여 극락정토에 들어가는 것입니다. 이것이 바로 수행의 취향처입니다.

또 교상教相의 대소를 말합니다. 이 경은 두 장 중에서 어느 장에 속하는가? 돈교·점교 중에서 어느 교에 섭수되는가? 물으니, 대답하길, 보살장에 섭수되고, 돈교에 속한다 하였습니다.

[정공 스님 강기]

변辯은 변별이고, 석釋은 해석입니다. 종지는 수행의 강령으로 반드시 명료해야 하고, 진정으로 정통해야 합니다. 어떤 사람이 "당신은 정토종에서 아미타불을 염하며 무엇을 닦는가?" 묻는다면 당신은 반드시 종지를 알아야 합니다. 만약 이를 말하지 못한다면 당신이 닦는 것은 미신이고 맹목적으로 닦는다고 말해도 나무랄 수 없습니다.

선도대사께서는 매우 간단한 말로 분명히 말씀하십니다. "관불삼매를 종으로 삼고, 또한 염불삼매를 종으로 삼는다." 이는 우리가 수학하는 종지를 가리킵니다. 관불삼매觀佛三昧는 제1 일관에서 제15관까지 모두 관불삼매이고 제16관은 염불입니다. 16관에서 말하는 것은 지명염불입니다. 우리가 염불하는 목적은 어디에 있습니까? 우리는 서방극락세계에 태어나길 구하는 하나의 방향, 하나의 목표가 있을 뿐입니다. 이것이 우리가 수행하는 종지입니다.

판교判敎란 경론을 판별하는 것입니다. 요즘 말로 이는 수학과정으로 어느 학년, 어느 학기에 수학해야 한다는 뜻입니다. 불법에서는 소승이 있고 대승이 있는데, 그것은 어디에 속하는가? 점교가 있고 돈교가 있고 원교가 있는데, 어느 교에 속하는가? 이는 모든 고덕께서 공인한 것으로 이 경전은 보살장에 속하고, 대승불법에 속하며, 대승불법 중에서도 돈교입니다. 왜 그렇습니까? 그는 다생다겁에 수학할 필요 없이 일생에 성취하기 때문입니다. 일생에 원만히 성취하여 점수가 아니라 단박에 뛰어넘습니다.

[청화] 이 단락은 매우 중요하니, 우리가 수학하는 정종의 종지, 가장 중요한 수학강령을 가르칩니다. 자고이래 정종의 염불에는 네 가지가 있으니 이른바 실상염불實相念佛 · 관상염불觀想念佛 · 관상염불觀像念佛 · 지명염불持名念佛입니다. 이는 모두 본경에서 비롯됩니다. 그래서 본경에서는 「관불삼매를 종지로 삼는다」 말합니다. 이는 《관경》 전반부 16관의 전면 12관에서 말한 것입니다. 「또한 염불삼매를 종지로 삼는다」 이는 특별히 지명염불을 가리킵니다. 이 두 가지 방법은 옛날 대덕께서 닦으신 방법입니다. 그 당시는 인심이 순박하고 사회풍속이 선량하여 관상觀想과 관상觀像으로 성취할 수 있었습니다. 그러나 말법인 오늘날 대다수 사람들의 마음은 거친데 서방극락세계의 경계는 매우 미세하여 관상觀想은 성공하기 매우 어렵습니다. 그래서 불조佛祖께서는 지명염불을 제창하지 않을 수 없었습니다. 세존과 역대의 조사대덕께서 제창하셨을 뿐만 아니라 우리가 경전에서 관찰해보면

원래 지명염불은 시방삼세 일체제불 중에서 제창하시지 않은
부처님은 한 분도 안 계십니다. 우리의 목적은 단 하나, 정토에
태어나길 구하는 것입니다. 그래서 「일심으로 회향발원하여」
정토에 태어나길 구함을 위주로 하여야 합니다.

[제4문] 설법하는 사람의 차별

넷째, 설법하는 사람에 차별이 있음을 변명한다. 무릇 제경을 설함에는 다섯 가지에 불과하니, 첫째 불설이고 둘째 성제자의 설이며, 셋째 신선의 설이고 넷째 제천의 설이며 다섯째 화인의 설이다. 지금 이 관경은 부처님의 자설이다. 묻건대, 부처님께서는 어디에서 설하셨는가? 누구를 위해 설하셨는가? 답하되, 부처님께서는 왕궁에서 위제희 등을 위해 설하셨다.

四、辯說人差別者。凡諸經起說不過五種：一者佛說，二者聖弟子說，三者仙說，四者諸天說，五者化人說。今此《觀經》是佛自說。問曰：佛在何處說？爲何人說？答曰：佛在王宮爲韋提等說。

[이시푼족 스님 강기]

넷째, 경을 설하는 자의 차별을 설합니다. 무릇 경을 설함은 다섯 가지 상황뿐입니다. 곧 불설, 성제자의 설, 신선의 설, 제천의 설과 화인化人의 설입니다. 이 《관경》은 부처님께서 직접 설하신 것입니다. 부처님께서는 어디에서 누구를 위해 설하셨습니까? 부처님께서는 왕궁에서 위제희 부인 등 사람을 위해 설하셨습니다.

[정공 스님 강기]

이 경은 누가 설하셨습니까? 부처님께서는 경에서 우리에게 불경에는 다섯 종류 사람의 설이 있다고 하셨습니다. 그래서 불법은 현재 민주·과학의 정신에 부합합니다. 부처님께서 설하신 것을 경이라 하면, 다른 사람이 설하는 것은 안 됩니까? 다른 사람이 설해도 됩니다. 다만 설하는 이치가 진실하고 방법·경계가 정확하면 부처님께서 모두 승인하십니다. 당신이 말한 것이 내가 말한 것과 같으면 나는 이를 경이라 하고 당신도 경이라 할 수 있습니다. 그래서 경에서는 다섯 종류 사람의 설이 있습니다. 첫째는 불설이고 둘째는 성제자의 설, 혹은 학생이 설한 것이며, 셋째 넷째는 불자가 아니라 제천 신선이 설한 것, 귀신이 설한 것이며, 다섯째는 변화인이 설한 것입니다.

비록 다섯 종류 사람이 설할지라도 부처님을 제외하고 네 종류의 설은 반드시 부처님의 인증을 얻어야, 고개를 끄덕이셔야 틀림이 없고 경이라 부를 수 있습니다. 만약 부처님의 인증을 얻지 못하면 경이라 인정할 수 없습니다. 부처님께서 세상에 계실 적에는 제불의 인증이 어렵지 않지만, 현재 부처님께서 안 계시는데 어떻게 합니까? 부처님께서는 우리에게 원칙 하나를 말씀해 주셨습니다. 소승경에는 세 가지 원칙이 있는데, 삼법인三法印이라고 합니다. 이 세 가지 원칙과 상응하여 어긋나지 않으면 부처님께서는 이를 불경이라고 승인하십니다. 삼법인은 무엇입니까? 첫째는 무상無常이고, 둘째는 무아無我이며, 셋째는 열반입니다. 이는 소승경에서 설한 것으로 이 세 가지 원칙에 어긋나서는 안 됩니다. 대승법에는 한 가지 법인만 있는데, 제법실상이라고 합니다. 그래서 대승법인은 소승법인에 비해 더욱 이치에 맞고, 완전히 논쟁이 없다고 말할 수 있습니다. 실상은 무엇입니까? 우주와 인생의 사실·진상입니다. 부처님께서 설하신 것은 사실진상입니다. 당신이 설한 것도 사실진상이면 어떻게 경이 아니겠습니까? 그것은 부처님께서 설하신 것과 다름이 없습니다. 그래서 대승경에서 설한 것은 제법의 실상입니다. 대승경에서 설한 한 마디 한 마디 말씀은 모두 진실로 헛된 것이 없습니다.

南無阿彌陀佛

善導大師
彌陀化身
創淨土宗
楷定古今
本願稱名
凡夫入報
平生業成
現生不退

長坐不臥

아미타불의 화신 선도대사의 장좌불와 정진과 보살행

선도대사는 30여 년 동안 밤에 눕지 않았고, 어느 곳에서도 잠을 잔 적이 없었다. 날마다 반주삼매般舟三昧를 닦고 예불하며 방등경에 예배함을 자신의 수행으로 삼았다. 게다가 계율을 호지護持하여 털끝만큼도 허물고 범한 적이 없었다. 지금까지 여자를 쳐다본 적도 없었고, 마음에 명리의 마음을 한 생각도 일으키지 않았으며, 입으로 교묘하게 꾸미는 말을 하지도 않았고, 희롱하며 웃는 일도 없었으며, 그 행지가 매우 엄격하셨다. 사람들이 공양한 돈은《아미타경》을 필사 하는데 사용하여 모두 십만 여 권을 필사 하였고, 정토변상도를 3백여 폭을 그렸다. 가사 옷과 바리때를 다른 사람이 씻도록 하지 않았고, 노년에 이르기까지 줄곧 인연 있는 중생을 교화하셨다관경사첩소현의강기 중에서

[제5문] 정선 · 산선 양문 요간

다섯째 정선定善 · 산선散善 양문을 요간하면 그것에는 여섯 가지가 있다. 첫째 청문의 주체를 밝힘이니 바로 위제희 부인이고, 둘째 청문의 상대이니 바로 세존이며, 셋째 설법의 주체는 바로 여래이고, 넷째 설법하는 내용은 정선 · 산선 16관문이며, 다섯째 성판成辦의 주체는 여래이고 성판의 대상은 위제희 부인 등의 발원이다.

五、料簡定散兩門 , 即有其六 : 一、明能請者 , 即是韋提 ; 二、明所請者 , 即是世尊 ; 三、明能說者 , 即是如來 ; 四、明所說 , 即是定散二善、十六觀門 ; 五、明能爲 , 即是如來 ; 六、明所爲 , 即韋提等是也。

[이시푼촉 스님 강기]

다섯째 정선定善 · 산선散善 양문을 요간하면 또는 정선 · 산선 양문의 함의를 분별 결택하여 말하면 여섯 개로 세분한 적이 있습니다. 청법한 주체(能請)는 바로 위제희 부인이고, 청법한 상대(所請)은 세존이며, 설법한 주체(能說)은 여래이고, 설법한 내용(所說)은 정선 · 산선 양문에 섭수되는 16관문입니다(그 가운데 앞의 13관은 정선定善에 속하고 뒤 3관은 산선散善에 속한다). 또한 성판의 주체(能成辦)는 여래이고, 성판의 대상(所成辦)은 위제희 부인 등이 근심 걱정이 없는 국토에 왕생하길 구하는 원망願望입니다.

[정공 스님 강기]

이는 본경이 우리에게 가르쳐주는 수행의 중점입니다. 무엇이 정신定善이고 무엇이 산선散善인가? 선도대사께서는 이 단락에서 우리에게 매우 많이 또렷하게 말씀해 주시는데 여러분이 많이 보아 주시길 바랍니다. 이 단락에서 몇 마디 말은 무척 중요한데, 특히 여러분을 일깨워줍니다. 첫째 이 법문은 어떤 사람이 받아들일 수 있는가? 어떤 사람이 수학할 수 있는가? 당연히 이는 우리들에게 관심이 있는 일입니다. 나는 받아들일 자격이 있는가? 나는 이 법문을 수학할 능력이 있는가? 생각해보십시오. 대사께서는 우리에게 자세히 분별해서 설명해 주십니다.

묻건대, 정선·산선 이선은 누구의 지극한 청으로 인하였는가? 답하되, 정선 일문은 위제희가 지극히 청하였고, 산선 일문은 부처님 자설이다.

問曰：定散二善，因誰致請？答曰：定善一門韋提致請，散善一門是佛自說。

[이시푼촉 스님 강기]

"정선·산선 이문은 누구의 청법으로 인해 선설되었는가?" 하고 물으니, "정선 일문은 위제희 부인의 청법으로 말미암아 선설되었고, 산선 일문은 아무도 청법하지 않고 여래께서 스스로 설하셨다."라고 답하셨습니다.

　묻건대, 정선·산선 이선은 어느 경문에서 나오는지 모르지 않은가? 지금 이미 부처님의 전교가 헛되지 않도록 가피할 수 있다면 어떤 근기가 받을 수 있는가?

　　問曰 : 未審定散二善出在何文 ? 今旣敎被不虛 , 何機得受 ?

　[이시푼촉 스님 강기]

　“정선·산선 이선은 어느 경문에서 나오는지 모르지 않은가?”하고 물으니, “이미 여래의 전교가 모두 헛되지 않도록 중생에게 가피할 수 있다면 도대체 어떤 종류의 근기가 이 법익을 받을 수 있는가?”하고 답하셨습니다.

　답하건대, 해석에는 두 가지 뜻이 있다. 첫째 불법을 비방하고 믿음이 없는 자, 팔난八難이 있는 자 및 시비분별이 많은 사람, 이들은 받지 못한다. 이는 썩은 나무와 막돌이 꽃이 피고 윤이 날 기약이 있을 수 없는 것처럼 이들 중생은 교화를 받을 뜻이 없다. 이들을 제외하고 그 밖에는 일심으로 믿고 즐겨 왕생을 발원하고 구할지라. 위로는 일생이 다하도록 닦고, 아래로는 내지 십념에 섭수하여 부처님의 원력에 올라 타면 모두 왕생하지 않음이 없다. 이로써 곧 어떤 근기가 받을 수 있는가 뜻을 답해 마쳤다.

　　答曰 : 解有二義 , 一者謗法與無信、八難及非人 , 此等不受也。斯乃朽木頑石 , 不可有生潤之期 , 此等衆生必無受化之義。除斯已外 , 一心信樂求願往生 , 上盡一形 , 下收十念 , 乘佛願力莫不皆往。此卽答上何機得受義竟。

[이시푼촉 스님 강기]

회답은 두 단락으로 나뉩니다. 먼저 뒤의 질문을 답합니다.

"어떤 근기가 받을 수 있는가? 하면 먼저 받을 수 없는 근기를 가려서 제외하고 다시 받을 수 있는 근기를 드러내 보인다. 불법을 비방하는 자·신심이 없는 자·여덟 가지 겨를이 없는(八無暇) 자 혹은 시비·분별이 많은 사람, 그들은 이 법을 받을 수 없다. 이는 마치 썩은 나무에 꽃이 필 수 없고, 막돌에 윤이 날 수 없는 것과 같아 이들 중생은 잠시라도 인연이 없는 상태에 머물러 본 법을 받아들여 교화에 이를 수 없다. 이를 제외하고 그 밖에는 무릇 일심으로 믿고 왕생을 발원하여 구하는 사람은 위로 이번 일생이 다하기까지 아래로 내지 십념에 이르기까지 모두 부처님의 원력에 올라타 부처님의 정토에 왕생하지 않을 수 없다. 이에 어떤 근기가 본법의 이익을 받을 수 있는가?"라고 답하셨습니다.

그 가운데 "일심으로 믿고 즐겨 왕생을 발원하여 구할지라." 이는 믿음과 발원을 갖추고 있다는 표시입니다. "다만 위로는 일생이 다하도록 닦고, 아래로는 십념에 섭수한다." 이는 행지行持를 갖추고 있다는 표시입니다. "부처님의 원력에 올라탄다." 이는 자력과 타력을 합쳐서 닦고 있다는 표시입니다. "모두 왕생하지 않음이 없다." 이는 모두가 왕생의 이익을 얻을 수 있다는 말입니다. 요컨대 믿음·발원·행지를 갖추고 있는 자가 본법을 설하는 당기當機입니다.

[정공 스님 강기]

어떤 사람이 이 법문을 받아들일 수 없는가? 이 법문을 수학할 수 없는가? 첫째는 불법을 비방하는 사람이고. 둘째는 믿지 않는 사람이며. 셋째 팔난八難을 갖추고 있는 사람입니다. 팔난은 단지 하나만 있어도 장애입니다. 팔난에는 삼악도가 포함됩니다. 삼악도에서는 이 법문을 수학하기 매우 어렵고 그 업장·번뇌가 심중합니다. 또한 장수천(온갖 쾌락이 넘치는 울단월)도 포함되는데 장수천에서는 불법을 들을 기회가 없습니다. 부처님 출세 이전, 부처님 입멸 후 세간에는 이 법문이 없고 만나지 못합니다. 세상의 지식과 외도에 마음이 팔린 자나 눈멀고 귀먹고 벙어리인 자들도 모두 팔난에 속합니다. 그들의 장애는 일반인에 비해 많아서 일반인 보다 받아들이기 곤란합니다.

그러나 여기서 가장 중요한 것은 불법을 비방하고 믿음이 없는 경우입니다. 이 한마디는 절대로 소홀히 해서는 안 됩니다. 우리는 부처님을 믿는다고 하는데, 진실로 믿습니까? 염불하는 사람은 많지만, 왕생하는 사람은 적다고 합니다. 일만 명이 염불하여 진실로 왕생하는 사람은 세 명, 다섯 명에 불과합니다. 원인은 믿지 않기 때문입니다. 시비·장단을 말하면서 도량을 비평하고 사부대중을 비평하며 언제나 모여서 잡담하면 자신도 모르는 사이에 불법을 비방합니다. 불법을 비방하지 않는 사람이 몇이나 됩니까? 시골 할머니는 하루종일 아미타불 아미타불~ 염불합니다. 그녀에게 물어보면 아무것도 모르지만, 그 사람은 불법을 비방하지 않습니다. 그래서 왕왕 그들은 수행하여 가는 때를 미리 알아 선 채로 왕생하고 앉은 채로 왕생합니다. 그녀는 불법을 비방하지 않고 진실로 믿기 때문입니다. 그러나 우리는 무의식중에 불법을 비방하고, 자신이 하는 것이 모두 옳고 정확하다고 여깁니다. 육조대사께서는 늘 말씀하시길, "진실한 수도인은 세간의 허물을 보지 않는다." 하셨습니다. 우리는 육근이 접촉하는 것은 모두 세간의 과실로 마음속에 새겨두었다가 시시각각 비평합니다. 이는 왕생에 대해 매우 큰 장애입니다. 이러한 생각이 있고 이러한 행위가 있으면 하루 십만 번 부처님명호를 소리 내어 염해도 왕생할 수 없습니다.

진정으로 왕생하고 싶은 사람은 선도대사께서 말씀하신 이 한마디를 특별히 마음속에 새겨두고 결코 가볍게 보아서는 안 됩니다. "나는 불법을 비방하지 않는다, 나는 믿음이 없지 않다." 이것은 자신의 표준이지, 조사·대덕의 표준이 아닙니다. 당신 자신이 정하는 표준이면 안 됩니다. 반드시 매우 공정하고 객관적인 표준이 있어야 됩니다! 그러나 대단히 쉽지 않고, 매우 실천하기 어렵습니다.

그렇다면 어떤 사람이 왕생할 수 있습니까? 결정코 왕생하는 관건은 「일심」에 달려 있습니다. 일심이고 두 가지 생각이 없어야 됩니다. 잡념이 있고 망상이 있으며, 남과 나를 시비분별하며 명성과 이익을 누리려 하면 일심이 아닙니다. 이러면 왕생할 수 없습니다. 그래서 진정으로 왕생을 구하는 것이 대단히 중요합니다. 우리는 무시겁 이래로 육도에 생사윤회하는 상황에 있음을 모릅니다. 이번 일생이 우리가 태어나서 오늘까지 며칠이 지났습니까? 우리의 마음속에 평온한 적이 있었습니까? 진정으로 안락한 적이 있었습니까? 설령 있었다 하더라고 몇 시간이나 유지할 수 있었습니까? 찰나에 유전하고 있습니다. 그것이 눈앞의 윤회입니다. 윤회 속에 또 윤회가 있어 괴로움을 말로 다하지 못합니다! 벗어날 기회가 없고, 벗어날 능력이 없습니다.

오늘 이런 기연을 만났습니다. 이런 기연은 무량겁 가운데 얻기 어려운데 이번 일생에 다행히 만났습니다. 만났는지 모르고 이런 기회를 잘못 보내면 그것은 실로 안타깝습니다. 당신이 다음에 다시 이런 기연을 만난다 하더라도 어느 겁에 어느 일생에 만날지 모릅니다. 부처님께서는 우리에게 수많은 인연을 내려놓으라고 가르쳐주십니다. 진실로 내려놓아야 부처님을 믿는 것입니다. 왜냐하면 이 세상에서 만나는 모든 인연은 모두 육도윤회 하는 인연으로 내려놓지 않으면 육도윤회를 벗어나지 못합니다. 반드시 모두 내려놓아야 삼계육도를 버릴 수 있습니다. 불칠 법회에서 주칠사主七師께서는 늘 "신심의 세계를 다 내려놓고 정념正念을 가다듬으십시오!"라고 말합니다. 이는 경책하는 것으로 이 한마디 말을 구호로 보지 마십시오.

일심으로 「신信」, 털끝만큼도 의심을 품지 말아야 합니다. 믿음과 발원을 좋아해야 합니다. 나는 서방극락세계를 좋아하고 아미타부처님을 좋아하며 염념마다 하루라도 일찍 서방극락세계에 가서 아미타부처님을 친견하기를 희망합니다. 이것이 「요樂」입니다. 우익대사께서는 왕생할 수 있는지는 "믿음과 발원의 유무"에 달려 있다고 하셨습니다. 이 믿음과 발원은 여기서 「일심신요一心信樂 구원왕생求願往生」 이 여덟 글자입니다. 이 여덟 글자를 갖추고

있으면 당신은 결정코 왕생합니다. 서방극락세계에 왕생하는
품위의 높고 낮음은 염불공부의 심천에 달려 있습니다.

나는 오늘 이 법문을 만나서 숨이 붙어 있으면 일천 불을 염하여
이번 일생에 끝까지 결정코 이 법문에 의지해서 바꾸지 않으면
됩니다. 참선하는 사람을 보면 참선하고 싶고, 밀교를 닦는 사람을
만나면 주문을 염하고 싶으며, 계율을 닦는 사람을 보면 계율을
지니고 싶으면 당신은 골칫거리가 많아집니다. 전일하면 괜찮지
만, 뒤섞으면 안 됩니다. 뒤섞어서 수행해서는 안 됩니다. 이것이
대단히 중요합니다. 그래서 한 몸 목숨이 다할 때까지 일생동안
이 한 법문만 닦고 결정코 바꾸지 말고 흔들리지 말아야 합니다.
어떤 사람은 선정쌍수禪淨雙修를 말하고, 어떤 사람은 선정밀삼수
禪淨雙修를 말하지만 실제로는 어렵습니다. 일심으로 칭념하는
것이 상등의 기회입니다. 이 법문을 만나서 이번 일생에 수학하십
시오.

「아래로는」, 이는 연분이 지극히 작은, 하등의 연분을 말합니다.
그는 일생 동안 이 법문을 만나지 못하고 임종시에 비로소 이
법문을 만납니다. 이때 그는 선근이 현전하여 만나면 믿을 수
있고, 발원할 수 있으며, 임종시에 십념이나 일념을 행하여도
모두 왕생합니다. 당연히 그가 한 공부는 적고, 적게 염하였습니
다. 적게 염하였는데, 왜 왕생할 수 있습니까? 그는 그 때 마음이
전일하고, 마음이 간절하며, 그 역량 효과가 우리들 평상시 염불하
는 효과에 비해 크게 마련입니다. 왜냐하면 우리는 평상시 이
마음이 그만큼 간절하지 않고 전일하지 않습니다. 그래서 그가

비록 적게 염해도 역량이 있습니다. 우리가 많이 염해도 산란심이면 심력이 집중되지 않습니다. 그래서 아무리 많이 염해도 그가 적게 염한 것보다 못합니다. 그러나 공부의 심천은 다릅니다.

이러한 발심·발원·수지가 모두 아미타부처님 48원에 상응하고, 아미타부처님께서 본원 위신력으로 가지하면 반드시 왕생합니다. 이 단락에서는 특별이 중요한 것은 바로 어떤 종류의 사람이 왕생하는지, 어떤 종류의 사람이 왕생하지 못하는지 또렷이 알아야 합니다.

[청화] 「일심으로 믿고 즐겨 왕생을 발원하고 구할지라.」 이것이 일체중생이 정토에 태어날 수 있는 유일한 조건입니다. 위로는 화엄회상의 문수·보현·선재동자와 같은 등각보살도 「일심으로 믿고 즐겨 왕생을 발원하여 구하고」, 아래로는 육도범부 내지 삼악도의 중생도 이 조건입니다. 「일심신요一心信樂」에서 요樂는 좋아함·기뻐함입니다. 이렇게 왕생을 발원하여 구하면 모두 왕생할 수 있습니다. 여기서 여러분은 사실 하나를 세심하게 체득해야 합니다. 이 사실은 바로 등각보살도 우리가 닦는 것과 동일한 방법이고, 동일한 조건이라는 점입니다. 이는 인因이 동일함입니다. 그래서 서방극락세계에 태어나면 우리의 과보도 동일입니다. 인이 동일하면 과도 당연히 동일하고, 인이 다르면 과도 다릅니다. 서방극락세계는 견줄 수 없이 수승한데 그 진정한 인연은 여기에 있습니다.

현재 우리가 특별히 주의하여야 하는 것은 바로 일심一心으로, 이 두 글자가 관건입니다. 우리는 "당신은 정토법문을 믿는가?"

하고 물어야 합니다. 우리는 모두 이 법문을 믿고 좋아하는데 왜 모두 왕생할 수 없습니까? 그러면 중요한 일심을 우리는 갖추고 있습니까? 비록 믿고 발원할지라도 전일한 마음이 아니고 일심이 아니면 왕생할 자신이 없습니다. 만약 일심이면서, 이 법문을 제외하고 그 밖에 다른 생각이 없으면 당신은 이번 생에 결정코 왕생합니다. 이렇게 간단하고 이렇게 쉽습니다. 비록 간단하고 쉬울지라도 이 일심을 쉽게 실천하지 못합니다.

만약 이 세상 인연에 대해 재물욕·색욕·명예욕·식욕·수면욕의 오욕육진이 있고, 불법에 대해 참선·교학·밀교·계율에 흥취가 있어 배우고 싶어서 이것에 물들면 일심이 아니고 전수가 아닙니다. 이렇게 해서 이번 생에 왕생을 발원하면 반드시 발원대로 되는 것은 아닙니다. 이는 무엇보다도 중요한 것이므로 반드시 단단히 기억해야 합니다. 세상의 명성·이양과 오욕육진을 내려놓고 결코 물들어서는 안 되며, 부처님께서 강설하신 갖가지 출세간 법문을 찬탄 감탄하며 배워서는 안 됩니다. 왜 배워서는 안 됩니까? 내가 일심으로 아미타불을 전념해야만 이 법문을 비로소 성취할 수 있기 때문입니다.

「상진일형上盡一形」, 이는 형수形壽를 다함을 뜻합니다. 일형一形은 일생입니다. 우리는 이번 생 동안에 아미타부처님을 제외하고 그 밖에 다른 생각은 없습니다. 왕생을 제외하고 다른 바램은 없습니다. 일생동안 모두 이 방향과 이 목표를 준수하면 됩니다. 「하수십념下收十念」, 이는 업장이 깊고 무거운 중생은 목숨을 마치기 전에 비로소 이 법문을 듣고서, 들으면 늦지 않아야 합니다. 목숨이 다하기 전에 일심으로 믿고 즐겨 왕생을 발원하고 비록 부처님 명호를 열 번 소리 내어 염하여도, 부처님 명호를 한번 소리 내어 염하여도 왕생할 수 있습니다. 이 법문은 진정 불가사의 합니다. 왜 그렇습니까?

「승불원력乘佛願力」, 여기서 부처님은 48원으로 중생을 널리 제도 하시는 서방극락세계 도사 아미타부처님이고, 동시에 시방삼세 일체제불을 포괄합니다. 석가모니부처님께서는 우리를 위해 이 법문을 선설하시어 우리에게 염불하여 서방극락세계에 태어나길 구하라 권하십니다. 석가모니부처님과 아미타부처님은 같은 원 이고 다른 일체제불여래께서도 모두 아미타부처님과 그 원행이 같습니다. 이를 반드시 명료하게 또렷하게 인식해야 의심이 들지 않습니다.

둘째, 어느 경문에서 나옴이란 곧 통이 있고 별이 있다.

二、出在何文者 , 卽有通有別。

[이시푼촉 스님 강기]

둘째, 정선·산선 이선은 어느 경문에서 나오는가? 이는 통·별의 구분이 있습니다. 통은 범칭泛稱으로 일체 정토를 널리 일컬음입니다. 별은 서방정토를 특별히 가리킴입니다.

통通이라 말함에는 곧 세 가지 다른 뜻이 있습니다. 무엇인가? (1) 위제희 부인이 부처님께 아뢰길, "오직 원하옵건대 저를 위하여 근심과 번뇌가 없는 세계를 자세히 설하여주옵소서."라는 문구로, 이는 위제희 부인이 자심을 표명한 것으로 자신을 위해 구하는 바를 널리 청함이다. (2) "오직 원하옵건대 부처님께서 마치 태양이 비추듯 저를 위해 청정한 선업의 세계를 관하는 법을 가르쳐주옵소서."라는 문구로, 위제희 부인이 자신을 위해 정토에 가서 머무는 행을 널리 청함이다. (3) 세존께서 광명대에서 국토를 나타내셨다는 문구로, 바로 앞에서 저를 위해 자세히 설해주시길 널리 청한 말에 대한 응답이다. 비록 세 가지 다른 뜻은 있지만 앞의 통에 대해 대답해 마쳤다.

> 言通者 , 卽有三義不同。何者？一、從韋提白佛 , 唯願爲我廣說無憂惱處者 , 卽是韋提標心自爲通請所求；二、從唯願佛日教我觀於淸淨業處者 , 卽是韋提自爲通請去行；三、從世尊光臺現國 , 卽是酬前通請爲我廣說之言。雖有三義不同 , 答前通竟。

[이시푼촉 스님 강기]

이른바 통通에는 세 가지 다른 뜻이 있습니다. 어떻게 다릅니까? (1) 위제희 부인이 세존께 아뢰길, "오직 원하옵건대 저를 위하여 근심과 번뇌가 없는 세계를 자세히 설하여주옵소서."라는 문구입니다. 이는 위제희 부인이 자심自心을 표명함으로써 자신을 위해 구한 바 근심과 번뇌가 없는 세계를 널리 청함입니다. (2) 위제희 부인이 말하길, "오직 원하옵건대 부처님께서 마치 태양이 비추듯 저에게 청정한 선업의 세계를 관하는 법을 가르쳐주옵소서."라는 문구입니다. 이는 위제희 부인이 자신을 위해 근심과 번뇌가 없는 정토에 가서 머무는 행지行持를 널리 청함입니다. (3) 세존께서 광명대에서 시방세계 청정미묘한 국토를 나타내신다는 문구입니다. 이는 앞에서 위제희 부인이 자신을 위해 자세히 설해 달라고 널리 청한 청구에 대해 화답 또는 응답한 것입니다. 이 때문에 세존께서 그녀에게 총괄해 시방세계의 갖가지 근심과 번뇌가 없는 세계를 드러내 보여주셨습니다. 비록 이 세 가지 다른 함의가 있을지라도 앞의 통의通義에 대해 총괄하여 대답하였습니다.

별別이라 말함에도 즉 두 가지 뜻이 있다. (1) 위제희 부인이 아뢰길, "저는 지금 극락세계 아미타부처님의 처소에 즐겨 태어나고자 하옵니다." 라는 문구로 위제희 부인이 자신을 위해 구하는 특별한 선택이다. (2) "오직 원하옵건대 저에게 사유하는 법을 가르쳐 주시고, 저에게 정수를 닦는 법을 가르쳐 주옵소서."라는 문구로 위제희 부인이 자신을 위해 특별한 행을 닦는 법을 청함이다.

言別者 , 則有二義：一、從韋提白佛：我今樂生極樂世界彌陀佛所者 , 即是韋提自爲別選所求。二、從唯願教我思惟、教我正受者 , 即是韋提自爲請修別行。雖有二義不同 , 答上別竟。

[이시푼촉 스님 강기]

이른바 별別에도 두 가지 함의가 있습니다. (1) 위제희 부인이 부처님께 아뢰길, "저는 현재 극락세계 아미타부처님 좌하에서 즐거운 마음으로 왕생하고자 하옵니다."라는 문구입니다. 이는 위제희 부인 자신이 극락세계에 왕생하길 구하는 특별한 선택입니다. (2) "오직 원하옵건대 저에게 사유하는 법을 가르쳐 주시고, 저에게 정수를 닦는 법을 가르쳐 주옵소서."라는 문구입니다. 이는 위제희 부인이 서방정토에 특별히 왕생하는 법을 전수하거나 서방정토의 성스러운 경계와 상응하는 관행을 설해주시길 간구함입니다. 이러한 두 가지 뜻으로 위의 별의別義를 회답하였습니다.

이 아래로부터 이어서 정선·산선 양문의 뜻을 화답한다. 묻건대, 무엇을 정선이라 하는가? 무엇을 산선이라 하는가? 답하되, 일관에서 13관까지 정선이라 하고, 삼복구품을 산선이라 한다.

從此已下 , 次答定散兩門之義。問日 : 云何名定善 ? 云何名散善 ? 答日 : 從日觀下至十三觀已來 , 名爲定善 ; 三福九品名爲散善。

[이시푼촉 스님 강기]

아래로부터 정산·산선 양문의 함의를 해석하기 시작합니다. "어떤 수행법이 정선인가? 어떤 수행법이 산선인가?"라고 물으니, "16관중에서 1관에서 13관까지 사이를 정선이라 일컫고, 기타 삼복구품三福九品 안에 담긴 뜻을 산선이라 일컫는다."라고 답하셨습니다.

[정공 스님 강기]

이는 모두 16단락 16관이 있습니다. 앞의 13관은 정선이고,

삼복구품은 산선입니다. 이는 바로 14, 15 두 장에서 말하는 구품으로 산선에 속합니다. 아래는 우리를 위해 정선과 산선의 차별이 어디에 있는지 설명합니다. 앞에서 말씀드렸듯이 정선과 산선은 모두 정행에 속하지 조행이 아닙니다. 정선이 정행이고 산선은 조행이라는 말이 아닙니다. 이렇게 보면 선도대사의 뜻이 아닙니다. 두 가지는 모두 정행에 속하니, 정중의 정正·정중의 조助라고 말할 수 있습니다.

묻건대, 정선 중에서 어떤 차별이 있는가? 어느 경문에서 나오는가? 답하되, 어느 경문에서 나옴이란 경에서 말씀하시길, "저에게 사유하는 법을 가르쳐 주시고, 저에게 정수를 닦는 법을 가르쳐 주옵소서." 하신 그 경문이다. 「차별」이라 말함은 즉 두 가지 뜻이 있으니, 하나는 사유를 말하고 둘은 삼매를 말한다. 「사유」라 말함은 바로 관행의 전방편으로 저 국토의 의보·정보의 총상·별상을 사유 연상함이다. 즉 지관地觀의 경문 중에서 말씀하시길, "이와 같이 생각함을 극락국토의 땅을 대강 봄이라 한다." 함으로 즉 위의 "저에게 사유하는 법을 가르쳐 주옵소서." 이 한마디와 들어맞는다. 「정수」라 말함은 생각하는 마음이 모두 그치고 연려緣慮가 모두 사라져 삼매가 상응함을 정수라 이름한다. 이는 곧 지관地觀의 경문 중에서 말씀하신 "만약 삼매를 얻으면 저 국토의 땅을 분명히 보게 된다." 함으로 즉 위의 "저에게 정수를 닦는 법을 가르쳐 주옵소서." 이 한마디와 들어맞는다.

問曰：定善之中有何差別？出在何文？答曰：出何文者，經言"教我思惟、教我正受"即是其文。言差別者，即有二義：一謂思惟，二謂正受。言思惟者，即是觀前方便，思想彼國依正二報總別相也。即地觀文中說言：如此想者，名爲粗見極樂國地，即合上"教我思惟"一句。言正受者，想心都息，緣慮並亡，三昧相應，名爲正受。即地觀文中說言：若得三昧，見彼國地了了分明，即合上"教我正受"一句。

[이시푼촉 스님 강기]

"정선 중에서 관행觀行의 층차 상에 어떤 차별이 있는가? 이런 차별은 어느 경문에서 나오는가?"라고 묻습니다.

출처를 말하면 바로 경 중에서 말한 "저에게 사유하는 법을 가르쳐 주시고, 저에게 삼매 닦는 법을 가르쳐 주옵소서." 이 한마디이다. 이른바 차별은 바로 사유와 삼매의 두 가지 층차에 있으니, 사유가 앞에 있고 선정이 뒤에 있다. 이른바 "사유"는 관행으로 선정을 얻는 전 방편으로 행자가 저 국토의 의보·정보의 총상과 별상을 사유·연상함을 가리킨다. 이는 바로 지관地觀의 경문에서 말씀하신 "이와 같이 생각함을 극락국토의 땅을 대강 봄이라 한다." 함과 같다. 이는 위쪽에서 "저에게 사유하는 법을 가르쳐 주옵소서." 하신 한마디와 대응한다. 그리고 이른바 "정수"는 생각하는 마음 전부가 소멸하여 연려緣慮의 상황이 존재하지 않음을 가리킨다. 이때 삼매가 현전하고 수승한 경계에 상응함을 정수라고 일컫는다. 지관 경문 중에 말씀하신 "만약 삼매를 얻으면 저 국토의 땅을 분명히 보게 된다." 함과 같다. 이는 위쪽에서 "저에게 사유하는 법을 가르쳐 주옵소서." 하신 한마디와 대응한다. 라고 답하셨습니다. 총괄적으로 말해서 정선의 수행 중에는 앞쪽 사유와 뒤쪽 선정을 얻는 정수, 두 가지 수행의 차별이 있습니다.

[정공 스님 강기]

「경에서 말씀하시길, "저에게 사유하는 법을 가르쳐 주시고, 저에게 정수를 닦는 법을 가르쳐 주옵소서."」

이는 위제희 부인이 석가모니부처님을 향해 수학하는 방법을 삼가 청함입니다. 사유와 정수는 모두 정선에 속합니다. 「사유」는 서방극락세계 의정장엄을 사유·연상하는 것입니다. 「의정장엄」이 네 글자는 서방극락세계 전체를 포괄하고, 아미타부처님께서 가장 처음 발심하고 성불하여 과위를 증득할 때까지를 포괄하며, 이후 서방세계를 건립하여 중생을 널리 제도함이 모두 이 네 글자에 있음을 반드시 기억해야 하고 소홀히 해서는 안 됩니다. 이 네 글자 「의정장엄」을, 정보는 신상이 매우 좋고 아름다우며, 의보환경도 매우 훌륭하다는 식으로 보아서는 안 됩니다. 그러면 잘못입니다. 그것은 매우 협소하게 본 것입니다. 발심을 일으킴에서부터 발심수행하여 불법을 구하고 수학하기까지 모두 여기에 포함됩니다. 「정수」, 이는 바로 삼매(定)를 닦음입니다.

"「정수」라 말함은 생각의 마음이 모두 그치고 연려가 모두 사라져 삼매가 상응함을 이름한다."

이 몇 마디 말은 바로 《아미타경》에서 말하는 일심불란임을 알 수 있습니다. 이 일심불란이 바로 정수正受입니다. 《무량수경》에서는 비록 일심불란을 말하지는 않고 일향전념 아미타불을 말하지만 그 일향전념에는 그 뜻을 모두 갖추고 있습니다. 단지 정도 상의 깊고 얕은 차이가 있을 뿐입니다. 그래서 이 일향전념이 바로 일심입니다. 일심을 전일專一한 방향으로 전주專注해서 칭념해야 비로소 삼매가 상응합니다. 「삼매」는 범어로서, 한자말이 바로 정수正受입니다. 즉 심지가 진정으로 안온함을 얻고 진정으로 평정을 얻습니다. 이 평정은 바로 《무량수경》에서 말하는 청정·평등입니다. 청정심·평등심이 현전함을 평정이라 합니다. 다시 말해 염불삼매가 현전함입니다.

본경의 경문 상에서 위제희 부인이 삼가 청법한 것이 확실히 모두 정선定善에 속한다는 사실이 매우 뚜렷하게 드러납니다. 산선散善은 사람이 청한 것이 아니라 부처님의 무문자설無問自說로 석가모니부처님께서 직접 말씀하신 것입니다. 위제희 부인은 삼복三福을 청법한 적도, 구품九品을 청법한 적도 없습니다. 삼복 구품은 부처님께서 직접 설하신 것입니다.

[청화] 여기서 「正受」는 바로 앞에서 말씀하신 염불삼매입니다. 《아미타경》에서 말씀하시는 「일심불란一心不亂」이 《관경》에서 말씀하시는 「정수正受」의 뜻입니다. 정正은 정상이고 수受는 향수·수용입니다. 염불인의 정상적인 마음상태, 정상적인 수용을 염불삼매라고 합니다. 대사께서는 이곳에서 가장 간단한 언어로 우리를 위해 그 함의를 말씀해주셨습니다.

「상심도식想心都息」, 망상이 모두 그친다는 말입니다. 「연려緣慮」는 번뇌를 뜻합니다. 려慮는 사려로 요즘 말로 분별·집착하고, 마음에 걸려 안심하지 못한다는 뜻입니다. 이러한 번뇌·습기가 사라져야, 망상이 사라져야 비로소 「일심불란」이라고 합니다. 바꾸어 말하면 여전히 망상도 하고 염려도 있으면 염불삼매는 얻을 수 없고 일심불란을 성공할 수 없습니다.

성공이 없으면 공부가 최고에 도달하지 못하고 득력하지 못합니다. 이래도 상관없고 단지 공부에 더욱 박차를 가하기만 하면 됩니다. 그래서 일체 사물과 인사를 담담하게 보면서 너무 집착하지 말고 잘 지내면 됩니다. 만족할 줄 알면 항상 즐겁다 하였습니다. 특히 염불인은 물질생활에 만족할 줄 알아야 합니다. 만족할 줄 알며 하루하루를 잘 보내면 매우 즐겁습니다.

부처님 명호를 24시간 염념마다 중단하지 말고 염해야 합니다. 당연히 처음 배우는 이는 염념마다 중단 없이 염불할 수는 없습니다. 못해도 상관없으니 겁내지 마십시오. 이것은 모두 매우 일반적인 현상으로 어느 사람이 염불을 하자마자 바로 해낼 수 있겠습니까? 자고이래로 그런 사람은 없는 만큼, 모두 상당한 시간을 들여 연습한 후 저절로 순숙해져 마음에 정수가 생깁니다. 마음에 삼매가 생긴 후 번뇌와 망념은 줄어들고 지혜가 늘어서 사람을 만나고 사물에 접하여 일을 처리할 때 종전보다 총명해지고, 이전보다 더 꼼꼼하며 더 원만해집니다. 이것이 바로 염불공부가 득력한 것입니다.

이러면 삼매가 현전합니까? 아직 아닙니다. 이는 초보공부에 득력한 것으로 더 노력하고, 더 정진하여야 염불삼매가 점차 성숙해집니다. 염불삼매는 깊이가 같지 않습니다. 공부가 얕으면 사일심불란事一心不亂이라 하고, 공부가 깊으면 이일심불란理一心

不亂이라고 합니다. 여기서 「만약 삼매를 얻으면 저 국토의 땅을 분명히 보게 된다.」 말씀하신 경계는 이일심불란입니다. 사일심불란으로는 볼 수 없고, 이일심불란이라야 볼 수 있습니다. 이는 모두 공부 층차의 문제를 말한 것으로 우리는 착실히 노력하기만 하면 됩니다.

정선과 산선은 비록 두 가지 다른 뜻이 있지만, 위의 질문에 총괄해 답하여 마쳤다.

定散雖有二義不同 , 總答上問竟。

[이시푼촉 스님 강기]

총괄적으로 말해서 이 경문에서 수행은 정선과 산선, 두 가지 차별이 있습니다. 위쪽의 문제에 대해 답하였습니다.

또 이상의 해석과 논사들이 다르다. 논사들은 사유 일구를 삼복구품과 맞추어 산선으로 삼고, 정수 일구를 16관과 통합시켜 정선으로 삼는다. 이와 같은 해석은 그렇지 않다고 생각한다. 왜 그러한가? 《화엄경》에 설하시길, "사유 정수란 삼매의 다른 이름일 뿐이다." 하셨으니, 이는 지관地觀의 경문과 같다. 이로써 문증하니, 어찌 산선에 통합시키겠는가?

又上來解者 , 與諸師不同。諸師將思惟一句 , 用合三福九品 , 以爲散善 ;

正受一句 , 用通合十六觀 , 以爲定善。如斯解者 , 將謂不然。何者？如
《華嚴經》說：思惟正受者 , 但是三昧之異名 , 與此地觀文同。以斯文
證 , 豈得通於散善？

[이시푼촉 스님 강기]

이상의 해석과 입장이 다른 논사들은 사유 일구를 삼복구품과
서로 계합시켜 산선의 행지로 삼고, 정수 일구를 16관행에 대응
시켜 정선의 방식으로 삼습니다.

이와 같은 해석은 나는 맞지 않다고 생각합니다. 왜 그렇습니
까?《화엄경》의 말씀에 비추어보면 사유·정수는 삼매의 다른
이름일 뿐으로 삼매에 담긴 뜻이 바로 사유·정수로 본경의
지관地觀 경문의 말씀과 같습니다. 경문으로써 실증하니, 어떻게
사유를 산선에 대응시킬 수 있겠습니까?

[정공 스님 강기]

[청화] 세존께서 본경에서 말한 「사유정수思惟正受」는 삼매가 맞습
니까? 맞습니다.《화엄경》에서 부처님께서는 사유정수가 바로
삼매라고 말씀하셨습니다. 선도대사께서는《화엄경》의 경문으로
이를 증명하셨습니다. 여기서 '사유'는 바로 '관상'으로 항상
아미타부처님을 생각하고, 서방극락세계의 의정장엄을 생각하
는 것입니다. 그러나 여러분은 선도대사께서 우리가 학불할 때
의지해야 할 진실을 가리켜주셨음을 기억해야 합니다.

우리는 무엇에 의지해야 합니까? 경전에 의거하여야 합니다.
세존께서는 멸도하시기 전에 사의법四依法을 가르쳐주셨습니다.

제1조는 "법에 의지하되 사람에 의지하지 말라(依法不依人)."입니다. 법은 바로 부처님께서 설하신 경이고, 사람은 후세의 보살 조사·대덕이 쓰신 주해입니다. 만약 주해의 주와 경이 상응한다면 우리는 그것에 의지할 수 있습니다. 그러나 주해의 주가 경전의 말씀과 상응하지 않으면 그것에 의지할 필요가 없습니다. 부처님께서는 경에서 우리에게 매우 간단하게 말씀해주셨습니다. 그러나 주해와 해석은 매우 번쇄하고, 매우 골치가 아픕니다. 우리는 경에 의지해야 하고, 조사의 주해에 의지하지 않는 편이 좋습니다. 이것이 법에 의지하고 사람에 의지하지 않음입니다. 우리가 부처님을 생각할 때 《관경》의 경문 말씀에 따르면 그야말로 온당합니다. 선도대사께서 주해하신 특색은 바로 완전히 경전의 말씀에 상응하고 경전 이외의 다른 방법을 말하지 않는다는 점입니다. 완전히 경전에서 말씀하신 것입니다. 이는 매우 뛰어난 점입니다.

아래 단락은 우리가 굳건한 신심을 세우는데 도움이 되는 매우 중요한 말씀입니다. 정종 법문은 세 가지 중요한 조건의 기초 위에서 건립되는데, 《아미타경》에서 말씀하신 신信·원願·행行은 정토삼자량淨土三資糧이라 불립니다, 만약 우리에게 굳건한 신심이 없다면 이 법문은 성취하기 매우 어렵습니다. 그래서 선도대사께서는 우리에게 "사유·정수는 바로 정선定善"이라고 말씀하십니다.

또 위제희 부인이 여래를 향해 청하길, "저에게 청정한 선업의 세계를 관하는 법을 가르쳐 주옵소서." 말하였을 뿐이다. 다음으

로 또 청하길, "저에게 사유·정수를 가르쳐 주옵소서." 말하였다. 오직 두 가지 청이 있으나 오직 정선定善뿐이다. 또한 산선의 경문은 전혀 청한 곳이 없지만, 부처님께서 스스로 개시하셨다. 다음으로 산선의 인연 중에 설하여 이르시길, "또한 미래세의 일체범부로 하여금" 이하 바로 그 경문이다.

又向來韋提上請 , 但言"敎我觀於淸淨業處" , 次下又請言 , 敎我思惟正受。雖有二請 , 唯是定善。又散善之文 , 都無請處 , 但是佛自開。次下散善緣中說云 , "亦令未來世一切凡夫"已下 , 卽是其文。

[이시푼촉 스님 강기]

다시 경문을 인용하여 증명합니다. 개시하면서 위제희 부인이 여래께 여쭈어 보길, 단지 "저에게 청정한 선업의 세계를 관하는 법을 가르쳐 주옵소서." 라고 말하였습니다. 이 때문에 그녀가 여쭈어 본 것은 어떻게 관행할 것인가, 또한 정선을 수지할 것인가 하는 방법을 말함입니다. 이어서 그녀는 또 계속 가르침을 청하길, "저에게 사유·정수를 가르쳐주옵소서."라고 말하였습니다. 이는 앞쪽 상법想法에 응하여 나온 것으로 이 때문에 사유·정수는 바로 정선의 수지방법을 말함입니다. 또 산선의 문자를 말함은 삼가 청하는 상황에서 출현하지 않았지만, 부처님께서 당신이 미래세의 중생을 위해 개시·연설하셨다. 이어서 산선의 인연 중에 말씀하시길, "또한 미래세 일체범부로 하여금" 이하가 바로 그것의 경문 증명입니다. 말하자면 산선 이 일문은 부처님 당신이 설하신 것으로 삼가 청한 사람이 없습니다. 이 때문에 위제희 부인이 "저에게 사유·정수를 가르쳐주옵소서."라고 말한 것은 산선의 내용을 가리킨 것이 아닙니다. 이 때문에 사유는 산선의 행지에 대응시켜서는 안 됩니다.

[정공 스님 강기]

[청화] 「사유정수思惟正受」에는 실상염불實相念佛·관상염불觀想念佛·관상염불觀像念佛·지명염불持名念佛이 포함됩니다. 이 네 가지 염불은 모두 「사유정수」에 속하고 정선定善에 속합니다. 이로 말미암아 한마디 부처님 명호는 진정으로 보배처럼 귀함을 알 수 있지만, 안타깝게도 그것을 인식하는 사람이 너무나 적습니다. 어찌 나무아미타불을 모르는 사람이 있겠습니까? 모두 알고 있지만 진정으로 아미타불을 제대로 알고 또렷이 이해하는 사람은 많지 않습니다. 솔직히 말해서 우리는 날마다 눈으로 보고, 귀로 듣지만 그것을 진정으로 이해하지 못합니다. 진정으로 이해하는 사람은 생각과 관념, 언행이 모두 바뀝니다. 왜 그렇습니까? 이번 생 동안 결정코 영원히 윤회를 벗어나 정토에 왕생하여 불도를 원만히 이루기 때문입니다. 바꾸어 말해 이 사람은 이번 생 동안 성불하려고 합니다. 진정으로 인식하고 이해하면 이 사람은 이번 생에 반드시 성불합니다. 그는 일반 범부와 어떻게 같겠습니까?

선도대사의 법문은 우리가 제대로 인식하고 이해하도록 돕습니다. 우리가 설사 근성이 예리하지 못하고 업장이 매우 두꺼워도 우리의 연분은 수승하고 기회가 좋아서 선도대사께서 일깨워주시는 법문을 만나 우리는 성숙하지 않은 근성을 짧은 시간에 앞당겨 성숙시킬 수 있습니다. 이번 생에 성숙시킬 수 있음을 앞당겨 성숙시킴이라 합니다. 이는 바로 선도대사께서 우리에게 주시는 가지加持입니다. 이 주해서는 바로 우리에 대한 가지加持입니다.

이처럼 지위가 높은 (관음·대세지·문수·보현보살 등) 등각보살들도
반드시 모두가 정토에 태어나길 구해야 하는 것은 극락정토에 태어나면
항상 부처님을 여의지 않고 친견하고, 법문을 여의지 않고 들을 수 있으며,
청정한 대중들을 여의지 않고 가까이 지내며 공양을 올릴 수 있으니, 이와
같이 불법승 삼보를 갖춰야만 신속히 무상보리를 원만성취할 수 있기 때문이다.
此等深位菩薩。必皆求生淨土。以不離見佛。不離聞法。不離親近供養衆僧。
乃能速疾圓滿菩提故。
-우익대사 '아미타경요해'

[제6문] 경논의 상위를 화회시킴과 문답을 베풂

　여섯째, 경논의 상위相違를 화회和會시키고 문답을 널리 베풀어 의정疑情을 풀어준다. 이 문에는 곧 여섯 가지가 있다. 첫째는 먼저 법사들이 구품을 해석하는 뜻을 든다. 둘째는 즉 도리 상으로 이를 깨뜨린다. 셋째는 거듭 구품을 들어 이를 대조하여 척파한다. 넷째는 경문을 들여 증명하니, 결정코 범부를 위함이지 성인을 위함이 아니다. 다섯째 별시의 의취를 회통한다. 여섯째 이승의 종성이 생하지 않는다는 뜻을 회통한다.

　六、和會經論相違，廣施問答，釋去疑情者，就此門中卽有其六：一、先就諸法師解九品之義；二、卽以道理來破之；三、重擧九品返對破之；四、出文來證，定爲凡夫不爲聖人；五、會通別時之意；六、會通二乘種不生之義。

[이시푼촉 스님 강기]

　여섯째 경론과 상위한 부분을 화해시키고, 문답을 널리 시설하여 학인의 의정疑情을 풀어줍니다.

　이 일문 중에는 여섯 가지 내용이 있습니다. 첫째, 법사들이 구품을 해석하는 함의를 듭니다. 둘째, 도리 상으로 깨뜨려 제거합니다. 셋째, 경전 중 구품의 문구를 거듭 새롭게 듭니다. 넷째, 경문을 들어 증명하니, 구품을 선설함이 결정코 범부를 위함이지 성인을 위함이 아닙니다. 다섯째, 별시의취別時意趣의 함의를 회통시킵니다. 여섯째 이승二乘의 종성은 생하지 않는다는 함의를 회통시킵니다.

[정공 스님 강기]

여섯째 대 단락은 매우 길지만 대단히 중요합니다. 만약 처음 불교를 접하거나 다른 경론을 섭렵한 적이 있어 선입관이 있고, 매우 많은 사람의 의견을 들어서 부처님께서 이 경전에서 하신 말씀을 들으면 의문이 생기고 의심이 드는 것은 피할 수 없습니다. 「의심(疑)」은 수행에 매우 큰 장애로 이는 매우 무거운 번뇌입니다. 탐貪·진瞋·치痴·교만慢·의심疑을 근본번뇌라고 합니다. 우리가 신심을 세우려면 반드시 의심을 끊고 믿음을 내어야 합니다. 고덕께서는 이 경을 보면 확실히 잘못된 부분이 생김을 피할 수 없다고 보았습니다. 그래서 선도대사께서는 이 법문에서 우리에게 부처님의 말씀을 믿어야 한다고 권하십니다. 보살께서 설하신 것도 만약 부처님의 말씀과 출입이 있으면 우리가 들으려고 하지 않는데 하물며 보살 이하이겠습니까? 이는 매우 중요한 것을 일깨웁니다. 이 말은 대사께서 여기서 두 번 거듭 말씀하시는데, 그것은 매우 중요한 법문입니다.

[경논의 상위相違를 화회和會시킨다]

이 단락은 특별히 우리에게 의심을 끊고 신심을 세우도록 도와줍니다. 이 의문은 어디서 옵니까? 고래의 조사·대덕들은 모두 명성과 인망이 높고, 역사상 매우 지위가 높은 대덕이시지만 그 분들은 경전을 잘못 말씀하셨습니다! 선도대사께서는 우리들을 위해 변별하여 그들의 잘못이 어디에 있는지 알려주십니다. 게다가 대사께서도 경전을 인용하고 논전에 근거하여 자신의 말이 아닌 경전을 들어서 증명하십니다.

1. 법사들의 해석

첫째, 법사들의 해석을 말한다. 먼저 상배 삼인을 들어 그들은 말하길, 상상품은 4지에서 7지 이전의 보살이니, 어떤 연고로 아는가? 저 국토에 이르러 무생법인을 증득하는 연고이다. 상중품은 초지에서 4지 이전의 보살이니, 어떤 연고로 아는가? 저 국토에 이르러 1소겁이 지나 무생법인을 증득하는 연고이다. 상하품은 종성 이상 초지 이전의 보살이니, 어떤 연고로 아는가? 저 국토에 이르러 3소겁이 지나야 비로소 초지에 들어가는 연고이다. 이 삼품인은 모두 대승의 성인이 태어나는 지위이다.

初言諸師解者，先擧上輩三人：言上上者是四地至七地已來菩薩，何故得知？由到彼卽得無生忍故；上中者是初地至四地已來菩薩，何故得知？由到彼經一小劫得無生忍故；上下者是種性以上至初地已來菩薩，何故得知？由到彼經三小劫始入初地故。此三品人皆是大乘聖人生位。

[이시푼촉 스님 강기]

먼저 법사들의 해석을 말하겠습니다. 그들은 먼저 상배 삼종인의 지위를 들어 말하길, "상상품은 4지·5지·6지의 보살이라고 생각하는데, 어떻게 아는가? 왜냐하면 일생에 서방극락에 이르러 무생법인을 증득하는 연고이다. 상중품은 초지·2지·3지의 보살을 가리키는데, 어떻게 아는가? 왜냐하면 일생에 서방정토에 이르러 1소겁이 지나 무생법인을 증득하는 연고이다. 상하품은 대승종성 지위 이상에서 초지 이전까지 보살인데, 어떻게 아는가? 일생에 저 국토에 이르러 3소겁이 지나야 초지를 증득하는 연고이다. 이 삼품은 모두 대승 성인의 지위이다." 라고 하였습니다.

다음으로 중배 삼인을 들어 법사들이 이르길, 중상품은 삼과의 사람인데, 어떤 연고로 아는가? 저 국토에 이르면 아라한을 증득하는 연고이다. 중중품은 내범인데, 어떤 연고로 아는가? 저 국토에 이르러 수다원을 증득하는 연고이다. 중하품은 세간의 선한 범부가 고를 싫어하여 왕생을 구하는데, 어떤 연고로 아는가? 저 국토에 이르러 1소겁이 지나야 나한과를 증득하는 연고이다. 이의 삼품은 오직 소승 성인 등이다.

次擧中輩三人者，諸師云：中上是三果人，何以得知？由到彼卽得羅漢故；中中者是內凡，何以得知？由到彼得須陀洹故；中下者是世善凡夫厭苦求生，何以得知？由到彼經一小劫得羅漢果故。此之三品唯是小乘聖人等也。

[이시푼촉 스님 강기]

이어서 중배 삼종인의 지위를 들어 법사들이 말하길, "중상품은 소승삼과의 성인인데, 어떻게 아는가? 왜냐하면 일생에 서방극락에 이르러 사과 나한을 증득하는 연고이다. 중중품은 내범(內凡, 그것은 장차 성인의 지위에 진입하려는 사람을 가리킨다. 소승은 온暖·정頂·인忍·세제일법世第一法의 사선근위四善根位를 내범內凡으로 삼는다) 지위인데, 어떻게 아는가? 왜냐하면 일생에 서방정토에 이르러 초과 나한을 증득하는 연고이다. 중하품은 세간의 선한 범부는 고를 싫어하고 왕생을 구하는 상황인데, 어떻게 아는가? 왜냐하면 일생에 저 서방극락에 이르러 1소겁이 지나야 나한과를 증득하는 연고이다. 이 삼품은 오직 소승 성인 등의 상황뿐이다." 하셨습니다.

하배삼인을 들어 말하길, 이들은 대승을 배우기 시작한 범부로 과실의 경중을 따라 삼품으로 나누니, 모두 동일한 지위로 왕생을 발원하여 구하는 자이다.

下輩三人者 , 是大乘始學凡夫 , 隨過輕重分爲三品 , 共同一位 , 求願往生者。

[이시푼촉 스님 강기]

이어서 하배삼품을 들어 말하길, "이들은 대승을 배우기 시작한 범부로 그가 갖추고 있는 과실의 경중 차별을 따라 삼품으로 나누고 다함께 왕생을 발원하여 구한다." 하였습니다.

(이상의 해석은) 반드시 그렇지는 않으니, (아래에서) 알 수 있다.

未必然也 , 可知。

[이시푼촉 스님 강기]

이상의 해석은 반드시 정확하지는 않으니, 아래의 이증理證 · 교증敎證을 따라 알 수 있습니다.

[정공 스님 강기]

선도대사께서는 그 법사들의 말에 동의하시지 않았습니다. 왜 동의하지 않았을까요? 대사의 말씀에 일리가 있습니다.

2. 도리 상으로 척파함

둘째는 즉 도리 상으로 (법사들의 잘못을) 척파함이다. 위에서 말한 초지에서 7지 이전의 보살은 《화엄경》에서 "초지 이상 7지 이전까지 바로 법성생신法性生身 · 변역생신變易生身이다."라고 말함과 같다. 이들에게는 이에 (육도 윤회하는) 분단分段의 괴로움이 없다. 그 공용을 논하면 이미 양대 아승지겁을 거쳐 복덕과 지혜를 쌍수하여 인 · 법이 모두 공하고, 모두 불가사의 신통자재로 전변함에 걸림이 없다. 몸은 보토에 거하며 항상 보불의 설법을 듣는다. 대비심으로 시방세계에 화현하여 수유간에 두루 가득하다. 다시 무슨 일로 근심하여 위제희 부인을 빌어 그를 위해 부처님께 여쭈어 안락국토에 태어나길 구하겠는가? 이 경문으로써 증명을 삼으니, 법사들이 말한 것이 어찌 잘못이 아니겠는가? 상상품·상중품 이품에 대해 답해 마쳤다.

> 第二、卽以道理來破者，上言初地至七地已來菩薩者，如《華嚴經》說，初地已上，七地已來，卽是法性生身、變易生身，斯等曾無分段之苦。論其功用，已經二大阿僧祇劫，雙修福智，人法兩空，並是不可思議神通自在，轉變無方。身居報土，常聞報佛說法。悲化十方，須臾遍滿。更憂何事，乃藉韋提爲其請佛，求生安樂國也？以斯文證，諸師所說，豈非錯也？答上二竟。

[이시푼촉 스님 강기]

둘째는 도리 상으로 척파합니다. 이른바 초지에서 7지 이전(상품상생)의 보살은 《화엄경》에서 "초지에서 7지 이전까지 모두 법성생신法性生身·변이생신變易生身이다."라고 말한 것과 같습니다. 이들 보살은 (육도 윤회하는) 분단分段의 괴로움이 없습니다. 그 공행역용功行力用을 논하면 이미 양대 아승지겁을 거쳐 복혜쌍수福慧雙修를 하여 인공·법공 양공의 경계에 도달하였습니다. 모두 불가사의한 신통이 자재하여 마음대로 전변轉變할 수 있습니다. 몸은 보토에 거하면서 항상 보불報佛의 설법을 듣습니다. 또한 대비심으로 시방세계에 화현化現하여 수유(찰나)간에 각 세계에 (분신이) 두루 가득할 수 있습니다. 또한 무엇을 걱정하여 위제희 부인을 빌어 그를 위해 부처님께 여쭈어 보아 안락국에 태어나길 구하겠는가? 바꾸어 말하면 이들 성자는 자신의 능력으로 안락세계에 태어나고 싶으면 마음대로 왕생할 수 있어 결코 위제희 부인이 어떤 청구도 할 필요가 없습니다. 이 경문으로써 증명을 삼으니, 법사들이 말한 것은 확실히 잘못된 것입니다. 이상으로 상상·상중 2품의 판정을 척파하였습니다.

상하품의 경우, 위에서 말한 종성에서 초지 이전까지는 반드시 그렇지는 않다. 경전의 말씀처럼 이들 보살은 불퇴위라 하나니, 몸은 생사에 거하지만 생사에 물드는 바가 되지 않아 마치 거위와 오리가 물에 있어도 물에 젖지 않을 수 있는 것과 같다.《대품반야경》에 이르시길, "이 계위의 보살들은 두 종류 참 선지식이 수호할 수 있는 연고로 물러나지 않는다. 왜 그러한가? 하나는 시방제불이고, 둘은 시방세계 대보살로 언제나 삼업으로 가피하여 모든 선법에서 물러나 잃지 않는 까닭에 불퇴위라 한다." 하셨다.

上下者，上言從種性至初地已來者，未必然也。如經說，此等菩薩名爲不退，身居生死，不爲生死所染。如鵝鴨在水，水不能濕。如大品經說，此位中菩薩由得二種眞善知識守護故不退。何者？一是十方諸佛，二是十方諸大菩薩，常以三業外加，於諸善法無有退失，故名不退位也。

[이시푼촉 스님 강기]

다시 상하품의 상황을 말하겠습니다. 위에서 말한 종성에서 초지 이전에 이르는 지위는 다 그렇지는 않습니다. 경전의 말씀처럼 이들 보살은 불퇴위보살이라 일컬으니, 그들 몸은 생사세계에 거하지만 생사의 법에 물들지 않습니다. 마치 거위·오리가 물에 있어도 물에 젖지 않는 것과 같습니다.《대반야경》에 이르시길, "이들 지위의 보살은 두 가지 참 선지식이 수호하는 연고로 퇴전하지 않는다. 왜 두 가지인가? 바로 시방 제불과 시방 대보살은 언제나 신구의 삼업으로 그를 가피하여 그로 하여금 일체 선법에 대해 전혀 물러나 잃지 않아서 불퇴위라 부른다." 하셨습니다.

이들 보살은 또한 팔상성도八相成道로 중생을 교화할 수 있다. 그 공행을 논하면 일대 아승지겁에 복덕과 지혜 등을 쌍수하였다. 이미 이러한 수승한 덕에 있는데, 다시 어떤 일을 근심하여 위제희 부인의 청을 빌어 왕생을 구하겠는가? 이러한 경문으로써 증명을 삼는 까닭에 법사들이 판결한 것은 여전히 잘못된 것임을 알아야 한다. 이로써 상배의 계위판단을 따져서 마쳤다.

> 此等菩薩亦能八相成道敎化衆生。論其功行，已經一大阿僧祇劫雙修福智等。旣有斯勝德，更憂何事乃藉韋提請求生也？以斯文證，故知諸師所判還成錯也。此責上輩竟。

[이시푼촉 스님 강기]

이들 보살은 또한 팔상성도八相成道로 중생을 교화하는 모습을 보일 수 있습니다. 그 공행역용功行力用을 논하면 이미 일대 아승지겁을 거쳐 복덕과 지혜 등을 쌍수하였습니다. 이미 이와 같은 수승한 공덕이 있는데, 다시 위제희 부인의 청을 빌어 왕생하는 방법을 구할 필요가 있겠습니까? 이들 경문으로써 증명을 삼으니 법사들의 판단이 여전히 잘못된 것임을 압니다. 이상으로 상배의 계위 판단을 파척해 마쳤습니다.

　다음으로 중배삼인의 경우를 따지겠다. 법사들은 중상품은 삼과의 성인이라 말하였지만, 이들 사람은 삼악도의 괴로움을 영원히 끊어 사악취에서 타어나지 않으며, 현재 죄업을 짓지 않아 결코 내세의 과보를 초래하지 않는다. 부처님께서 말씀하시길, "이 사과의 사람은 나와 함께 해탈 법상에 앉아있노라." 하셨다. 이미 이러한 공력이 있으니, 다시 어떤 근심이 있어 위제희 부인의 청을 빌어 생사를 벗어나는 길을 구하겠는가?

　次責中輩三人者。諸師云中上是三果者 , 然此等之人三途永絕 , 四趣不生 , 現在不造罪業 , 必定不招來報。如佛說言 , 此四果人與我同坐解脫床。旣有斯功力 , 更復何憂 , 乃藉韋提請求生路？

[이시푼쵹 스님 강기]

　그 다음 중배삼인의 분판分判을 척파합니다. 법사들은 중상품은 삼과의 성인이라 말하였지만, 이들 성인은 이미 삼악취의 괴로움을 영원히 끊어 사취(四趣; 지옥 아귀 축생 아수라)에 태어나지 않으며, 현재 죄업을 짓지 않아 결코 내세의 괴로운 과보를 초래하지 않습니다. 부처님께서 말씀하시길, "사과四果의 사람은 나와 함께 해탈의 자리에 앉아 있노라." 하셨습니다. 이미 이러한 등의 공력이 있으니, 다시 어떤 근심 걱정이 있어 굳이 위제희 부인의 청을 빌어 생사를 벗어나는 길을 구하겠습니까?

그러나 제불께서 고난중생에게 대비심을 가져서 마음속에 특별히 언제나 고해에 빠져있는 중생을 불쌍히 생각하여 정토로 돌아가라 권유하신다. 또한 물에 빠져 있는 사람은 급해야 특별히 구하듯이, 이미 언덕 위에 있는 사람을 어찌 구제할 필요가 있겠는가? 이 경문으로 증명을 삼는 까닭에 법사들이 판단한 뜻이 앞과 같이 잘못임을 알 수 있다.

> 然諸佛大悲於苦者 , 心偏溺念常沒衆生 , 是以勸歸淨土。亦如溺水之人急須偏救 , 岸上之者 , 何用濟爲 ? 以斯文證 , 故知諸師所判 , 義同前錯也。

[이시푼촉 스님 강기]

제불께서는 대비심으로 특별히 고난중생에 관심을 쏟아 마음속으로 언제나 고해에 함몰되어 있는 이들 중생을 특히 불쌍히 생각합니다. 그래서 이들 고해에 빠져있는 범부에게 정토로 돌아갈 것을 권유하고 인도하십니다. 물에 빠진 사람이 대단히 급하면 먼저 구해야 하는 반면, 이미 언덕 위에 있는 사람은 매우 안전하여 긴급히 제도가 필요한 사람은 아닙니다. 이들 경문을 증명함으로써 법사들은 중품의 판단도 앞쪽과 같이 잘못된 것입니다.

[정공 스님 강기]

「고자苦者」는 누구를 가리킵니까? 육도중생입니다. 육도에서 가장 괴로운 것은 인도人道 이하의 인고人苦, 아귀·축생·지옥고입니다. 제불여래께서는 대자대비로 특별히 육도 가운데 이들 가장 괴로운 중생을 불쌍히 여기십니다.

중생은 이 육도에 머리를 내밀었다 빠졌다 합니다. 삼선도에 태어남은 머릴 내미는 것과 같아 마치 사람이 물에 빠져서 머리를 내밀어 공기를 마시는 것과 같습니다. 고꾸라져서 물 밑으로 굴러 떨어지면 물을 들이마시는 괴로움을 겪어야 합니다. 삼선도는 바로 물 위이고 삼악도는 물 아래로, 물에 빠져 머리를 내밀었다 빠졌다 합니다. 언제나 삼악도에 떨어진 이들 중생을 불쌍히 여기십니다.

그래서 이러한 법문을 열어야 비로소 정리正理입니다. 이는 먼저 도리상으로 옛날 대덕들의 잘못된 생각을 반박하여 물리치십니다. 아래 단락은 구품경문에서 그들 의견을 반대·비판하십니다. 우리가 이러한 일을 또렷하게 잘 이해하여야 우리의 마음이 비로소 편안하고 신심이 견고하여 고인의 설법에 영향을 받지 않습니다. 옛날 대덕 중에서 이런 말을 한 사람도 모두 수행이 있고 증득이 있다고 말할 수 있습니다. 수행과 증득이 있는 대덕조차도 이를 잘못 보는데, 현재 이러한 사람은 만약 경장을 세심하게 깊이 연구하지 않으면 잘못을 결코 피할 수 없으니, 골치가 매우 아프고 인과의 책임을 져야 합니다.

[이 경은 결정코 범부를 위한 것이지 성인을 위한 것이 아니다. 제불께서 고난중생에게 대비심을 가져서 마음속에 특별히 언제나 고해에 빠져있는 중생을 불쌍히 생각하여 정토로 돌아가라 권유하신다.]

[청화] 옛날의 대덕들은 모두 불문에서 대단한 인물로 그들의 견해로는 정토에서 말하는 구품 중 상배삼품은 보살이 왕생하는 것이고, 중배삼품은 소승인이 왕생하는 것으로 범부에게는 연분이 없다고 생각하였습니다. 범부의 왕생은 단지 하배삼품일 뿐이라는 옛 대덕의 설법이 있습니다. 선도대사께서는 그들의 견해를 반박하여 물리치셨습니다. 그들의 설법은 옳지 않습니다. 구품왕생은 모두 범부입니다.

우리는 선도대사의 말씀을 듣고 너무나 기쁩니다. 상품상생도 우리에게 연분이 있고, 희망이 있습니다. 만약 보살만이 왕생하고, 우리는 보살과 아라한에 비해 차이가 현저하다면 정말 희망이 없습니다. 그래서 선도대사께서는 이 경은 결정코 부처님께서 범부를 위해 설한 것이지, 소승초과 이상의 성인을 위해 설한 것이 아니라고 말씀하십니다.

왜냐하면 제불께서 고난중생에게 대비심을 가지시기 때문입니다. 「고자苦者」는 바로 육도윤회 하는 중생으로 육도윤회는 너무나 괴롭습니다. 그래서 부처님께서는 육도의 중생을 특별히 불쌍히 여기시고 그들을 도와서 하루 빨리 고해로부터 벗어나게 하고 불도를 원만히 이루게 하십니다. 삼악도에 「상몰常沒」하여 육도에서 뛰어넘을 수 없으니, 결정코 삼악도에 머무는 시간은 길고 삼선도에 사는 시간은 짧습니다. 이는 고정불변입니다.

이理 상에서 말하면 유식경론에서는 우리에게 일체범부의 마음 심소心所에서 선한 심소는 11개가 있을 뿐이고, 악한 심소는 26개가 있다고 말합니다. 그래서 악한 생각은 쉽게 일어나고 선한 생각은 잘 생기지 않습니다. 사事 상에서 말하면 우리는 일상생활에서 마음을 일으키고 생각을 움직이며 악은 많이 짓고 선은 적게 짓습니다. 이미 지은 악이 많은 이상 반드시 악도에서 그 과보는 오래가고, 선한 생각이 적고, 선한 행동이 적어서 비록 삼선도에 태어날지라도 시간이 촉박합니다.

사事에서도 이理에서도 확실히 모두 사실·진상입니다. 그래서 부처님께서는 이들 중생을 특별히 불쌍히 여기시어 우리를 위해 이 법문을 열어 보이셨습니다. 이 법문을 제외하고 언제나 삼악도에 빠져있는 중생을 제도할 수 없습니다. 이 법문을 만나 믿을 수 있고, 발원할 수 있으며, 행할 수 있으면 부처님의 힘이 가지하여 지옥중생일지라도 제도 받을 수 있습니다. 이 경에서는 아주 잘 말씀하고 계십니다!

이하에 알 수 있다.

以下可知。

[이시푼촉 스님 강기]

이는 이하의 분판分判도 모두 문제 있음을 알 수 있습니다.

3. 구품인과를 들어 척파함

셋째는 거듭 구품을 들어 이를 대조하여 척파한다.

第三、重擧九品返對破者。

[이시푼촉 스님 강기]

셋째는 경전에서 말씀하신 구품 인과의 상황을 거듭 들어 이를 대조하여 척파한다.

[정공 스님 강기]

앞에서 옛날 대덕들이 본경에 대해 편향된 견해가 있다고 말했습니다. 이 견해는 후세의 수학하는 사람에게 반드시 나쁜 영향이 있게 마련입니다. 선도대사께서 여기서 하나씩 우리를 위해 열거하시어 잘못의 소재를 지적하여 우리가 진정으로 부처님께서 고심하여 중생을 제도하시는 모습을 알게 하십니다. 전면의 단락 하나는 도리 상으로 말해 그들이 확실히 경의 뜻을 경솔하게 잘못 이해하였다고 설명하십니다. 세 번째 단락은 「구품을 거듭 듦」으로 경문의 뜻으로 관찰하여 이러한 견해의 잘못을 매우 똑똑히 볼 수 있습니다.

법사들은 상품상생인이 4지에서 7지 이전의 보살이라 말하는데, 무슨 까닭에 《관경》에서는 세 부류의 중생은 당연히 왕생할 수 있다고 말하는가? 무엇이 셋인가? 첫째 단지 계를 지키고 자애심을 닦을 수 있는 자이며, 둘째는 계를 지니고 자애심을 닦지 못하지만, 대승경전을 독송할 수 있는 자이며, 셋째는 계를 지키고 독송은 못하지만, 오직 불법승 등을 염할 수 있는 자이다. 이 세 사람은 각자 자신의 행업으로써 전일하게 닦고 뒤섞지 말며 스스로 힘써 정진하길, 하루 낮 하루 밤 내지 칠일 낮 칠일 밤 동안 끊임없이 이어가서, 각자 지은 바 선업을 회향하여 왕생을 발원하고 구한다. 임종시에 아미타부처님과 화신불보살 대중이 광명을 놓으셔서 손을 잡아주시고, 손가락 퉁기는 짧은 순간 곧 저 불국토에 왕생한다. 이 경문으로써 증명하니, 바로 부처님께서 가신 후 대승 극선極善의 상품범부는 일수가 비록 적을지라도 선업을 지을 때 맹렬하니, 어떻게 위와 같은 성인이라고 판결할 수 있겠는가?

諸師云上品上生人是四地至七地已來菩薩者，何故《觀經》云三種衆生當得往生？何者爲三？一者但能持戒修慈；二者不能持戒修慈，但能讀誦大乘；三者不能持戒讀經，唯能念佛法僧等。此之三人，各以己業專精勵意。一日一夜乃至七日七夜相續不斷，各回所作之業求願往生。命欲終時，阿彌陀佛及與化佛菩薩大衆放光授手，如彈指頃卽生彼國。以此文證，正是佛去世後，大乘極善上品凡夫，日數雖少，作業時猛，何得判同上聖也？

[이시푼촉 스님 강기]

법사들은 상품상생인은 4지・5지・6지의 보살이라고 말하는데, 왜 《관경》에서는 세 부류 중생이 모두 상상품에 왕생할 수 있다고 말하는가? 왜 세 부류인가? 첫째 부류는 단지 계를 지키고 자심을 닦을 수 있음이니, 바로 자애심으로 살생하지 않고 계행을 구족하는 자입니다. 둘째 계를 지키고 자애심을 닦지 못하지만, 대승경전을 독송할 수 있는 자입니다. 셋째 계를 지키고 독송을 하지 못하지만, 염불·염법·염승 등 육념六念을 수지하는 자입니다. 이 세 부류 사람은 각자 자신의 행업으로써 전일하게 힘써 닦길, 하루 낮 하루 밤 내지 칠일 낮 칠일 밤 동안 끊임없이 이어가며 수지하고, 각자 지은 바 선업을 회향하여 왕생을 발원하고 구합니다. 그러면 이러한 공행功行의 힘으로써 그들은 임종시에 아미타부처님과 화신불 보살 대중이 광명을 놓으셔서 손을 잡아주시고 손가락 퉁기는 짧은 순간 저 불국토에 왕생합니다.

　이 단락의 경문으로써 증명하니, 바로 부처님께서 가신 후 대승극선의 상품범부를 가리킵니다. "극선極善"은 선행을 아주 잘 닦음을 가리킵니다. 비록 그들이 수지한 날수가 매우 적을지라도 선업을 지을 때 지극히 용맹하고 예리함으로 말미암아 상상품으로 왕생할 수 있습니다. 이러한 상황을 어떻게 4지·5지·6지의 보살이라고 판결할 수 있겠는가?

　[정공 스님 강기]

이는 바로 상품상생은 성인이 아니라 범부임을 설명합니다. 옛날 대덕들은 4지에서 7지 이전까지 우리는 연분이 없다고 말했습니다. 선도대사께서는 경문에 근거하여 사람마다 모두 연분이 있음을 증명해주시니 우리는 기쁩니다. 하품은 말할 것도 없고 상상품도 연분이 있습니다. 오직 이 한마디 아미타불만 염하면 상상품으로 태어날 수 있음을 알아야 합니다.　그래서 우익대사께서는

《아미타경요해》에서 우리들에게 "품위의 고하는 지명염불 공부의 깊이에 달려 있다" 하셨습니다. 공부성편工夫成片에 이르도록 염하면 얕은 공부이고, 이일심불란에 이르도록 염하면 가장 깊은 공부로 상품상생합니다. 그러나 독송도 잘하고 지명염불도 잘하여서 완전히 공부에 있는 것이 대단히 중요합니다. 선도대사님의 말씀은 마음대로 하신 것도 아니고 옛 대덕의 설법을 감정대로 뒤엎는 것이 아닙니다. 경전을 인용하여 문구마다 근거가 있고 부처님 말씀에 근거한 것으로, 이 몇 마디 말씀은 좋습니다.

이 법문을 보면 정토삼부경의 구품왕생은 「부처님께서 가신 후」의 일입니다. 부처님께서 가신 후는 바로 부처님께서 반열반般涅槃에 드신 이후입니다. 반열반에 드심은 들어도 이해가 되지 않으나 가신 후는 쉽게 이해가 됩니다. 「대승」 근성의 사람은 심량이 광대합니다. 자신을 위할 뿐만 아니라 일체 중생을 위함이 바로 대승심입니다. 그래서 이는 대승 상품의 범부에 속합니다. 그렇다면 생각하건대 우리는 대승상품 범부가 아닙니까? 단지 우리가 시시각각 중생을 위해 생각하고 있는지 물어보기만 하면 됩니다. 우리가 불법의 이익을 얻으면 어떻게 이 좋은 법문을 전심전력을 다해 다른 사람에게 소개하고 추천하지 않겠습니까? 이런 마음이 있으면 역량이 없어도 대승범부입니다. 역량은 복보에 의지합니다. 복보가 없으면 안 되지만, 마음이 있어 내가 전심전력을 다해 실천하면 비록 매우 적게 실천하여도 공덕은 원만합니다. 이미 전심전력을 다하면 전심전력이 바로 원만한 공덕입니다.

「오직 불법승 등을 염할 수 있으면(唯能念佛法僧等)」

[청화] 됩니다. 이는 삼보를 염함입니다. 「염불」은 아미타불을 염함입니다. 당신은 이번 생에 아미타불을 전념합니다. 《무량수경》에서는 상중하 삼배왕생의 수행방법이 모두 「발보리심發菩提心 일향전념아미타불一向專念阿彌陀佛」로 같고 이것으로 충분하다고 가르쳐주십니다. 무엇을 보리심이라 합니까? 우익대사께서는 《미타요해》에서 우리에게 한마음 한뜻으로 서방극락세계에 태어나길 구하고 싶으면 이 한 생각이 바로 무상보리심이라고 말씀하십니다. 우리는 시시각각 이 생각이 있으면 바로 보리심을 발함이니, 단지 일향으로 이 한마디 아미타불을 전념하면 됩니다. 계율을 지키고 자애를 닦으며 독송을 하지 못해도 염불만 반드시 해낼 수 있으면 왕생하지 못하는 이가 한 사람도 없습니다. 이것이 염불입니다. 염법念法에서 「법」은 경전으로 바로 경전을 염송함입니다. 「승僧」은 무엇입니까? 수많은 불자들은 관세음보살과 인연이 있습니다. 관세음보살을 염하면 왕생할 수 있습니다. 왜냐하면 관세음보살은 보살승이기 때문입니다. 지장보살을 염해도 왕생할 수 있습니다. 다만 일심불란에 이르도록 염하기만 하면 부처를 염하고 보살을 염한 공덕을 회향하여 서방극락세계에 태어나길 구하면 모두 왕생할 수 있습니다.

《무량수경》에서 설하신 「삼배왕생」은 모두 정토를 전수하는 것으로 문제가 없습니다. 마지막으로 정토를 전수하지 않는 것으로, 다른 대승법문을 수학하고 회향하여 정토에 태어나길 구하여도 모두 왕생합니다. 어떤 대승경전을 염송하든 상관없이 회향하여 정토에 태어나길 발원하면 모두 왕생합니다. 그래서 일체 대승경,

일체제불보살의 명호는 모두 같지만 전념하여야 합니다. 지장보살을 염하여도 지장보살을 전념하여 일심불란에 이르러 마음이 청정하면 서방극락세계와 감응합니다. 회향하여 서방극락에 태어나길 구하면 왕생할 때 이르러 서방삼성이 와서 당신을 접인하여 결정코 왕생합니다.

[자신의 행업으로써 전일하게 닦고 뒤섞지 말며 스스로 힘써 정진하길]

[청화] 「전정려의專精勵意」, 이 네 글자는 매우 중요합니다. 「전專」은 전수이고, 「정精」은 뒤섞지 않음입니다. 어떤 법문을 수학하든 상관없이 반드시 전일하게 닦고 뒤섞지 말아야 합니다. 「여의勵意」는 스스로 힘써 격려하고 노력 정진함입니다.

[하루 낮 하루 밤 내지 칠일 낮 칠일 밤 동안 끊임없이 이어가서, 각자 지은 바 선업을 회향하여 왕생을 발원하여 구한다.]

[청화] 이는 바로 우리가 현재 말하는 타불칠打佛七입니다. 이같은 불칠을 정진불칠이라 하고 칠일 밤낮을 중단없이 수지합니다. 통상 이 같은 불칠은 일년 중에 한 차례 하여도 충분합니다. 이것이 전일하게 뒤섞지 않고 염불하는 것입니다. 일년 중에 우리는 휴가의 시간을 이용하여 이때는 일을 모두 내려놓고 칠일 밤낮 시간에 마음을 전일하게 하여 염불하길 「끊임없이 이어가서」 이 공덕을 회향하여 왕생을 발원하고 구합니다.

[임종시에 아미타부처님과 화신불보살 대중이 광명을 놓으셔서 손을 잡아주시고, 손가락 퉁기는 짧은 순간 곧 저 불국토에 왕생한다.]

[청화] 이 구품왕생 뒤쪽은 상세히 말하여야 하지만, 여기서는 대략 언급한 것입니다. 이는 특별히 정진하는 사람으로 상품상생한 사람이 갖춘 조건입니다. 이로써 이 조건은 우리들 범부에게 연분이 있습니다. 범부는 계를 지킬 수도 없고 자애를 닦을 수도 없습니다. 나는 글자를 몰라서 대승경전을 읽을 수도 없지만, 단지 한마디 아미타불을 염하고 혹은 일생동안 한마디 나무관세음보살만 염하기만 하여도 모두 「상품상생」할 수 있습니다. 이는 선도대사께서 앞에서 말씀하신 것으로 이 경은 결정코 범부를 위해 설한 것으로 대소승에 관계없이 구품 상상품도 우리 범부에게 연분이 있음을 증명합니다. 《정토성현록》에서나 《왕생전》에서 보면 이 일에 대한 증명이 있습니다. 심지어 일생동안 우리는 수많은 염불인을 만나는데, 시골 할머니처럼 글자도 모르지만, 하루종일 염주를 쥐고서 아미타불·아미타불·아미타불 염불하면서 일체를 모두 놓아버리고, 임종시에 미리 가는 때를 앞아선 채 가기도 하고 앉은 채 가기도 합니다. 그들은 모두 상품상생입니다. 그러나 상배왕생은 우리 범부에게도 정말 연분이 있습니다. 이렇게 높은 품위에 왕생하지 못하는 것은 모두 착실히 염불하지 않고 스스로 총명을 짓고 망상·번뇌가 끊어지지 않으면 그 품위가 떨어지니, 이렇게 되는 일입니다.

그러나 4지에서 7지 이전의 보살은 그 공용이 불가사의한데, 어찌 하루 내지 칠일의 선을 빌려 연화대에서 손을 잡아주시고 영접하여 왕생하게 하시는가? 이는 곧 상상품에 반대하여 마쳤다.

然四地、七地已來菩薩 , 論其功用不可思議 , 豈藉一日七日之善、華臺授手
迎接往生也 ? 此卽返對上上竟。

[이시푼촉 스님 강기]

4지·5지·6지의 보살(대보살들)은 불가사의 공용의 힘이 있
는데 어찌 하루에서 칠일의 선행을 빌려서 부처님과 성자께서
연화대에서 손을 잡아주시고 영접하여 왕생하게 하시겠습니까?
이상으로 법사들의 상상품에 대한 판정을 파척하였습니다.

[정공 스님 강기]

이는 거꾸로 상상품을 설명합니다. 4지에서 7지 이전 보살은
하루에서 7일까지 염불의 공부를 빌려야 합니까? 아미타부처님
이 그를 접인하심을 빌려야 그의 왕생이 비로소 성취할 수 있습니
까? 그럴 필요는 없습니다. 이로 말미암아 보면 확실히 범부를
위함으로 범부에게 연분이 있음을 드러내 보였습니다.

다음은 상중품에 대해서이다. 법사들은 초지에서 4지 이전의
보살이라고 말한다. 무슨 까닭에 《관경》에서 대승경전을 수지할
필요는 없다고 하는가? 왜 필요 없다고 하는가? 독송하거나 독송하
지 않는다. 그래서 필요는 없다고 한다. 의취를 잘 이해하라 말할
뿐, 그 행지를 논하지 않는다. 인과를 깊이 믿고 대승을 비방하지
않으며, 이러한 공덕을 회향하여 왕생을 발원한다. 목숨이 다하려
할 때 아미타부처님과 화신불보살 대중께서 일시에 손을 잡아주시

어 곧 저 국토에 왕생하게 된다고 말한다. 이 경문으로써 증명하니, 또한 부처님께서 가신 후 대승 범부의 행업이 조금 약하여 임종시에 이르러 맞이하는 때에 차이가 있게 된다. 그러나 초지에서 4지 이전의 보살은 그 공용功用을 논하면 《화엄경》에서 즉 불가사의하다 말씀하셨거늘, 어찌 위제희 부인의 청을 빌어 왕생할 수 있겠는가? 상중품에 대해 반박하여 마쳤다.

> 次對上中者。諸師云是初地、四地已來菩薩者，何故《觀經》云不必受持大乘？云何名不必？或讀不讀，故名不必。但言善解，未論其行。又言深信因果，不謗大乘，以此功德回願往生。命欲終時，阿彌陀佛及與化佛菩薩大衆一時授手，即生彼國。以此文證，亦是佛去世後，大乘凡夫行業稍弱，致使終時迎候有異。然初地、四地已來菩薩，論其功用，如《華嚴經》說，乃是不可思議，豈藉韋提致請方得往生也？返對上中竟。

[이시푼촉 스님 강기]

이어서 상중품의 판정에 대응하여 반박하여 물리칩니다. 법사들은 이는 1지에서 4지 이전의 보살을 가리킨다고 말합니다. 그렇다면 왜 《관경》에서는 대승경전을 수지할 필요가 없다고 말합니까? 어떻게 "필요가 없다"고 말합니까? 바로 독송을 하거나 독송을 하지 않아, 독송이 결정되지 않음을 가리킵니다. 또한 단지 의취意趣를 잘 이해하여 제일의심第一義心[19]을 들어도 놀라거나 두려워하지 않는다 말할 뿐, 행지行持를 말함은 없습니다.

---

19) 《입능가경》에 이르시길, "과거·미래·현재의 모든 부처님·여래·응공應供·정등각正等覺의 자성自性은 제일의심第一義心이 그 성품이다." 하셨다.

또한 "인과를 깊이 믿고 대승을 비방하지 않으며, 이러한 공덕을 회향하여 왕생을 발원합니다. 목숨이 다하려 할 때 아미타부처님과 화신불보살 대중께서 일시에 손을 잡아주시어 정토에 왕생하게 된다고 말합니다. 이 단락의 경문으로써 증명하니 부처님 멸도 후의 대승범부를 가리킵니다. 행업 상으로 상상품에 비해 조금 열악하여 임종시에 현현하는 접인 경계에 차별이 생김을 초래합니다. 초지·2지·3지 보살이 자신의 공용력을 일으켜서 《화엄경》의 말씀처럼 이미 불가사의한 지경에 도달하였다 말할 뿐인데, 어찌 위제희 부인의 청함을 빌어야 왕생할 수 있겠습니까?

이상으로 법사들의 상중품에 대한 판정을 척파하였습니다.

[정공 스님 강기]

「불필不必」은 일정하지 않음을 뜻합니다. 대승경전을 수지受持할 수 있으면 당연히 좋습니다. 수受는 받아들임을 말하고, 지持는 내가 그것을 실천함입니다. 대승은 예를 들면 우리가 현재 독송하는 무량수경이 바로 대승입니다. 우리가 매일 독송하여 경전에 담긴 뜻을 잘 이해하고 경전의 가르침을 생활 가운데 응용함을 「수지」라고 합니다. 내가 마음을 일으키고 생각을 움직이는 언어 조작 모두가 부처님께서 《무량수경》에서 말씀하신 가르침과 어긋나지 않고 내가 그것을 실천함이 대승을 수지함입니다. 상중품의 사람은 수지를 하든지 수지를 하지 않든지 관계없습니다.

이는 앞쪽과 비교해서 더 쉽고 더 간단합니다. 여기 어디에 초지에서 4지 이전의 보살이어야 합니까? 이는 분명히 우리들 범부가 모두 실천할 수 있습니다. 말은 비록 이렇게 할지라도 여기서 오해가 발생할지 모릅니다. 우리가 인과에 대해 모두 다소 신심이 있는데 만약 믿음이 깊어야 한다고 말하면 꼭 그렇다고 말하지 못할지도 모릅니다. 깊이 믿으면 반드시 실천해야 하는데, 우리가 실천하지 못하면 믿음이 깊지 못함입니다. 우리는 왜 믿음이 깊지 못하다고 합니까? 사실·진상에 미혹하기 때문입니다. 마음을 일으키고 생각을 움직이는 첫 번째 생각이 자신과 밀접한 이익을 생각하면 이는 깊은 믿음이 아닙니다. 깊은 믿음이 있는 사람은 부처님께서 우리에게 우리의 이 몸은 가짜이고 진짜가 아니라 말씀해 주시면, 몸도 진짜가 아닌데 내 몸 바깥의 물건이 어찌 진짜이겠습니까?

우리는 몸과 마음의 세계에서 어느 것이 진짜인가 물어야 합니다. 부처님께서는 우리에게 인과가 진실이라고 말합니다. 우리가 얻은 이 몸은 과보의 산물로 이 신체의 용모와 건강은 정보正報에 속하고, 생활에서 누리며 일생에 만나는 것은 의보依報라고 합니다. "물 한 모금 밥 한술도 전생에 정해지지 않은 게 없다(一飮一啄 莫非前定)." 이는 사실로 아무도 뛰어넘을 수 없습니다. 진정으로 인과를 깊이 믿는 사람은 그것을 뛰어넘습니다. 어떻게 뛰어넘느냐 하면 이 몸이 내가 아님을 알아 마음을 일으키고 생각을 움직임에 사리사욕이 없고 업력이 없습니다. 업력은 「나」로부터 옵니다. 그래서 아라한은 무생無生을 증득하고 아라한은 인·아집人我執을 깨뜨려 더 이상 이 몸을 나라고 여기지 않고, 더 이상 생각을 자심自心이라고 여기지 않습니다. 그래서 업력이 그를 부릴 수 없습니다. 업력을 뛰어넘음이 바로 육도윤회를 뛰어넘음입니다. 아我가 있다면 당신은 윤회를 뛰어넘을 수 없습니다. 도리는 여기에 있습니다.

그래서 대승 극선極善의 상품범부는 그들의 사상·견해가 일반인과 다릅니다. 비록 그는 성인이 아닐지라도 보살이 아니라는 것은 말할 것도 없고, 소승인 수다원조차도 비할 바가 아닙니다. 수다원은 88품 견혹을 끊었습니다. 그래서 번뇌를 끊음에 있어 수다원에 비할 수 없습니다. 그러나 견해 상에서 그는 대승보살과 다르지 않습니다. 대승보살은 사실진상을 또렷이 이해하고 인과를 깊이 믿지만, 번뇌를 일품도 끊지 못하였습니다. 그러나 생각을 한번 굴려서 마음을 일으키고 생각을 움직여 중생을 위하고 불법을 위합니다. 당신이 그에게 왜냐고 묻는다면 그는 일체중생은 자신과 하나이지 둘이 아님을 압니다. 그래서 비록 과위가 높지 않고 범부일지라도 그의 경계와 그의 사상·행위는 대승보살과 유사합니다. 그에게는 이런 견해가 있어 마음을 일으키고 생각을 움직일 때 일체중생을 위하고 불법을 홍양합니다. 마음을 일으키고 생각을 움직일 때 불법을 홍양하고 제불보살과 상통하니, 이를 「대승극선大乘極善」이라 합니다. 그래서 복덕·지혜의 증장, 그런 광대·신속함이 모두 불가사의합니다. 그의 견해·심량·작위에 따라 그곳에서 확충하고 그곳에서 확대하여 인과를 깊이 믿습니다.

예를 들면 부처님께서 우리에게 일체 중생의 재산 즉 요즘 말로 물질적인 향유는 과보로서 어디에서 오냐 하면 재보시에서 얻는다고 하셨습니다. 당신이 재보시를 닦으면 이번 일생동안 큰 재산이 생깁니다. 전생에 닦은 재보시가 많을수록 금생에 얻는 재산이 많습니다. 전생에 법보시를 많이 하였으면 이번 일생에 총명·지혜를 얻습니다. 전생에 무외보시를 많이 하였으면 이번 일생에 건강·장수를 얻습니다. 이것이 인과입니다. 세 가지 보시는 인이고 재산·지혜·건강장수는 과보입니다. 당신이 굳게 믿어야 목숨을 걸고 할 것입니다. 왜냐하면 내가 이런 과보를 얻고 싶기 때문입니다. 원래 과보는 이렇게 얻는 것입니다. 이것을 깊이 믿으면 그는 진정으로 실천(眞幹)합니다.

부처님께서 중생을 교화하심은 중생의 근성에 다르기 때문에 부처님께서 말씀하신 방법도 같지 않아 근기를 따라 설법하여 말할 수 있는 일정한 법이 없습니다. 중생으로 하여금 괴로움을 여의고 즐거움을 얻으며, 미혹을 깨뜨리고 깨달음을 열기만 하면 모두 정법正法으로 우리는 마땅히 찬탄해야 하지, 편견이 있어서는 안 됩니다. 나는 정토를 닦고 그가 선을 닦으면 나는 선을 비방하고 정토를 찬탄하며, 자신을 찬탄하고 그를 비방합니다. 선을 배우는 사람이 선이 제일이고 다른 법문은 모두 안 된다고 하면 이는 상호 비방으로 큰 잘못입니다. 상호비방은 불법에 대한 홍전弘傳에 매우 큰 손상을 입힙니다. 불법을 접촉한 적이 없는 사람이 이 사람이 정토를 비방하는 소리를 들으면 이 사람은 선을 비방하며, "됐어. 모두 안 좋아. 나는 모두 배우지 않아. 모두 필요 없어."라고 말할 것입니다. 그래서 수많은 중생이 이번 일생에 학불하는 기연을 끊어버리고 다른 사람의 법연을 단절하니, 이는 책임을 져야 합니다. 그래서 대승을 비방해서는 안 되고, 대승불법에 대해 모두 찬탄하고 찬양해야 합니다.

다음은 상배하품에 대해서이다. 법사들은 종성 이상 초지 이전의 보살이라 말한다. 무슨 까닭에 《관경》에서 이르시길, 또한 인과를 믿는다고 하셨는가? 왜 또한 믿는다 하셨는가? 상품과 같은 깊은 믿음인 까닭에 '또한' 이라 하셨다. 또한 말하길, 대승을 비방하지 말고, 다만 위없는 도의 마음을 발할 뿐이라 하셨다. 오직 이 일구만 정업으로 삼고, 더 이상 나머지 선은 없다. 이 일행一行을 회향하여 왕생을 발원하고 구한다. 목숨이 다하고자 할 때 아미타부 처님과 화신 불보살 대중이 일시에 손을 잡아주시고 곧 왕생하게 된다. 이 경문으로써 증명하나니, 오직 부처님께서 가신 후 일체 대승심을 발한 중생은 행업을 억지로 닦지 않고 갈 때 이르러 맞이하는 때 차이가 있게 된다. 이 위 중 보살의 세력을 논하면 시방정토에 마음대로 왕생하거늘 어찌 위제희 부인이 그를 위해 부처님께 청함을 빌어 서방극락국토에 왕생하길 권하겠는가? 상하 품에 대해 반박하여 마쳤다.

次對上下者。諸師云是種性以上至初地已來菩薩者，何故《觀經》云亦信因果？云何亦信？同上深信，故名爲亦。又言不謗大乘，但發無上道心。唯此一句以爲正業，更無余善。回斯一行求願往生。命欲終時，阿彌陀佛及與化佛菩薩大衆一時授手，即得往生。以斯文證，唯是佛去世後，一切發大乘心衆生，行業不強，致使去時迎候有異。若論此位中菩薩力勢，十方淨土隨意往生，豈藉韋提爲其請佛，勸生西方極樂國也？返對上下竟。

[이시푼촉 스님 강기]

연이어 다시 상하품의 판정에 대해 반박하여 물리치십니다. 법사들은 이는 종성(삼현위) 이상 초지 이전의 보살이라고 말합니다. 그렇다면 왜《관경》에서는 "또한 인과를 믿는다" 하겠습니까? "또한 믿는다" 함은 바로 상품의 깊은 믿음을 가리킴을 알아야 합니다. 그래서 "또한"이라 하십니다. 아울러 대승을 비방하지 말고 다만 위없는 보리심을 일으키며, 이 일구만 그것의 정업일 뿐, 더 이상 다른 선업은 없다고 말합니다. 이 선행의 공덕을 회향하여 왕생을 발원하고 구하면, 목숨이 다할 때 이르러 아미타부처님과 화신 불보살 대중이 일시에 손을 잡아주시고 정토에 왕생하게 됩니다.

이 단락의 경문으로써 증명하니, 이는 오직 부처님께서 가신 후 일체 대승심을 발한 중생은 그 행업을 억지로 닦지 않음으로 말미암아 정토에 갈 때 이르러 나타나는 접인의 모습이 다르게 됩니다. 그리고 종성 이상 보살의 세력은 그들이 마음대로 시방정토에 왕생할 수 있는데, 어찌 위제희 부인이 부처님께 청함을 빌어 극락세계를 권유하겠습니까? 이상으로 법사들의 상하품에 대한 판정을 척파하였습니다.

[정공 스님 강기]

실제로 상품중생의 깊은 믿음을 지닌 사람은 많지 않습니다. 「또한 믿는다」는 것은 그도 믿지만 믿음의 깊이가 부족한 것입니다. 바꾸어 말하면 그도 복을 닦을 줄 알지만 전심을 쏟지 못하고 부수적으로 약간 실천합니다.

「오직 이 일구」는 바로 한마디 아미타불입니다. 그도 위없는 마음을 발하지만 이 위없는 마음은 이번 일생 동안 극락세계에 태어나길 구하겠다고 결심함입니다. 인간이 매우 괴로움을 알아 내생에 더 이상 육도윤회를 원치 않고 한마음 한뜻으로 정토에 태어나길 구하여 한마디 부처님 명호로 철저함이 바로 상품하생이 수학하는 모습입니다. 우리는 이 경문을 읽으면 정말 서방극락세계에 왕생하는 신심이 확실히 증장합니다. 우리에게 상상품 상중품은 어렵지만, 상품하생은 우리에게 곤란한 편은 아니어서 매우 희망이 있습니다. 이는 정말입니다. 그래서 선도대사께서 우리에게 주신 은덕은 너무나 큽니다.

[경에 이르시길, 또한 인과를 믿고, 대승을 비방하지 말며, 다만 위없는 도의 마음을 발할 뿐이라 하셨다]

상배하품도 염불하여 성불하는 인과를 믿습니다. 상배 상중처럼 믿음이 깊지는 않지만, 그도 믿고 대승을 비방하지 않습니다.

[오직 이 일구만 정업으로 삼고 더 이상 나머지 선은 없다]

이 「일구一句」는 바로 명호입니다. 하루 종일 아미타불·아미타불 염불할 뿐입니다. 이 한마디 아미타불이 바로 그에게 진정한 사업입니다. 매일 하는 일은 이 일이고 이것이 그의 「정업正業」입니다. 그가 하는 다른 일은 부업으로 부수적으로 하는 일입니다. 우리 현대인은 자신의 행업을 정업으로 삼고 염불을 부업으로 삼습니다. 이는 옳지 않고 차이가 현저합니다. 반드시 이번 일생 동안 염불하여 정토에 태어나길 구하는 일을 정업으로 삼아야 합니다. 일생동안 이 일이 제일의 대사이고 나머지 다른 사업은

모두 부수적으로 하는 일입니다. 이러한 관념을 반드시 확립해야
합니다.

[이 일행을 회향하여 왕생을 발원하고 구한다]

「일행一行」은 일심으로 아미타불을 전념하는 것입니다. 이 공덕을
회향하여 왕생을 구하면 됩니다. 이것이 상배삼품으로 왕생하는
길입니다.

곧 이 삼품은 갈 때 차이가 있는데, 어떤 차이를 말하는가?
상상품은 갈 때 부처님과 무수한 화신불이 일시에 손을 잡아주신다.
상중품은 갈 때 부처님과 일천 화신불이 일시에 손을 잡아주신다.
상하품이 갈 때 부처님과 오백 화신불이 일시에 손을 잡아주신다.
바로 업에 강약이 있어 그 차별이 있게 된다.

即此三品去時有異 , 云何異？上上去時 , 佛與無數化佛一時授手。上中去
時 , 佛與千化佛一時授手。上下去時 , 佛與五百化佛一時授手。直是業有
强弱 , 致使有斯差別耳。

[이시푼촉 스님 강기]

상배삼품인이 정토에 갈 때 나타나는 경계상에는 차이가 있습
니다. 어떻게 차이가 있습니까? 상상품으로 갈 때 현현하는
장면은 부처님과 무수한 화신불이 일시에 손을 잡아주십니다.
상중품인이 가는 때에 현현하는 장엄은 부처님과 일천 화불이
일시에 손을 잡아주십니다. 상하품인이 갈 때 나타나는 장면은
부처님과 오백 화신불이 일시에 손을 잡아주십니다. 이는 왜냐하

면 인지因地에서 닦은 정업에 강약이 있어 임종시 현현하는 과상果相에 이러한 차별이 있게 됩니다.

[정공 스님 강기]

[바로 업에 강약이 있어 그 차별이 있게 된다]

[청화] 아미타부처님께서 맞이하러 오실 때 부처님께서 수행인의 공부 경계에 따라 대우가 불평등하실까? 이런 관념이 결코 있을 수 없습니다. 왜냐하면 그것은 우리의 망상이고 부처님의 뜻이 아니기 때문입니다. 우리가 보는 경계는 자기 업력에 감응도교感應道交한 것임을 알아야 합니다. 부처님께서는 분별하는 마음이 없습니다. 마치 불당 앞에서 이 큰 경쇠 목어가 분별심이 없어 우리가 가볍게 두드리면 소리가 작고, 무겁게 두드리면 소리가 큰 것과 같습니다. 그래서 우리가 왕생할 때 부처님께서 접인하시는 마음은 청정하여 생각이 없고 완전히 자신이 느끼는 힘의 강약에 달려 있습니다. 우리가 느끼는 힘이 강하면 부처님도 많아 보이고, 우리가 느끼는 힘이 약하면 부처님도 적어 보입니다. 이렇게 저절로 되는 현상입니다. 상배삼품의 사람은 모두 석가모니부처님께서 멸도하신 후 심량이 청정하고 광대한 사람으로 이 법문을 만나 이 법문에 따라 수학하여 얻는 감응입니다.

다음은 중배삼인에 대해서이다. 법사들은 중상품은 소승삼과라고 말한다. 무슨 까닭에 관경에 이르시길, 만약 중생이 오계 팔재계를 수지하고 일체 계를 수행하여 오역을 짓지 않고 온갖 허물이 없으면 목숨을 마치려할 때 아미타부처님과 비구 성중이 광명을 놓고 설법하며 그 사람 앞에 나타나서 이 사람이 친견하고 곧 왕생한다 하겠는가? 이 경문으로써 증명하니, 즉 부처님께서 가신 후 소승계를 지키는 범부이거늘 어찌 소승의 성인이겠는가?

次對中輩三人者。諸師云中上是小乘三果者 , 何故《觀經》云 , 若有衆生受持五戒、八戒 , 修行諸戒 , 不造五逆 , 無衆過患 , 命欲終時 , 阿彌陀佛與比丘聖衆 , 放光說法 , 來現其前 , 此人見已 , 即得往生？以此文證 , 乃是佛去世後 , 持小乘戒凡夫 , 何小聖也？

[이시푼촉 스님 강기]

그 다음은 중배삼인의 판정에 대해 척파하십니다. 법사들은 중상품은 소승삼과의 성인을 가리키는데 왜《관경》에서는 설하길, "만약 어떤 중생이 오계·팔재계를 수지하고 일체 계를 수행하며, 전혀 오역을 짓지 않고 온갖 수많은 허물이 없이 그들이 임종시에 아미타부처님과 비구 성중이 광명을 놓고 설법하며 그들 앞에 나타나리니, 이들은 친견한 후 왕생할 수 있다." 하셨겠습니까? 이 단락의 경문으로써 증명합니다. 이는 부처님께서 멸도하신 후 소승계를 지키는 범부를 가리키는 것이니, 어찌 소승의 성인이겠습니까?

[정공 스님 강기]

부처님께서《관경》에서 말씀하신 뜻은 상배삼품은 대승 범부이고, 중배삼품은 소승 범부입니다. 요즘 말로 대승 범부의 심량은 개방적이지만 소승 범부의 심량은 보수적으로 계율에 대해 어떻게 수지하여야 하는지 사소한 것까지 헤아려서 완전히 상에 집착합니다. 대승 범부는 비교적 개방적이어서 이들 사상을 세세하게 따지지 않아서 차이가 현저합니다.

하배삼품은 하품상생·하품중생·하품하생으로 지은 죄업이 매우 많은 사람입니다. 이러한 사람은 임종시 선지식을 만나 그들을 권유하는 즉시 생각을 돌려 염불하여 왕생을 구합니다. 그래서 서방극락세계 삼배구품은 모두 다 범부를 위해 설한 것입니다. 이는 지계를 말한 것으로 즉 우리가 늘 말하는 지계염불입니다. 계율을 매우 청정하고 근엄하게 지켜서 허물을 짓지 않는 사람이 왕생하면 중품상생입니다.

소승계를 지키는 범부는 염불 회향하여 정토에 태어나길 구하여 일생동안 계를 매우 청정하게 지킵니다. 왜 계율이 엄정한데 왕생의 품위가 앞쪽 사람에 못 미치느냐 하면 계율을 엄정히 지킴은 완전히 자신을 이롭게 함으로 남을 이롭게 하는 공덕이 없습니다. 당신의 심량이 작아서 염념마다 자신을 이롭게 하지만, 심량이 열려서 일체중생을 이롭게 함이 없어 공덕의 이익이 같지 않습니다.

용서 거사는 사람들에게 염불을 권하면서 대자보살의 게송을 인용하였습니다. 만약 두 사람에게 염불을 권하면 자신이 정진하는 것과 같습니다. 십여 명에게 염불왕생을 권할 수 있으면 그가 바로 참 보살입니다. 일만 사람에게 권할 수 있으면 당신은 아미타 부처님이 화신으로 오신 것입니다. 당신이 이 뜻을 잘 알면 이 공덕이 계율을 엄정하게 수지하는 것과 같으며, 당신이 얼마나 많은 사람을 이롭게 하는지, 얼마나 많은 사람을 도와 부처가 되게 하는지 알 것입니다.

일체 대승법 중에 오직 정토법문만이 현대인의 근기에 가장 잘 맞습니다. 현대인이 이 법문을 수학하면 정말 만 사람이 닦아 만 사람이 왕생하여 한 사람도 헛되지 않으니, 이것이 바로 진실한 이익이라고 말할 수 있습니다. 다른 대승법문은 수학하여 성취를 볼 수 없습니다. 왜냐하면 일체법문은 모두 미혹과 번뇌를 끊어야 증득할 수 있기 때문입니다.

번뇌를 끊어야 한다고 말하면 그것은 쉬운 일이 아닙니다. 번뇌를 남김없이 끊을 수 없으면 결코 윤회를 벗어날 수 없습니다. 그래서 일체 대승법문은 모두 번뇌를 끊어야 뛰어넘을 수 있습니다. 번뇌를 끊을 능력이 없이 일체 대승법문을 수학하면 단지 아뢰야식에 대승 종자를 많이 심었을 뿐, 이번 일생에는 싹을 틔우고 꽃을 피워 열매를 맺을 수 없습니다. 오직 정토법문만이 이번 일생에 꽃을 피우고 열매를 맺어 원만히 성취할 수 있습니다.

이를 통해서 정토법문을 선전하고 추천하면 그 공덕은 일체 다른 대승법에 비교해 견줄 수 없음을 알 수 있습니다. 그래서 정토법문의 전수전홍專修專弘은 이익이 무량무변입니다. 이러한 이익은 부처님께서 《무량수경》에서 말씀하신 것처럼 제불께서 명료하게 이해하는 것을 제외하고 구계 중생은 모두 이 공덕이 얼마나 큰지 제대로 이해할 수 없습니다. 우리는 스스로 수행하면서 이 공덕을 잘 모르지만 흔적은 그나마 볼 수 있어 하면 할수록 기쁘고 반드시 이익이 있습니다.

이익이 없다면 어떻게 하면 할수록 기쁘겠습니까? 진실로 전수 전홍하는 사람은 하면 할수록 기쁘고 즐거우며, 하면 할수록 몸이 건강하니, 이것은 화보花報로 눈앞의 과보입니다. 할수록 가정이 행복하고 사업이 순조롭게 풀리니, 이것이 현전하는 감응입니다.

[청화] 「소승계를 지키는 범부」로 이 사람은 중품왕생합니다. 이 사람은 계를 매우 엄격히 지키면서 염불하여도 중품왕생인데, 시골 할머니는 계율을 지키지도 않아 보이고 하루종일 아미타불, 아미타불 염할 뿐인데 상품왕생합니까? 상품왕생하는 이의 심량은 크고 분별·집착이 없지만, 중품왕생하는 이의 심량은 작아서 집착이 있음을 알아야 합니다. 나는 계율을 엄격히 지키는데, 저 사람은 계율도 지키지 않아 나보다 못하고 내가 그보다 낫다고 생각합니다. 계율을 엄격히 지키는 것 말고 다른 일에는 마음이 청정하지 못하고, 대승의 심량을 지닌 사람처럼 마음이 청정하지 않습니다.

시골 할머니는 비록 계를 지키지 않아도 계행을 구족하고 있습니다. 한마디 아미타불로, 염념마다 아미타불로 망상을 짓지 않고 나쁜 일을 하지 않습니다. 계율은 모든 악을 짓지 않고 온갖 선을 받들어 행하는 것으로, 하루종일 아미타불을 염하는 사람은 바로 모든 악을 짓지 않고 온갖 선을 받들어 행합니다. 그래서 계율 하나하나에 집착할 필요도 없고 모두 다 청정합니다. 그래서 이 사람은 상품왕생합니다.

중품왕생은 어떻습니까? 계율을 매우 중시하고 신경을 써서 반드시 계를 청정히 지켜야만 중배왕생 합니다. 이치가 여기에 있습니다. 왕생할 때의 감응은 아미타부처님께서 수많은 부처님과 함께 내영하시지 않습니다. 왜냐하면 당신은 계율을 중시하여 계를 매우 엄격히 지키기 때문입니다. 소승 비구 성자도 계율에 매우 신경을 쓰고 중시합니다. 그래서 아미타부처님께서 당신을 접인하러 오실 때 당신과 마찬가지로 계율에 매우 엄격한 비구승이 함께 당신을 맞이하러 옵니다.

중중품의 경우 법사들은 견도見道하기 이전 내범內凡이라 말하는데, 무슨 까닭에 《관경》에서는 만 하루 계를 수지하여 회향하고 왕생을 발원하며 목숨이 마치려할 때 부처님을 친견한 즉 왕생할 수 있다고 말하겠는가? 이 경문으로써 증명하니, 어찌 내범인內凡人이라 말하겠는가? 단지 부처님께서 가신 후 선행이 없는 범부가 수명이 만 하루 연장하여 우연히 작은 기연을 만나 그 작은 계를 전수하고 회향하여 왕생을 발원한다. 부처님의 원력으로써 곧 왕생할 수 있다.

中中者 , 諸師云見道已前內凡者 , 何故《觀經》云 , 受持一日一夜戒 , 回願往生 , 命欲終時 , 見佛即得往生 ? 以此文證 , 豈得言是內凡人也 ? 但是佛去世後無善凡夫 , 命延日夜 , 逢遇小緣 , 授其小戒 , 回願往生。以佛願力 , 即得生也。

[이시푼촉 스님 강기]

중중품의 지위에 대해 법사들은 견도見道 이전의 내범內凡이라 말합니다. 그렇다면 왜 《관경》에서는 "만 하루 계를 수지하여 닦은 바 공덕을 회향하고 왕생을 발원하여 목숨이 다할 때 이르러 부처님을 친견하면 왕생할 수 있다" 말하겠습니까? 이 단락의 경문으로써 증명하니, 어디에 내범인內凡人이라 말할 수 있겠습니까? 이는 오직 부처님께서 멸도하신 후 선행이 없는 범부가 왕생할 때 평범하게 지내며 우연히 작은 법을 만난 인연으로 그에게 작은 계를 전수하여 주어서 만 하루의 계를 수지하고 회향하여 왕생을 발원하게 합니다. 부처님 원력의 섭지攝持를 얻은 연고로 정토에 왕생하게 됩니다.

[정공 스님 강기]

만 하루 계를 수지함은 팔관재계八關齋戒입니다. 본경에서 대사께서는 팔관재계의 수수授受·수지受持를 매우 또렷하게 말합니다. 「만 하루」는 시간이 짧지만 하루 종일 마음이 매우 맹렬합니다. 국외에서 동수 몇 분을 보았는데, 그들은 평상시 일이 바빠 수행할 시간이 없어 독송·염불은 고사하고 심지어 아침·저녁으로 십념十念도 할 시간이 없을 정도로 바쁩니다. 그는 어떻게 닦는가 하면 매월 하루 혹은 이틀 틈을 이용해 우리가 불칠佛七을 닦는 것처럼 하루 종일 혹은 이틀 꼬박 염불하거나 1개월에 한번 닦는데, 그는 이런 부류에 속합니다. 《관경》에서 말하는 중품중생과 상응하는데, 이는 환경의 핍박에 부득이한 것입니다. 선도대사께서는 이는 부처님께서 가신 후의 소선범부이라고 말합니다.

부처님의 원력은 바로 《무량수경》에서 말하는 48원에서 제18원과 상응합니다. 그래서 반드시 왕생할 수 있습니다.

소승을 논하자면 정토에 가도 장애가 없다. 그러나 이《관경》은 부처님께서 범부를 위해 설한 것으로 성인과 상관없다.

若論小聖 , 去亦無妨。但此《觀經》, 佛爲凡說 , 不幹聖也。

[이시푼촉 스님 강기]

만약 소승의 성인이 정토에 가서 태어난다면 아무런 방해가 없습니다. 그러나 이《관경》은 부처님께서 범부를 겨냥해 선설하신 것으로 전혀 성인의 일과 관계없습니다.

중하품의 경우 법사들은 소승 내범內凡 이전 세속범부로 오직 세상의 복을 닦아 출리出離를 구한다 말한다. 무슨 까닭에 관경에 이르길, 어떤 중생이 부모님께 효순 봉양하고 세간의 인자함을 행하여 목숨이 다하려고 할 때 선지식을 만나 저 부처님 국토의 즐거운 일과 48원 등을 설해 이 사람이 듣고서 곧 저 국토에 왕생하겠는가? 이 경문으로 증명하지만 불법을 만나지 못한 사람은 비록 효순 봉양을 행할지라도 또한 출리를 희구하는 마음이 있어 줄곧 임종시에 선지식을 만나 왕생할 것을 권하니, 이 사람의 권유로 인해 마음을 돌린 즉 왕생할 수 있다. 또한 이 사람은 세간에서 저절로 효를 행하여도 출리를 위하는 연고가 아님에도 효도를 행한다.

中下者 , 諸師云小乘內凡已前 , 世俗凡夫唯修世福求出離者。何故《觀經》

云：若有眾生孝養父母 ，行世仁慈 ，命欲終時 ，遇善知識 ，爲說彼佛國土樂事、四十八願等 ，此人聞已 ，卽生彼國？以此文證 ，但是不遇佛法之人 ，雖行孝養 ，亦未有心希求出離 ，直是臨終遇善勸令往生 ，此人因勸 ，回心卽得往生。又此人在世自然行孝 ，亦不爲出離故行孝道也。

[이시푼촉 스님 강기]

중하품 지위의 판정에 대해 법사들은, 이는 내범 이전 세속의 범부로 세상에 있을 때 오직 세간의 복을 닦아 출리를 희구한다고 말합니다. 그렇다면 왜《관경》에서 "만약 중생이 부모님께 효순 봉양하고 세간의 인자함을 행지하여 목숨이 다할 때 이르러 선지식을 만나 서방극락세계 아미타부처님의 즐거운 일과 부처님의 48원 등을 강술함을 이 사람이 듣고 난 후 서방극락에 태어난다." 하시겠습니까?

이 단락의 경문으로써 증명하니, 이는 오직 생시에 불법을 만난 적이 없는 사람은 비록 효순·봉양의 선행을 행지할 지라도 출리出離를 희구하는 마음이 없어, 단지 선지식이 그에게 왕생을 권유하여 그의 권유와 인도로 마음을 바꾸어 서방극락을 취향하면 곧 왕생할 수 있습니다. 게다가 이 사람이 세상에 있을 때 저절로 효를 행하여도 생사를 벗어나는 목적이 아닌 효도를 행합니다. 그래서 상대방이 "구출리자求出離者"이 네 글자를 말하는 것과 경문은 맞지 않습니다.

[정공 스님 강기]

이 부류는 중품하생에 속합니다. 원래 이 사람은 불법을 만나지 않아 근본적으로 수행을 알지 못하지만 세간의 선인, 세간의 좋은 사람으로 임종시 선지식을 만나 염불왕생을 권하는 법문을 들으면 그가 믿고서 받아들여 왕생하면 중품하생입니다. 이로써 우리는 중품하생 이상의 선인은 죄업을 지은 적이 없는 사람임을 분명히 알 수 있습니다. 하배삼품은 바로 죄업을 지은 사람입니다.

다음은 하배 삼인에 대한 경우이다. 법사들은 이들은 대승을 배우기 시작한 범부로 과실의 경중을 따라 삼품으로 나뉜다고 말하는데, 도위가 아직 없어 수행의 계위를 가리키기 어렵다.

次對下輩三人者。諸師云此等之人乃是大乘始學凡夫 , 隨過輕重分爲三品 , 未有道位 , 難辨階降者。

[이시푼촉 스님 강기]

이어서 하배 삼인의 판정에 대응해 하나하나 척파합니다. 법사들은 이들이 모두 대승을 배우기 시작한 범부로 범한 과실의 경중에 따라 삼품으로 나뉜다고 말하는데, 도위道位가 전혀 없어 그가 머무는 계위를 분명히 가리키기 어렵습니다.

그렇지 않다. 왜 그런가? 이 하배 삼품인에게는 불법 · 세속의 두 가지 선근이 없고 오직 악행만 지을 줄 알 뿐이다. 무엇으로 알 수 있는가? 하품상생의 경문에서 말씀하시길, 다만 오역죄와 정법을 비방하는 죄를 짓지 않을 뿐 나머지 온갖 악을 다 지으면서도 내지 일념에 부끄러워하는 마음이 없다. 목숨이 마치려 할 때 만난 선지식이 대승을 설하고 소리 내어 부처님을 부르라고 가르친다. 이때 아미타부처님께서 곧 화신불보살을 보내어 이 사람을 맞이하여 곧 왕생할 수 있다. 그러나 이 악인의 눈길이 닿는 것은 모두 (죄업을 짓지만) 선연을 만나면 곧 왕생할 수 있고, 선연을 만나지 못하면 삼악도에 결정코 들어가 벗어나지 못한다.

將謂不然。何者？此三品人無有佛法、世俗二種善根，唯知作惡。何以得知？如下上文說，但不作五逆謗法，自余諸惡悉皆具造，無有慚愧，乃至一念。命欲終時，遇善知識爲說大乘，教令稱佛一聲。爾時阿彌陀佛卽遣化佛菩薩來迎此人，卽得往生。但如此惡人觸目皆是，若遇善緣，卽得往生，若不遇善，定入三途，未可出也。

[이시푼촉 스님 강기]

척파하면 이러한 판정은 옳지 않습니다. 왜냐하면 이 삼품인은 근본적으로 불법과 세속의 두 가지 선근이 없고, 평생 악행만 지을 줄 알 뿐입니다. 이에 대해 경문에서는 뚜렷한 설명이 있습니다. 예컨대, 하품상생의 경문에서는 이르시길, "단지 오역과 정법을 비방하는 죄를 지음이 없을 뿐, 다른 악행을 짓지 않음이 없다. 게다가 악행을 지을 때 일념도 부끄러워하는 마음이 없다. 목숨이 다할 때 이르러 만난 선지식이 그에게 대승을 강설하고 그에게 한번 소리 내어 부처님을 부르라고 가르친다. 당시 아미타부처님께서 화신불·화신보살을 보내어 이 사람을 마중하여 접인하고 그에 따라 곧 정토에 태어나게 된다."하셨습니다. 이처럼 악인의 눈길이 닿는 것은 모두 죄업을 짓지만 만약 선연을 만나면 왕생할 수 있고, 선연을 만나지 못하면 결정코 삼악취에 떨어져 머리를 내밀 날이 오기 어렵습니다.

[정공 스님 강기]

이들은 지은 바 죄업이 가벼운 사람입니다. 오역죄를 짓지 않고 불법을 비방한 죄를 짓지 않았기 때문입니다. 「오역방법五逆謗法」은 가장 무거운 죄로 이 죄를 지으면 지옥에 떨어집니다. 다시 말해 하배삼품의 사람은 왕생할 수 없으면 삼악도에 떨어집니다. 이런 부류의 사람은 지옥에 떨어지지 않으면, 아귀에 떨어지고 축생에 떨어지는 사람입니다.

현대 사회를 냉철하게 관찰하면 이는 실제로 사회 현상을 총설한 것입니다. 우리가 마음을 일으키고 생각을 움직이는 것이 모두 악업을 짓는데 있습니다. 정말 불법을 비방하지 않고 오역죄를 짓지 않지만, 이런 중죄를 짓지 않는 것을 제외하고 다른 죄는 정말 언제나 범하고 있습니다. 비록 죄를 범할지라도 정토법문을 만나면 구제할 길이 있습니다. 비록 물에 빠져도 배를 만나 손으로 배를 잡으면 목숨을 보호하고 머물 수 있습니다.

하품중생의 경우 이 사람은 먼저 불계를 받지만, 받아도 지키지 않고 곧 파괴한다. 또한 상주승물常住僧物·현전승물現前僧物을 훔치고, 청정하지 않은 설법을 하면서 내지 일념도 부끄러워하는 마음이 없다. 목숨이 마치려 할 때 지옥의 온갖 불이 일시에 몰려들어 그 앞에 나타난다. 곧 지옥 불을 보려 할 때 곧 선지식이 나타나 그를 위해 저 불국토의 공덕을 설하고 왕생하도록 권한다. 이 사람은 이를 듣고서 곧 부처님을 친견하고 화신을 따라 왕생한다. 처음에는 선인을 만나지 못해 지옥불이 와서 맞이하지만, 나중에는 선인을 만난 연고로 화신불이 와서 맞이하니, 이는 모두 아미타부처님 원력에 의지한 연고이다.

下中者 , 此人先受佛戒 , 受已不持 , 卽便毀破。又偸常住僧物、現前僧物 , 不淨說法 , 乃至無有一念慚愧之心。命欲終時 , 地獄衆火一時俱至 , 現在其前。當見火時 , 卽遇善知識 , 爲說彼佛國土功德 , 勸令往生。此人聞已 , 卽便見佛 , 隨化往生。初不遇善 , 獄火來迎 , 後逢善故 , 化佛來迎 , 斯乃皆是彌陀願力故也。

[이시푼촉 스님 강기]

이어서 하품중생의 상황을 해석합니다. "이 부류의 사람은 먼저 불계를 받지만 지키지 않고 뒤이어 파괴한다. 게다가 상주승물·현전승물을 훔치고 삿된 생계를 설법하고 내지 일념도 부끄러워하는 마음이 없다. 그들이 빨리 임종할 때에 이르러 지옥의 온갖 불이 일시에 마음 앞에 나타난다. 곧 지옥불을 볼 때 선지식이 나타나 그에게 아미타부처님 국토의 공덕을 강술하고 왕생할 것을 권유한다. 그가 듣고서 믿은 후 곧 부처님을 친견하고 화신불을 따라 정토에 태어나게 된다." 하셨습니다. 처음에는 선인을 만나지 못해 지옥불이 이미 눈앞에 있지만, 이어서 선인을 만난 연고로 화신불이 와서 마중하여 접인하니, 이는 완전히 아미타부처님 원력에 의지한 연고입니다.

[정공 스님 강기]

「부정설법不淨說法」은 명성과 이익을 탐하면서 설법함을 말합니다. 설법하는 마음이 청정하지 않아 명성과 이익을 내려놓지 못합니다. 설법은 본래 중생을 이롭게 하는 것인데, 설법하면서 먼저 돈을 얼마나 거둘지 그 값을 이야기합니다. 아무런 댓가 없이 설법하면 공덕은 무량하니, 이것이 청정한 설법입니다.

보살 상인은 보통 상인과 달리 각자의 행업에 응화하여 어떻게 하면 그의 사업이 홍법하고 중생을 이롭게 할 것인지, 어떻게 하면 그의 사업에서 두루 인연을 맺을 수 있을 것인지 생각합니다. 보통 상인은 단지 자신의 작은 이익만 세세히 따질 뿐입니다. 그것은 한계가 있어 과거 생에 복보로 복을 다 누리면 사라집니다. 그래서 많은 부자들이 자신의 재산을 이삼대를 지키지 못하고 심지어 자신의 말년에도 지키지 못합니다. 그는 이번 생에 복을 다 누려 없애고, 이번 생에 다시 복을 심지 않습니다. 보시는 복을 심는 것입니다. 복을 닦고 복을 심으며 복을 쌓으면 이 복보는 영원히 다 누리지 못할 정도로 이어집니다. 이러한 이치를 분명히 알아야 합니다.

하품하생의 경우 불선업을 지어 오역십악 등 여러 불선을 갖춘다. 이 사람은 악업을 지은 연고로 결정코 지옥에 떨어져 다겁토록 궁진함이 없다. 목숨이 마치려 할 때 만난 선지식이 아미타불을 부르라 가르치고 왕생하길 권한다. 이 사람은 가르침대로 칭불하여 불념佛念에 올라타 곧 왕생한다. 이 사람이 선인을 만나지 못하면 반드시 무간지옥 아래로 가라앉는다. 임종시 선인을 만남으로 말미암아 금빛 연꽃이 와서 맞이한다.

下下者 , 此等衆生作不善業 , 五逆十惡 , 具諸不善。此人以惡業故 , 定墮地獄 , 多劫無窮。命欲終時 , 遇善知識 , 敎稱阿彌陀佛 , 勸令往生。此人依敎稱佛 , 乘念卽生。此人若不遇善 , 必定下沈。由終遇善 , 金蓮來迎。

[이시푼촉 스님 강기]

다시 하하품의 상황을 해석합니다. "이 부류 중생은 생전에 불선업을 지어 오역십악 등 악을 짓지 않음이 없다. 악업을 지은 연고로 결정코 지옥에 떨어져 다겁토록 무궁무진하게 괴로움을 겪는다. 그가 빨리 목숨이 다하려 할 때 선지식이 나타나 그에게 아미타불을 칭념하도록 가르쳐 왕생하길 권유한다. 그는 가르침에 의지해 부처님 명호를 칭념하여 불념佛念에 올라타 정토에 왕생하게 된다." 하셨습니다. 이러한 사람은 만약 선지식을 만나지 못하면 결정코 지옥에 떨어집니다. 단지 그가 임종시 선지식을 만나 칭불稱佛한 연고로 금연화가 나타나 그를 마중하여 접인합니다.

그러나 이 세 부류 사람은 순전히 악을 지은 범부로 불법·세속의 두 가지 선근이 없어 대승을 배우기 시작한 범부라고 판정할 수 없습니다.

[정공 스님 강기]

이 사람은 악업을 전부 짓습니다. 「오역五逆」은 아버지를 죽이고, 어머니를 죽이고, 아라한을 죽이고, 부처님 몸에 피를 내게 하고,

승단의 회합을 깨뜨리는 죄입니다. 「십악十惡」은 바로 살생·도둑질·삿된 음욕·거짓말·험한 말·이간질하는 말·탐·진·치·교만으로 이들 악을 모두 다 갖추면 결정코 아비지옥에 떨어집니다.

아미타부처님의 본원공덕은 진실로 불가사의하여 극악한 죄업도 모두 제도할 수 있습니다. 게다가 서방극락세계에 태어나 사토·삼배·구품으로 평등한데 이것이 진정으로 불가사의합니다. 일체 경전에는 이런 설법은 없고, 시방 일체제불세계에도 이런 현상은 없습니다. 오직 서방극락세계만이 특별하여 평등세계입니다. 비록 품위가 매우 낮아 하하품이지만, 의보와 정보는 상상품과 같이 누려 동등한 대우를 받습니다. 그래서 이 법문은 진실로 오직 부처님과 일체 제불만이 바야흐로 구경究竟일 수 있습니다. 구법계의 범부와 성인이 만약 부처님 위신력의 가지加持가 아니라면 이해할 수 없습니다.

또한 이 《관경》에서 정선·산선 및 삼배상하 경문의 뜻을 보면 총체적으로 부처님께서 가신 후 오탁악세의 범부는 단지 선연을 만남에 차이가 있어 구품의 차별을 초래하게 된다. 왜 그러한가? 상품삼인은 대승을 만난 범부이고, 중품삼인은 소법을 만난 범부이며, 하품 삼인을 악연을 만난 범부이다. 악업을 지은 까닭에 임종시 선연을 빌어 부처님의 원력을 올라타 왕생하고, 저 국토에 이르러 연꽃이 피어야 비로소 발심을 시작하니, 어찌 대승을 배우기 시작하는 사람이라 말하겠는가? 만약 이러한 견해를 짓는다면 자신을 잃어버리고, 타인을 잘못 인도하여 그 폐해가 더욱 심하다. 지금 경문을 하나하나 들어 뚜렷하게 증명하니, 이는 지금 이때 선악범부로 하여금 구품의 이익에 모두 젖도록 하기 위함으로, 의심없이 믿음을 일으켜 부처님의 원력에 올라타면 모두 왕생할 수 있다.

又看此《觀經》定善及三輩上下文意，總是佛去世後，五濁凡夫，但以遇緣有異，致令九品差別。何者？上品三人是遇大凡夫，中品三人是遇小凡夫，下品三人是遇惡凡夫。以惡業故，臨終藉善，乘佛願力乃得往生，到彼華開，方始發心，何得言是始學大乘人也？若作此見，自失誤他，爲害玆甚。今以一一出文顯證，欲使今時善惡凡夫同沾九品，生信無疑，乘佛願力，悉得生也。

[이시푼촉 스님 강기]

게다가 《관경》에서 정선·산선과 삼배상하 경문의 함의를 보면 총체적으로 부처님께서 열반하신 후 오탁악세의 범부는 단지 선연을 만남에 차이가 있어 구품의 차별을 초래하게 됨을 가리킵니다.

이 뜻을 말하면, 상품의 삼류인은 대승법을 만난 범부입니다. 중품의 삼류인은 작은 법을 만난 범부로 이 작은 법은 소승법과 인천의 선법 두 가지 상황을 포괄합니다. 하품의 삼류인은 악법을 만난 범부입니다. 왜냐하면 그들은 평생 단지 악업만 지었지만, 임종시 염불 등의 선근에 의지해 부처님의 원력에 올라타 왕생할 수 있고 극락세계에 태어나 연꽃이 핀 후 비로소 보리심을 발하기 시작하니, 어떻게 그들을 대승을 배우기 시작한 사람이라 판단할수 있겠습니까? 만약 이 같은 견해를 짓는다면 자신만 그르칠뿐만 아니라 다른 사람도 오도하여 매우 큰 재난이 발생합니다.

현재 여기서 경문을 하나하나 들어서 또렷하게 증명하니, 이는오늘날의 선악범부로 하여금 모두 함께 구품왕생의 이익을 얻을수 있도록 하기 위함입니다. 왜냐하면 마음에 의혹을 버리고신심을 일으키면 부처님의 원력에 올라타 모두 왕생할 수 있게되기 때문입니다.

이렇게 경의를 분명히 드러낸 후 우리 범부는 매우 신심이생깁니다. 이전에 선을 행하였든 여전히 악을 짓든 상관없이단지 금후에 마음을 돌려서 일심으로 아미타부처님께 귀의하여부처님의 정토에 태어나길 구하면 모두 왕생할 수 있습니다.우리가 단지 하배왕생의 상황을 살펴보기만 하면, 모두 순수하게악을 지은 사람도 단지 임종에 이르러 선연을 만난 후 마음을돌려서 왕생하길 발원하여 구하면 모두 부처님의 섭수를 얻어서순조롭게 정토에 태어납니다.

그래서 왕생법문은 행문상의 요구가 매우 낮아서 단지 진실한믿음과 간절한 발원을 갖추고 다시 일정한 수행을 덧붙이면모두 왕생할 수 있고, 게다가 이 전체 범부는 뜻한 바를 이룰수 있습니다. 그러나 이 법문은 매우 간단하고 쉬워서 확실히대원으로 널리 제도하는 법문입니다.

이렇게 여러분에게 깊은 신심이 생겨서 부처님의 불가사의신력에 올라타 보다 쉽게 왕생합니다. 그렇지 않으면 하는 말의 수준이 너무 높아서 일반인은 '우리는 희망이 없어 절대로 서방극락에 태어날 수 없다'고 생각합니다. 이렇게 신념을 잃어버리면 매우 큰 위해를 조성하여, 그것은 많은 인연 있는 자로 하여금 곧 길이 윤회를 벗어나 영원히 괴로움을 여의고 즐거움을 얻는 기회를 상실하게 됩니다.

[정공 스님 강기]

우리는 오늘 좋은 인연을 만나서 상배삼품의 왕생할 기회가 있으나 만나는 인연은 다릅니다. 어떤 사람은 연분이 없어 이런 기회가 없는데, 임종시에 비로소 인연을 만나도 매우 행운입니다. 어떤 사람은 임종시에도 만나지 못하여, 아무도 그에게 말을 하지 않고, 아무도 깨우치지 않는다면, 이번 생은 헛되이 보낸 것입니다. 대사의 이 설법야말로 아미타부처님께서 중생을 널리 제도하시려는 본의에 진정으로 부합합니다. 이들 경문은 동수여러분들에게는 모두 매우 익숙하다고 믿습니다. 황념조 거사의 《무량수경》 주해를 보면 그는 선도대사의 《관경》 주해에서 중요한 것을 거의 전부 여기에 찍어서 우리를 위해 이 법문을 증명해 주었습니다. 이 경전은 확실히 부처님께서 우리에게 말씀하신 것입니다. 구품 상상품에서부터 우리 모두 연분이 있습니다. 진정으로 기꺼이 실천하고 노력하면 진실로 모두 연분이 있습니다.

상품의 삼인은 바로 대승심을 발한 범부입니다. 중품의 삼인은 소승 근성의 범부입니다. 요즘 말로 상품삼인은 심량과 사상이 개방적인 범부이고, 중품삼인은 사상이 비교적 보수적이고 근엄하여 오직 자신의 이익을 구하는 사람입니다. 하품삼인은 언제나 악행을 일삼는 사람입니다. 이들은 모두 범부입니다.

「자선藉善」은 바로 아미타부처님 명호의 불가사의한 공덕을 빌림을 뜻합니다. 하삼품의 사람은 모두 서방극락세계에 가서 부처님을 친견하고서야 보리심을 발하지, 여기서 발심하여 왕생하는 것이 아닙니다. 이곳에서 「발보리심發菩提心 일향전념一向專念」은 여러분에게 중품하생 이상이라고 말해 줍니다. 하삼품은 발보리심이 없고 임종시 한마디 부처님 명호를 듣고서 받아들이고 믿어서 이렇게 갑니다. 서방극락세계에 가서 그는 이런 마음을 발합니다. 이는 불력의 가지로 그로 하여금 자성을 개현開顯하여 보리심을 출현하게 합니다.

4. 경문을 들어 증명함

넷째, 경문을 들어 또렷하게 증명한다. 묻건대, 위에서 반대한 뜻은 세존께서 (선설하심이) 결정코 범부를 위함이지 성인을 위함이 아님을 어떻게 알 수 있겠는가? 제대로 살피지 못한 채 줄곧 인정으로 뜻을 헤아린 것이지, 또한 성인의 가르침이란 증명이 있어야 당연하지 않은가?

第四、出文顯證者。問曰：上來返對之義，云何得知世尊定爲凡夫不爲聖人者？未審直以人情準義，爲當亦有聖教來證？

[이시푼촉 스님 강기]

넷째 경문을 들어서 증명합니다. 어떤 이가 "위쪽에서 반대한 내용은 부처님께서 본법을 선설하심이 분명히 범부를 위한 것이지 성인을 위한 것이 아님을 어떻게 아는가? 이는 단지 개인의 생각으로써 판정한 것이지, 성인의 가르침이란 근거가 있는가?" 물었습니다.

[정공 스님 강기]

이는 가설한 문답입니다. 당신은 자기 의사로 추론한 것이지 진정 경전으로 증거를 삼았는가? 하고 잘 물었습니다. 만약 짐작으로 당연하다고 생각하면 안 됩니다. 사람들이 믿음을 내지 못할 것입니다. 반드시 부처님께서 경전에서 또렷하게 말씀하신 적이 있어야 당신의 설법을 우리가 승인할 수 있고 믿을 수 있습니다. 대사께서는 아래에서, 이 말은 나의 의사가 아니라 확실히 경전에서 증명을 하고 있다고 말씀하십니다. 어느 경전입니까? 바로 《관무량수불경》입니다. 대사께서는 본경에서 열 마디 경문을 들어서 부처님께서 확실히 이 법문을 설하심은 범부를 위함이지 대소승 보살과 아라한을 위한 것이 아님을 우리를 위해 증명하십니다.

답하건대, 중생은 번뇌의 때가 무겁고 지혜는 얕고 짧지만, 부처님의 거룩한 마음은 크고 깊어 어찌 감히 자기 멋대로 판단하겠는가? 지금 부처님의 말씀을 하나하나 다 취해 증명으로 삼는다.

答曰 : 衆生垢重 , 智慧淺近。聖意弘深 , 豈寧自輒 ? 今者一一悉取佛說以
爲明證。

[이시푼촉 스님 강기]

"중생은 번뇌의 때로 인한 장애가 매우 무겁고 지혜가 얕고
짧지만 부처님께서 법을 전하시는 마음은 깊고 깊으며 광대하니,
어찌 감히 새로 마음대로 판정하겠는가? 현재 부처님의 성언聖言
을 한 항목 한 항목씩 인용하여 증명을 삼는다." 답하였습니다.

이 증명 가운데로 나아가면 곧 열 마디 경문이 있다. 무엇인가?
첫째 문구는《관경》에 이르시길, "부처님께서 위제희 부인에게
이르시길, 나는 지금 그대를 위하여 갖가지 비유를 들어서 오는
세상의 일체 범부들로 하여금 청정한 업을 닦고자 하는 이는 서방
극락세계에 왕생할 수 있음을 자세히 말할 것이니라." 하심과 같다.
이는 그 첫 번째 증명이다.

就此證中 , 卽有其十句。何者 ? 第一、如《觀經》云 : "佛告韋提 , 我今爲
汝廣說衆譬 , 亦令未來世一切凡夫欲修淨業者 , 得生西方極樂國土"者 ,
是其一證也。

[이시푼촉 스님 강기]

열 마디 경문을 인용하여 증명할 수 있습니다. 첫째는《관경》에
서 말씀하신 바와 같으니, "부처님께서 위제희 부인에게 이르시
길, 현재 나는 그대에게 갖가지 많은 비유로써 미래의 일체

범부로 하여금 청정한 업을 닦도록 하고 싶은 사람은 서방극락세
계 왕생할 수 있음을 자세히 설명하리라." 하셨습니다. 이는
첫 번째 증명입니다.

둘째 문구는 "여래는 지금 오는 세상의 일체 중생을 위하여 번뇌의
도적에게 해를 입는 이들을 위하여 청정한 업을 말하리라." 말씀하심
이다. 이는 그 둘째 증명이다.

二、言"如來今者 , 爲未來世一切衆生 , 爲煩惱賊之所害者 , 說清淨業"
者 , 是其二證也。

[이시푼촉 스님 강기]

둘째는 "여래는 현재 미래세의 일체 범부를 위하여 번뇌의 악한
도둑에게 해를 입는 이들을 위하여 청정한 업을 선설하리라." 말씀
하셨습니다. 이는 둘째 증명입니다. 왜냐하면 대상 근기는 미래
세에 번뇌의 도둑으로 해침을 받는 중생인데 어떻게 성인이겠습
니까?

셋째 문구는 "여래는 지금 위제희 부인 및 오는 세상의 일체
중생에게 서방극락세계를 관하도록 가르쳐주리라." 말씀하심이다.
이는 그 둘째 증명이다.

三、言"如來今者 , 敎韋提希及未來世一切衆生 , 觀於西方極樂世界"者 ,

是其三證也。

[이시푼촉 스님 강기]

셋째는 "여래는 현재 위제희 부인과 미래세의 일체 중생에게 서방극락세계를 관상觀想하도록 가르쳐주리라." 말씀하셨습니다. 이는 세 번째 증명입니다.

넷째 문구는 "위제희 부인이 부처님께 아뢰길, 저는 지금 불력이 가피한 까닭에 저 국토를 볼 수 있사옵니다. 만약 부처님께서 입멸하신 후 일체 중생이 오탁오악으로 선하지 않아 다섯 가지 괴로움의 핍박을 받게 되리니, 어떻게 하여야 극락세계를 볼 수 있겠사옵니까?" 말씀하심이다. 이는 그 넷째 증명이다.

四、言"韋提白佛：我今以佛力故，見彼國土。若佛滅後，諸衆生等濁惡不善、五苦所逼，云何當見極樂世界"者，是其四證也。

[이시푼촉 스님 강기]

넷째, "위제희 부인이 부처님께 아뢰길, 저는 현재 불력이 가피한 까닭에 극락국토를 볼 수 있사옵니다. 만약 부처님께서 열반하신 후 일체 중생이 오탁·오악으로 선하지 않아 다섯 가지 괴로움의 핍박을 받게 되리니, 어떻게 극락세계를 볼 수 있겠사옵니까?" 말씀하셨습니다. 여기서 위제희 부인은 미래세의 죄악으로 고통받는 중생을 위해 어떤 관행觀行으로 극락정토를 나타나게 하는지 여쭈어본다. 이미 오탁·오악으로 선하지 않고 다섯 가지 고통으로 핍박 받는 중생인데 어떻게 중생이 아니겠습니까? 이는 넷째 증명입니다.

다섯째 문구는 일관日觀 경문 처음에 이르시길, "부처님께서 위제희 부인에게 이르시길, 그대와 중생은 전일하게 염할지라." 이하에서 "일체중생은 타고난 맹인이 아니고 눈이 있는 사람이면 해가 지는 광경을 보았을 것이다."까지 이다. 이는 그 다섯째 증명이다.

五、如日觀初云"佛告韋提：汝及衆生專念"已下, 乃至"一切衆生自非生盲, 有目之徒見日"已來者, 是其五證也。

[이시푼촉 스님 강기]

다섯째 일관을 강설하기 시작할 때 말씀하신 것으로 "부처님께서 위제희 부인에게 이르시길, 그대와 일체 중생은 전일하게 염할지라." 이하 경문에서 "일체 중생이 만약 타고난 맹인이 아니고 눈이 있는 사람은 누구나 해가 지는 광경을 보았을 것이다."까지의 경문입니다. 이것도 일체 범부에게 일륜관日輪觀을 지으라고 가르치심이지 성인에게 가르치심이 아닙니다. 이는 다섯째 증명입니다.

여섯째 문구는 지관地觀 경문 중간에 설하시길, "부처님께서

아난에게 이르길, 그대는 부처님 말씀을 수지하여 오는 세상의
일체 대중으로서 괴로움을 벗어나고자 하는 이를 위하여 이러한
땅을 관하는 법을 말해 주어라." 하심이다. 이는 그 여섯째 증명이다.

六、如地觀中說言"佛告阿難 : 汝持佛語 , 爲未來世一切大衆欲脫苦者 ,
說是觀地法"者 , 是其六證也。

[이시푼촉 스님 강기]

여섯째 지관地觀 경문 중에 설하시길, "부처님께서 아난에게
이르시길, 그대는 부처님 말씀을 잘 수지하여 미래세의 일체 대중으
로서 고통바다를 벗어나고자 하는 이를 위하여 지관법을 선설하여
줄지니라." 하셨습니다. 이는 바로 여섯째 증명입니다. 이는 괴로
움을 벗어나고자 하는 자로 당연히 성인이 아닙니다.

일곱째 문구는 화좌관華座觀 경문 중간에 설하시길, "위제희
부인이 부처님께 아뢰길, "저는 부처님의 위신력 가피로 인해
무량수불과 두 대보살을 친견할 수 있었지만 오는 세상의 중생은
응당 어떻게 하여야 친견할 수 있겠사옵니까?" 하셨다. 이는 일곱째
증명이다.

七、如華座觀中說言"韋提白佛 : 我因佛力 , 得見無量壽佛及二菩薩 , 未
來衆生當云何觀"者 , 是其七證也。

[이시푼촉 스님 강기]

일곱째, 화좌관에서 말씀하시길, "위제희 부인이 부처님께 아뢰길, "저는 부처님의 위신력 가피로 인해 무량수불과 두 대보살(관세음·대세지보살)을 친견할 수 있었지만 오는 세상의 중생은 응당 어떻게 하여야 친견할 수 있겠사옵니까?" 하셨습니다. 이는 일곱째 증명입니다.

여덟째 문구는 그 다음 청법에 답하여 말씀하시길, "부처님께서 위제희 부인에게 이르시길, 저 아미타부처님을 관상하고자 하면 응당 (전일하게) 생각하고 (전일하게) 염할지니라."라고 하심이다. 이는 여덟째 증명이다.

八、次下答請中說言"佛告韋提：欲觀彼佛者，當起想念"者，是其八證也。

[이시푼촉 스님 강기]

여덟째, 그 다음 청법에 대해 답변하여 말씀하시길, "부처님께서 위제희 부인에게 이르시길, 무릇 저 아미타부처님을 관상하고 싶으면 응당 상념을 일으킬지니라." 하셨습니다. 이는 여덟째 증명입니다.

아홉째 문구는 상관像觀 경문 중간에 말씀하시길, "부처님께서 위제희 부인에게 이르시길, 제불여래께서는 일체중생의 심상 가운데 들어가 계시느니라. 그래서 그대들의 마음에 부처님을 생각할 때."라고 하심이다. 이는 그 아홉째 증명이다.

九、如像觀中說言"佛告韋提：諸佛如來入一切衆生心想中，是故汝等心想佛時"者，是其九證也。

[이시푼촉 스님 강기]

아홉째, 상관像觀 중간에 말씀하시길, "부처님께서 위제희 부인에게 이르시길, 제불 여래께서는 일체 중생의 심상 가운데 들어가 계시느니라. 그래서 그대들의 마음에 부처님을 생각할 때…"라고 하셨습니다. 이미 일체 중생의 심상 가운데 들어가라고 말씀하심은 단지 범부에게 선설할 뿐임을 설명합니다. 이는 아홉째 증명입니다.

열번째 문구는 구품의 경문 중에 하나하나 "중생을 위해"라고 말씀하심이다. 이는 그 열 번째 증명이다.

十、如九品之中，一一說"爲衆生"者，是其十證也。

[이시푼촉 스님 강기]

열 번째는 구품의 경문에서 하나하나 "중생을 위해서"라고 말씀하십니다. 이는 열 번째 증명입니다.

이상으로 비록 열 마디 다른 경문이 있을지라도 모두 여래께서 이 16관법을 선설하심은 다만 항상 고해에 빠져 벗어날 수 없는 중생을 위한 것이고, 대소승의 성자와 관계가 없음을 증명한다. 이 경문으로써 증명하니, 어찌 잘못된 말이겠는가?

上來雖有十句不同 , 證明如來說此十六觀法 , 但爲常沒衆生 , 不幹大小聖也。以斯文證 , 豈是謬哉 ?

[이시푼촉 스님 강기]

이상으로 비록 열 마디 다른 경문을 인용할지라도 모두 부처님께서 이 16관법을 선설하심은 오직 중생을 위해서이지, 대소승 성자의 일과 관계없음을 증명합니다. "상몰常沒"은 항상 고苦의 바다에 빠져서 벗어날 수 없음을 가리킵니다. 부처님께서는 항상 고의 바다에 빠져 벗어날 수 없는 중생을 제도하기 위한 연고로 16관법을 선설하시고, 중생이 정선定善과 산선散善을 수지하고 서방정토에 왕생하여 고의 수레바퀴를 벗어나도록 인도하십니다. 이러한 명확한 경문으로써 확실히 증명하고 있는데, 어디 헛된 말로 속이는 설법이겠습니까?

이렇게 우리의 마음은 정해집니다. 원래 《관경》은 우리 범부를 겨냥하여 선설하신 것으로, 이로 인해 이 경법에 의지해 수행하면 결정코 왕생할 수 있습니다. 만약 성인을 위해 선설하였다면 우리와 관계가 크지 않아 우리는 동조하지 못합니다. 이미 이것이 우리 범부를 위하는 이상 평생 악을 지은 사람조차도 마음을 돌려 왕생하길 발원하면 모두 왕생할 수 있다고 말하면 매우 신심이 생기게 마련입니다. 이는 확실히 즉시 왕생하여 해탈할 수 있는 대법입니다. 이번 일생에 우리는 범부의 지위에서 이 법문을 수지할 수 있으면 확실히 지극히 간단하고 쉬운 방편으로, 지극히 빠른 속도로 무량겁 이래 줄곧 생사고해를 벗어날 수 없었던 문제를 해결할 수 있습니다.

[정공 스님 강기]

선도대사께서는 열 마디 경문을 들어 이것이 부처님의 뜻이고 불설임을 증명하셨습니다. 앞에서 말씀드렸듯이 이 경전과 이 법문은 석가모니부처님 한 분만이 말씀하신 것이 아닙니다. 부처님께서는 일체 중생이 빨리 성불하길 희망하십니다. 일체 중생이 빨리 성불하는 방법은 단지 이 방법뿐입니다. 선도대사께서는 「여래께서 세상에 오신 까닭」, 시방삼세 일체제불께서 이 세간 육도에 출현하신 까닭은 「오직 아미타부처님 본원의 바다를 말씀하시기 위함이다」 말씀하셨습니다. 부처님께서 세간에 출현하신 것은 바로 한 가지 일, 즉 우리에게 서방극락세계를 소개하기 위함입니다. 다시 말해 우리에게 왕생 발원을 권유하시기 위한 이 일을 위함이지 다른 일을 위함이 아닙니다. 이것이 우리가 반드시 잘 이해하고 알아야 하는 것입니다.

이 열 마디 경문을 들어 부처님께서 우리들에게 이 법문을 설하심은 언제나 삼악도에 떨어져 악업을 짓는 중생을 위하심입니다. 「대성大聖」은 보살이고, 「소성小聖」은 성문·아라한으로 그들과 상관이 없습니다.

우리들은 언제나 삼악도에 빠져 벗어날 수 없는 중생에 속합니다.

그래서 우리 자신을 냉정하게 생각해 보면 삼악도에 빠져 큰 죄업인 오역십악을 짓고, 작은 죄업은 짓지 않은 날이 없습니다. 그래서 설사 지옥에 떨어지지 않을지라도 아귀와 축생은 결정코 모두 연분이 있습니다. 대부분의 사람은 죽어서 사람이 되지도, 하늘에 태어나지도 않고 귀신이 됩니다. 이는 지은 죄업이 많고 매우 넓고 깊어서 삼악도를 결코 벗어날 수 없기 때문입니다. 부처님께서는 이 법문을 설하셔서 진정으로 우리를 제도하고, 우리는 이 법문을 만나 결정코 제도 받습니다.

5. 별시의취를 회통함

다섯째, 별시의취를 회통함에는 곧 두 가지가 있다.

第五、會通別時意者 , 卽有其二 :

[이시푼촉 스님 강기]

다섯째 논전에서 설한 별시의취別時意趣[20]를 회통함에는 두 단락의 내용이 있습니다.

[보충법문] 출처 ; 정토전집淨土專輯

---

20) 「별시의취別時意趣」란 반열반 할 수 있는 속성이 궁극적으로 (atyanta) 존재하지 않는 것이 아니라 일정한 기간 동안만 존재하지 않는다는 의미로서, 그 기간 이후 반열반할 조건이 갖추어지면 반열반이 가능하다는 의미다.

[일향으로 부처님 명호를 전일하게 불러 곧 왕생함은 별시의가 아니다 (一向專稱佛名 卽便得生 非別時意)]

정토법문은 행하기는 쉽고 믿기는 어렵다는 것은 모두 알고 있다. 어떤 사람은 근본적으로 극락정토가 실제로 존재한다고 믿지 않고, 정토종은 「권교權巧」·「방편方便」법문으로 단지 지혜가 낮은 촌부의 환심을 살 뿐이라고 여긴다. 또 어떤 사람은 극락세계를 믿을지라도 번뇌의 장애에 덮인 범부가 어떻게 번뇌를 끊지 못한 채 청정한 불국토에 나서 영원히 더 이상 생사의 괴로움을 받지 않을 수 있겠는가 여긴다.

또한 어떤 사람은 설사 범부가 정토에 왕생할 수 있지만 어찌 한마디 부처님 명호를 전념함에 의지할 수 있으랴, 반드시 특정 조건을 고려하거나 혹은 수지상에 상당한 자격에 부합해야 비로소 행할 수 있다고 여긴다. 또한 어떤 사람은 범부가 염불하여 정토에 왕생할 수 있다고 믿지만, 아마도 「별시의別時意」일 것이니, 어찌 즉시 금생에 그렇게 적절한 일을 스스로 성취(成辦)할 수 있겠는가! 겹겹이 신심의 관문으로 이 믿기 어려운 법에 믿음을 세우는 것이 어떻게 쉽다고 이야기하겠는가? 특히 선근이 천박한 말법 탁한 세상의 범부로 법을 듣고 믿음을 일으킬 수 있는 자는 거의 드물다! 그래서 《무량수경》에 있는 게송에서 이르시길, "(왕생불퇴 성불의) 무극의 수승한 대도를 닦아 쉽게 갈 수 있는데, 가려는 사람이 없구나(無極之勝道 易往而無人)!"하셨다.

[별시의別時意란 무엇인가?]

[보충] 수많은 사람은 대승경론을 인용하여 정토법문을 닦는 사람이 현생 중에 「나무아미타불」 한마디 부처님 명호를 전념함에 의지하여 당래에 반드시 정토에 왕생할 수 있는 것은 아니라고 추론한다. 이 문제는 선도대사께서 정토종을 세울 때 법사들이 격렬한 의론이 있었다. 그래서 그는 《관경사첩소》 '현의분玄義分'에서 「회통별시의會通別時意」를 제목으로 삼아 이 명제의 각종 다른 견해 등에 응답하셨다.

「회통별시의會通別時意」란 무엇인가? 회會는 화회和會이고 통通은 관통의 뜻이니, 바로 융회관통融會貫通함이다. 「별시의別時意」는 비교적 특별한 명사로 인도 무착보살께서 지은 《섭대승론攝大乘論》에서 나온다. 의意는 의취意趣라는 뜻으로 부처님 설법의 의도와 취향을 가리킨다. 「별시別時」는 곧 「즉시」가 아니고 이른바 "메아리처럼 호응함을 즉시라 하고, 구원겁과 가까운 때의 사이(久近隔時)를 모두 별시라 한다."

「별시의別時意」란 대략 당생 금세에 성판하거나 성취할 수 없지만 다른 때, 미래세에 비로소 실현할 수 있음을 뜻한다. 정토종에서는 만약 "염불하여 정토에 태어나길 구함이 별시의(念佛求生淨土是別時意)이다" 말하면 바로 금세에 염불하여 즉시 왕생할 수 없고 미래세까지 기다려야 왕생할 수 있음을 말한다. 구경에 염불하여 정토에 태어나길 구함은 「별시의」인가? 이 문제는 상당히 중요한데, 정토행자가 정토에 왕생하는 신심에 직접 영향을 미친다. 정토종에서는 신심이 일단 흔들리고 어지러워지면 왕생대업은 거의 물거품이 되고 만다고 말한다. 또한 만약 염불로 정토에 왕생함이 「별시의別時意」라면 불제자는 오히려 다른 법을 수습함만 못하니, 최저한도로 뒤섞고 제행을 겸수하여 빨리 생사를 벗어나길 추구할 것이다. 정토행자는 의심으로 인해 일체 공덕을 닦고 정토에 태어나길 구하는데, 의심과 뒤섞음은 순수한 정토법문을 수습하는 금기임을 알아야 한다. 행자가 왕생 기회가 미약함을 제외하고, 만약 다행히도 왕생하지만 또한 다만 연태蓮胎에 들어갈 수 있을 뿐이니, 삼배구품으로 서술하는 바이다.

첫째 《섭대승론》에서 이르시길, "어떤 사람이 다보불을 염하면 곧 무상보리에서 불퇴타不退墮를 얻는다." 하셨다. 무릇 보리는 불과의 이름이고 또한 정보正報이며, 이차상으로 성불의 도는 모름지기 만행을 원만히 갖추어야 비로소 능히 성취할 수 있다. 만약 염불 일행으로 곧 성취를 기대한다면 이곳에 있을 수가 없다. 비록 증득한 것은 아니라 할지라도 만행 중에 그 일행이다. 어떻게 알 수 있는가? 《화엄경》에 이르시길, "공덕운 비구가 선재에게 말하길, 나는 불법 삼매의 바다 가운데 오직 일행만 아나니 이른바 염불삼매이다." 하셨다. 이러한 경문으로써 증명하니, 어찌 일행이 아니겠는가? 비록 일행일지라도 생사 중에서 내지 성불에서 영원히 물러나 빠지지 않은 까닭에 불타不墮라 이름한다.

一、論云：如人念多寶佛，即於無上菩提得不退墮者。凡言菩提，乃是佛果之名，亦是正報，道理成佛之法，要須萬行圓備方乃克成，若將念佛一行卽望成者，無有是處。雖言未證，萬行之中是其一行。何以得知？如

《華嚴經》說 , "功德雲比丘語善財言：我於佛法三昧海中唯知一行 , 所謂
念佛三昧" , 以此文證 , 豈非一行也？雖是一行 , 於生死中乃至成佛永不
退沒 , 故名不墮。

[이시푼촉 스님 강기]

첫째, 《섭대승론》에서 "만약 어떤 사람이 다보불을 염하면
반드시 무상보리에서 물러나 떨어지지 않는다." 말씀하십니다.

보리는 불과佛果의 명칭이자 정보正報입니다. 이치대로 말하면
성불의 법도는 반드시 원만히 만행萬行을 구비하여야 비로소
성취할 수 있습니다. 만약 겨우 염불 일행으로써 성불을 기대한다
면 이는 이치상으로 계합하고 수순하는 것이 아닙니다.

비록 이로써 불과를 원만히 증득하는 것은 아닐지라도 보리만
행 중의 일행을 성취함에 속합니다. 어떻게 압니까? 이는 《화엄
경》의 말씀과 같나니, "공덕운 비구가 선재에게 말하길, 나는
불법 삼매의 바다 가운데 오직 일행만 아나니, 이른바 염불삼매이
다." 하셨습니다. 이 단락의 경문으로써 증명하니, 보리만행
중의 일행이 아니겠습니까? 비록 단지 일행이지만 그것으로부터
행을 일으키기 시작할 뿐, 한동안은 여전히 생사의 자리 한가운데
있고 이렇게 끊임없이 올라가서 곧장 생사를 뛰어넘어 성불하는
사이에 이르기까지 영원히 물러나 빠지지 않으니, 이를 "불타不
墮"라 일컫습니다. 말하자면 염불 일행의 공능과 역량으로써
행자로 하여금 스스로 수지한 이래로부터 생사의 흐름 가운데
내지 마지막으로 성불하기까지 영원히 후퇴하거나 함몰하지
않나니, 이 때문에 "불타不墮"라 일컫습니다.

[정공 스님 강기]

다시 《화엄경》을 인용하여 증명하십니다. 《화엄경》의 말후 일품은 바로 선재동자의 53참參으로 80권에서 「입법계품入法界品」이라 부릅니다. 후역後譯의 《사십화엄四十華嚴》에서는 입법계가 바로 입부사의해탈경계入不思議解脫境界임을 매우 또렷하게 설하십니다. 보현행원의 부사의경계는 바로 대경에서 말하는 일진법계로 일진법계가 부사의해탈경계입니다. 이는 들어가는 대상(所入)이고 보현행원은 들어가는 주체(能入)입니다. 부처님의 설법은 정말 최고의 지혜와 고도의 예술로 가득 차 있어 선재와 53위 보살께서 어떻게 불경계에 들어가는지 하나의 표본을 표연表演, 실천해 보입니다. 이 법계가 바로 부처님의 경계입니다.

선재동자는 스승을 떠나 참학參學에 나서는데, 첫 번째로 만난 선지식이 덕운德雲 비구입니다. 첫 번째 관계가 가장 중요함을 알아야 합니다. 덕운 비구는 선재동자에게 염불법문을 가르쳤습니다. 덕운 비구는 선재동자에게 "나는 불법 삼매의 바다 가운데…"라고 말합니다. 「삼매의 바다」는 바로 무량무변의 법문입니다. 그는 이렇게 많은 법문에서 법문 하나를 선택하십니다. 그는 나는 "오직 일행만 안다"고 말합니다. 다시 말해 "무량법문 중에서 나는 오직 하나의 수행방법만 알 뿐인데, 그것은 바로 「염불삼매念佛三昧」입니다." 우리는 이 부분에서 원래 선재동자가 닦은 것은 염불삼매로 아미타불을 염하여 정토에 태어나길 구하였음을 활연대오하게 됩니다. 어떻게 이렇게 긍정할 수 있습니까? 왜냐하면 마지막 제53위 선지식에 이르러, 최종적인 결론을 드러내 보이기 때문입니다. 덕운 비구는 서두를 열고, 저곳에서는 끝맺음으로 최후의 선지식인 보현보살의 십대원왕十大願王은 극락으로 인도하여 돌아가십니다. 이 서두와 말미, 시작과 마침에 철저히 선재동자는 확실히 아미타부처님을 염하여 정토에 태어나길 구하는 것임을 드러내 보입니다. 이것이 우리가 《화엄경》에서 보는 것입니다.

[자신의 행으로 성불하는 자는 염불이 별시의이다]

[보충] 선도대사께서는 개종 종조로 어찌 이 중요한 명제를 회피할 수 있겠는가? 「염불별시의會通別時意」 문장에서 먼저 《섭대승론》에서 설한 「별시의」의 예구例句를 인용한다. "《논》에서 이르시길, 어떤 사람이 다보불을 염하면 곧 무상보리에서 불퇴타를 얻는다." 원문은 《섭대승론》에서 "별시의취別時意趣는 예를 들어 말하면, 다보여래 명호를 염송하는 자는 곧 무상정등보리를 이미 결정할 수 있다." 「득불퇴타得不退墮」와 「이득결정已得決定」의 뜻은 같다. 선도대사는 부처님 명호를 칭념함은 "비록 일행일지라도 생사가운데 내지 성불에 이르기까지 영원히 물러나 빠지지 않는 까닭에 불타不墮라 한다." 하셨다. 그들은 자신의 행으로 불과를 성취하길 구하여 보리도상에서 다보불을 염하여 단지 불퇴타를 구할 뿐, 아미타부처님 정토에 태어나길 구하지 않는다!

선도대사께서는 이러한 사람이 염불하여 즉시 왕생할 수 없고 이는 「별시의別時意」의 원인이라고 해석하여 이르시길, "무릇 보리는 불과의 이름이고 또한 정보正報이며, 이치상으로 성불의 도는 모름지기 만행을 원만히 갖추어야 비로소 능히 성취할 수 있다. 만약 염불 일행으로 곧 성취를 기대한다면 이곳에 있을 수가 없다." 하셨다. 원래 이러한 사람이 염불하여 스스로 불과를 성취하기 위함으로 범부에서 성인까지 인을 닦고 과를 증득함이 바로 「정보正報」 - 자신이 깨닫고 타인을 깨닫게 해 각행을 원만히 회향하여 자신이 성불한다. 이러한 이치에 따라 스스로 성불을 행하는 자는 반드시 육도만행을 닦아 일체가 걸림없이 원만하여 야 비로소 성취를 기약할 수 있다. 어찌 만행 중에 단지 염불 일행에만 의지하여 곧 불도의 완성을 기대하랴. 이 같은 천진天眞 의 상법想法은 전혀 이곳에 있을 수가 없다.

정토행자는 염불 「의보依報」로써 바로 불력에 의지해 정토에 태어 날 수 있음을 마땅히 알아야 한다. 그래서 이상에서 《섭대승론》에 서 말한 「별시의別時意」의 예구를 서술함은 정확한 것이니, 하물며 《섭대승론》의 예구 중에서 이러한 자신의 행으로 성불하는 자는 정토왕생을 발원하여 구함이 없고, 그들은 또한 어찌 즉시 정토에 태어날 수 있는지 물으려 하는가? 이로 인해 이러한 사람은 염불하여 즉시 왕생할 수 없어 이는 「별시의別時意」이니, 조금도 잘못이 없다.

묻건대, 만약 이렇다면 《법화경》에서 이르시길, "나무불 한번 부름은 모두 이미 불도를 이루었다." 하심도 응당 성불해 마침이다. 이 두 경문은 어떤 차별이 있는가?

問曰 : 若爾者 , 《法華經》云 "一稱南無佛 , 皆已成佛道" , 亦應成佛竟也。此之二文有何差別？

[이시푼촉 스님 강기]

묻건대, 만약 이렇다면《법화경》에서 말씀하시길, "나무불 한번 부름은 모두 이미 불도를 이루었다."하심도 응당 이미 성불을 완료한 것입니다. 이 두 단락의 경문은 함의 상에 어떤 차별이 있습니까?

답하되, 논에서는 부처님을 칭념함은 오직 자신의 행으로 불과를 성취하고자 함이다. 경에서는 부처님을 칭념함은 95종 외도와 다름을 간별하기 위함이다. 그러나 외도 가운데 부처님 명호를 칭념하는 사람이 없어 단지 한번 소리 내어 부처님을 부르면 곧 불도에 섭수되는 까닭에 "이미 마쳤다."하였다.

答曰：論中稱佛，唯欲自成佛果。經中稱佛，爲簡異九十五種外道。然外道之中都無稱佛之人，但使稱佛一口，卽在佛道中攝，故言已竟。

[이시푼촉 스님 강기]

논에서는 부처님 명호를 칭함은 유일하게 자신의 행으로 번뇌를 끊고 증득하여 원만한 불과를 성취하길 희구함이라 말씀하셨습니다. 그리고 경에서는 부처님 명호를 칭함은 95종 외도와 같지 않음을 간별한 것으로 외도 중에서 부처님 명호를 칭념하는 사람이 없어 단지 소리 내어 한번 부처님을 칭념하면 이미 불도

가운데 섭수됩니다. 이 때문에 "이미 마쳤다." 하셨습니다.

[행이 있고 원이 없는 자의 염불은 별시의이다]

[보충] 이외에 선도대사께서는 또한 문단으로써 달리 한 부류의 염불하여 정토에 왕생함이 「별시의別時意」라고 설명하신다. "《법화경》에서 이르시길, '나무불' 한번 부름은 모두 이미 불도를 이루었다 하심 또한 응당 성불해 마쳤다." 하셨다. 선도대사께서 이 게송을 해석하심은 조금도 틀림이 없다. 왜냐하면 "경에서 부처님을 칭념함은 95종 외도와 다름을 간별하기 위함이다. 그러나 외도 가운데 부처님 명호를 칭념하는 사람이 없어 단지 부처님을 한번 소리 내어 부르면 곧 불도에 섭수되는 까닭에 이미 마쳤다 하였다." 마침내 불도에 섭수되었다! 그러나 이러한 사람은 행은 있으나 원이 없어 정토에 태어나길 구하는 발원이 없나니, 경 중의 말씀과 같다. 단지 그 행이 있으되 곧 홀로이고 또한 이르는 바가 없다. 그래서 그들은 염불하여 즉시 정토에 태어날 수 없어 「별시의別時意」일 뿐이다.

둘째 《섭대승론》의 말씀에 이르시길, "어떤 사람은 오직 발원 하나로 말미암아 안락토에 태어난다." 하셨다. 오랫동안 공통적으로 섭론의 무리들은 논의 의취를 이해하지 못해 하품하생의 십성칭불을 잘못 인용하여 그것과 비슷하고 즉시 왕생할 수 없다고 여겼다.

　二、論中說云：如人唯由發願生安樂土者。久來通論之家不會論意，錯引下品下生十聲稱佛與此相似 , 未卽得生。

둘째, 논에서 이렇게 별시의취의 사례를 드니, 예컨대 어떤 사람은 오직 발원 하나로 말미암아 안락정토에 왕생할 수 있다고 말하면 이 같은 설법은 바로 별시의취이다. 오랫동안 논가들이 논전에 맞는 함의가 없어 《관경》의 하품하생 십성칭불十聲稱佛(열 번 아미타불 명호를 부름)을 잘못 인용하여 같은 사례로 삼았다. 말하자면 공통적으로 섭론의 무리들은 경 중에서 십성칭불을 별시의취가 있는 것이고 당즉에 정토에 태어날 수 있음이 아니라고 여겼다.

[원은 있고 행이 없는 자가 염불함은 별시의이다]

[보충] 실제로 《섭대승론》에는 「별시의別時意」 사례가 한마디 있는데, 선도대사께서 또한 인용하여 말씀하시길, "《논》의 말씀에 이르시길, 어떤 사람은 오직 발원 하나로 말미암아 안락토에 태어난다 하셨다." 유唯란 단지 이것 하나가 있다는 뜻이다. 이미 어떤 사람이 오직 발원 하나로 말미암아 안락토에 태어난다면 이는 불력에 올라타 의지해 왕생을 구함으로 바로 「의보依報」이다. 위의 예구 하나에 따라 우리는 마땅히 "정보는 기약하기 어렵고 일행은 비록 정일할지라도 능히 해낼 수 없다. 의보는 구하기 쉬움"을 알아야 한다. 이 예구에서는 「의보依報」로 왕생을 구함이 이치에 순응하여 쉽게 즉시 왕생할 수 있음을 분명히 밝히니, 왜 「어떤 사람이 오직 발원 하나로 말미암아 안락토에 태어나는」 사람이 염불함은 「별시의」이겠는가?

선도대사께서는 그 후 해석하여 말씀하시길, 이들 사람은 "줄곧 발원만 발하고 (부처님 명호를 칭념하는) 행이 있음을 말하지 않는다. 이런 까닭에 즉시 왕생할 수 없고 멀고 먼 미래의 왕생에 인을 심어줌으로 그 의취는 진실하다." 하셨다. 그래서 《섭대승론》에서 이런 사람이 염불하면 즉시 왕생할 수 없어 이는 「별시의」라고 말씀하셨으니, 조금도 잘못이 없다.

위에서 두 가지 사례를 상술하여 비록 하나는 정보이고 하나는 의보이지만, 모두 「별시의」이다. 그러나 잘못은 이러한 사람이 《섭대승론》「의보」의 예구로써 《관경》의 하품하생을 해석함에 잘못 인용하여 마침내 하품하생자는 단지 '염불십성'으로만 왕생을 발원한다고 말하는데 있다. 이러한 사람은 양자는 모두 「의보」이고 정토에 태어나길 발원함은 피차 같아서 하품하생자가 염불함은 「별시의」일 뿐이라고 여긴다. 이는 비유 하나를 인용하여 뜻을 잃은 전형적인 사례로 그들은 돈을 저축함을 예로 들어 당당하게 말하여 「여러 날 지나 벌 수 있다」 하여 적지 않은 사람은 믿음이 진실이라고 여기게 한다.

선도대사께서는 이러한 사람의 관점을 거듭 말씀하시길, "오랫동안 공통적으로 섭론의 무리들은 논의 의취를 이해하지 못해 하품하생의 십성칭불十聲稱佛을 잘못 인용하여 그것과 비슷하고 즉시 왕생할 수 없다고 여겼다. 이를테면 일금으로 천냥을 벌 수 있음은 여러 날이 지나 벌 수 있음이지 단 하루에 바로 천냥을 벌 수 있음이 아니다. 열 번 소리 내어 부처님을 부름도 또한 이와 같아서 단지 먼 미래에 왕생하는 인을 지을 뿐으로 이런 까닭에 곧 왕생함이 아니다. 그들은 말하길, 부처님께서 줄곧 당래의 범부를 위해 악념을 버리고 부처님 명호를 칭념하여 방편의 말로 왕생을 말함이지 실제로는 왕생하지 않는다고 한다. 이를 일러 별시의라 한다." 하셨다. 이 같은 해법은 실제와 너무 동떨어져 있다!

비유를 인용해 뜻을 잃고 십성칭불의 하품하생을 잘못 해석했다.

왜 「어떤 사람은 오직 발원 하나로 말미암아 안락토에 태어난다」라 함이 「별시의別時意」이고 즉시 왕생할 수 없는가? 왜 「하품하생, 십성칭불十聲稱佛」이라 함이 「별시의」가 아니고 즉시 왕생할 수 있는가? 왜 양자의 차이가 이렇게 큰가? 전자는 「원은 있으나 행은 없음」으로 인해 위처럼 해석하고, "단지 그 원만 있으면 원은 곧 빈 원으로 또한 이르는 바가 없다. 모름지기 원과 행이 서로 도와야 하는 일을 모두 할 수 있다." 그래서 이것이 「별시의」이다.

후자에 이르면 곧 분명히 다르다. "지금 이 《관경》 중에 열 번 소리 내어 부처님 명호를 부르면, 곧 열 번의 원과 열 번의 행이 갖추어진다. 어떻게 갖추어지는가? 「나무」란 바로 귀명이요, 또한 발원회향의 뜻이다. 「아미타불」이란 바로 그 행이다. 이러한 뜻이 있는 까닭에 반드시 왕생한다." 간단히 부처님 명호 「나무아미타불」로 오히려 원과 행이 갖추어져 이러한 뜻이 있는 까닭에 반드시 왕생함을 마땅히 알아야 한다.

조사와 대덕들은 경론을 인용하여 「하품하생下品下生 십념득생十念得生」을 증명하니, 우리는 죄악이 지극히 큰 자는 모름지기 특정 조건하에서는 왕생할 수 있다고 가정할 필요는 없다. 악을 들었으니 하물며 선이랴. 평생 일향으로 부처님 명호를 전념하는 데 어찌 왕생할 수 없다는 이치가 있겠는가!

이를테면 일금으로 천냥을 벌 수 있음은 여러 날이 지나 벌 수 있음이지, 단 하루에 바로 천냥을 벌 수 있음이 아니다. 열 번 소리 내어 부처님을 부름도 또한 이와 같아서 단지 먼 미래에 왕생하는 인을 지을 뿐으로 이런 까닭에 곧 왕생함이 아니다. 그들은 말하길, 부처님께서 줄곧 당래의 범부를 위해 악념을 버리고 부처님 명호를 칭념하여 방편의 말로 왕생을 말함이지 실제로 왕생하지 않는다고 한다. 이를 일러 「별시의」라 한다.

如一金得成千錢者，多日乃得，非一日卽得成千。十聲稱佛亦復如是，但與遠生作因，是故未卽得生。道佛直爲當來凡夫，欲令舍惡稱佛，誑言道生，實未得生。名作別時意者。

[이시푼촉 스님 강기]

예를 들어 말하면 일금으로 말미암아 일천냥을 받을 수 있습니다. 이 같은 설법이 바로 별시의취입니다. 당신이 지금 일금을 밑천 삼아 일천냥을 벌 수 있다는 말이 아니라, 하나하나의 무역 성장을 통해서 이 일금이 끊임없이 불어나고, 매우 많은 날이 지난 후에 비로소 일천냥을 벌 수 있다는 말입니다. 열 번 소리 내어 부처님을 부름도 이 같은 상황으로 당신이 열 번 소리 내어 부처님을 불러서 이미 선근을 심어 장래에 끊임없이 늘어난 이후 정토에 왕생하는 과위를 성취할 수 있습니다. 이로 인해 이 열 번 소리 내어 부처님을 부르면 먼 미래에 정토에 태어날 수 있는 원인遠因 하나를 이룸이지, 현재 태어날 수 있다는 말이 아닙니다. 이로 인해 그들은 해석하여 말하길, 《관경》에서 부처님께서는 단지 당래의 세간 범부를 위하여 그들이 악념을 버리고 일심으로 부처님 명호를 칭념하게 하여 이로 인해 방편의 말로써 이렇게 정토에 왕생할 수 있다고 말함이지, 실제로 십념을 칭념하여 정토에 왕생할 수 있음을 가리키지 않는다고 하였습니다. 이렇게 전교하는 방식을 「별시의취」라 합니다.

아래에서는 이에 대해 척파합니다. 《관경》에서 열 번 소리 내어 부처님 명호를 부름은 결코 별시의취가 아닙니다. 이 인용으로써 별시의취의 범례를 삼는 것은 지극히 큰 잘못입니다.

무슨 까닭에 《아미타경》에서 이르시길, "부처님께서 사리불에게 이르시길 선남자 선여인이 아미타부처님에 대한 설법을 듣고, 그 명호를 집지하여, 하루 내지 이레 동안 일심으로 왕생을 발원하면 목숨을 마치려 할 때 아미타부처님과 성중들이 마중 나와 접인하여 왕생한다." 하시고, 다음으로 "시방세계 각각 항하사와 같은 제불께서 각각 광장설상을 내미시어 삼천대천세계를 두루 덮고 성실어로 말씀하시길, 너희 중생들은 《일체제불소호념경》을 믿을지니라." 하셨는가? 「호념」이라 함은 즉 위 경문에서 하루 내지 이레 동안 부처님의 명호를 부름이다. 지금 이미 이 거룩한 가르침으로써 증명을 삼으니, 지금 일체 행을 살피지 못한 자는 아무런 의취도 모른 채 범부와 소인배의 논조를 특별히 믿고 받아들여 제불의 성제언誠諦言을 오히려 헛된 말이라고 하는가? 괴롭도다! 어찌 이 같은 차마 듣지 못할 말을 내뱉을 수 있는가?

何故《阿彌陀經》云：佛告舍利弗，若有善男子善女人，聞說阿彌陀佛，執持名號，一日乃至七日，一心願生，命欲終時，阿彌陀佛與諸聖衆迎接往生？次下十方各如恒河沙等諸佛，各出廣長舌相，遍覆三千大千世界說誠實言，汝等衆生，皆應信是一切諸佛所護念經。言護念者，即是上文一日乃至七日稱佛之名也。今旣有斯聖教以爲明證，未審今時一切行者，不知何意，凡小之論乃加信受，諸佛誠言返將妄語？苦哉！奈劇能出如此不忍之言？

[이시푼촉 스님 강기]

만약 이것이 별시의취別時意趣라고 말한다면 왜《아미타경》에서 석가모니부처님께서 성실어誠實語를 말씀하시고, 시방의 제불께서는 모두 광장설상을 내밀어 제불은 헛된 말을 하지 않음을 현시하고 석가모니부처님께서 하신 말씀이 제실諦實하여 헛되지 않음을 증명하시지 않았습니까? 이러한 현상으로 이것이 성실誠實하여 헛되지 않음을 증명하였으니, 어디가 별시의취이겠습니까? 이른바 별시의취는 바로 설하신 말씀이 일시의 기용機用으로 중생을 이롭게 할 수 있으나, 설한 바와 달리 의도가 있습니다.

그러나《아미타경》에서는 부처님께서 사리불에게 특별히 이르시길, "만약 선남자 선여인이 아미타불의 말씀을 듣고 곧 명호를 집지하여 하루에서 이레 동안 일심으로 정토에 태어나길 발원하면 그가 목숨을 마치려 할 때 아미타부처님과 성중들이 내영하여 그를 접인 왕생하게 하신다."하셨습니다.

바로 이어서 아래 경문을 보면 시방세계 항하사 수 등의 제불께서도 모두 각자 광장설상을 내미시어 삼천대천세계를 두루 덮으시고 성실어로 말씀하십니다. 광장설상을 내밀어 삼천대천세계를 두루 덮음은 제불께서 이미 헛된 말의 습기를 다하였음을 설명합니다. 이로써 이 경이 확실하여 헛되지 않음을 증명합니다.

제불께서는 모두 이렇게 말씀하시니, 우리 중생은 응당 이 일체 제불께서 함께 호념하는 지극히 깊고 불가사의한 경법을 믿고 받아들여야 합니다. 이른바 호념의 대상은 바로 경문에서 말한 하루 내지 이레 동안 부처님 명호를 부르는 행자를 가리킵니다. 이로 인해 제불께서는 모두 증성證成에 있고, 호념에 있으니, 이들 행자는 필연코 지극히 큰 이익을 얻습니다.

현재 명확하게 이렇게 거룩한 가르침을 증명으로 삼습니다. 이를 잘 모르는 현재 일체 행자는 범부 소인배의 논조를 특별히 믿고 받아들여 제불의 성제언誠諦言에 대해 오히려 방편의 망어로 여기니, 이는 매우 슬픈 일입니다. 마침내 이런 차마 듣지 못할 말을 하기에 이르렀습니다. 왜냐하면 이런 말은 직접 석가모니부처님과 제불의 성제언을 부정하고 아미타부처님 대원의 불가사의한 위신력을 부정하기 때문입니다. 이는 매우 슬픈 일입니다.

[정공 스님 강기]

《일체제불소호념경》은 《아미타경》의 경전 제목입니다. 선도대사께서는 경전 제목을 반만 말씀하셨습니다. 전체 제목은 《칭찬불가사의공덕稱讚不可思議功德 일체제불소호념경一切諸佛所護念經》입니다. 그래서 이 경전 제목을 살펴보면 진정으로 대단합니다. 《아미타경》의 종지는 믿음을 권하고, 발원을 권하며, 명호를 집지하여 정토에 태어나길 구함을 권합니다. 이 경은 「칭찬불가사의공덕」이라 하는데, 이 경의 불가사의공덕, 부처님 명호의 불가사의공덕, 이 한마디 아미타부처님을 염하는 사람의 불가사의공덕입니다.

어떤 사람이 칭찬합니까? 일체제불이 칭찬하는 것이지, 보통사람이 칭찬하는 것이 아닙니다. 보통 한 사람이 불가사의공덕을 칭찬하면 우리는 믿으려고 하지 않습니다. 한분 두분 부처님이 이런 불가사의공덕을 칭찬하여도 우리는 완전히 긍정할 수 없습니다. 시방세계 모든 일체제불에서 하나도 빠지지 않고 하나하나 모두 이구동성으로 하는 칭찬입니다. 경의 불가사의, 명호의 불가사의 공덕, 이 경을 수지하고 명호를 집지하는 사람이 모두 다 불가사의 공덕입니다.

호념하지 않는 부처님은 한 분도 계시지 않습니다. 일체 제불께서 모두 호념하시니, 호법신장과 용천이 어찌 보호하지 않을 도리가 있겠습니까? 우리는 하루종일 불보살께서 보우하시길 구하는데, 어떻게 구합니까? 당신이 구한다고 해서 불보살님께서 반드시 당신을 호념하는 것은 아니고, 호법신장께서도 반드시 당신을 보호하는 것은 아닙니다. 당신이 이렇게 실천할 수 있으면 결정코 제불의 호념, 호법신장의 호념을 얻을 수 있습니다. 여러분이 진정으로 이러한 이치를 명백히 이해하면 제가 왜 여러 대승경전을 내려놓았는지 아실 겁니다. 요즘 몇 년 들어 저는 《정토오경일론》만 전일하게 홍양하고 모든 일체 경전, 심지어 《화엄경》《법화경》조차도 내려놓았습니다. 왜냐하면 저는 현재 염불의 인因으로 성불하는 과果를 깊이 믿고 있기 때문입니다. 종전에는 왜 이들 대경대론을 강설했느냐 하면 그때는 믿음이 깊지 않았고 현재는 믿음이 깊기 때문입니다.

이 법문, 이 경전 특별히 《정토삼부경》은 일체 법문에서 진실로 불가사의공덕입니다. 우리가 사람에게 홍양하고 권하며 소개하는 것은 이 경, 이 법문이지 다른 법문이 아닙니다. 왜냐하면 이는 제일법문으로 이번 일생에 결정코 이익을 얻습니다. 어떤 사람이든 상관없이 당신이 선인이든 악인이든 모두 다 이익을 얻습니다. 설사 심각한 죄업을 지은 사람일지라도 가장 수승한 이익을 얻습니다. 이는 실제로 불가사의합니다!

비록 그러할지라도 우러러 바라옵건대 극락세계에 왕생하려는 모든 선지식들은 잘 사량할지니, 어찌 금세에 부처님 말씀을 잘못 믿어 (자신의 믿음을) 해치고 보살의 논조를 지침으로 삼아 집착할 수 있겠는가? 만약 이 집착에 의지하면 바로 자신의 기회를 잃고 다른 사람을 그르치게 된다.

雖然 , 仰願一切欲往生知識等 , 善自思量 , 寧傷今世錯信佛語 , 不可執菩薩論以爲指南。若依此執者 , 卽是自失誤他也。

[이시푼촉 스님 강기]

그럼에도 불구하고 나는 여전히 왕생을 희구하는 모든 선지식들이 잘 사량하길 성심으로 원하나니, 어찌 이 세상에서 부처님 말씀을 잘못 믿어 보살의 논조를 수행의 지침으로 삼아서는 안 됩니다. 만약 당신이 부처님 말씀에 맞지 않는 논조를 붙드는 말에 의거한다면 그것은 확실히 자신의 실수이고, 또 다른 사람을 그르치는 큰 오류가 됩니다.

이는 단지 한발 물러서서 말하는 것입니다. 부처님의 말씀에 잘못이 있다는 말이 아니고, 부처님의 말씀과 보살의 논조 사이에 선택을 한다고 말한다면 부처님 말씀을 위없는 인식의 기준(量)으로 삼아야 합니다. 왜냐하면 부처님께서는 이미 일체종지一切種智를 현증現證하시고 아무런 오류 없이 일체 진리와 모든 불가사의한 일을 보셨습니다. 그리고 서방극락법문은 확실히 아미타부처님의 불가사의한 지혜와 대비원의 역량으로 성취한 것으로 오직 제불이라야 요달할 수 있을 뿐, 기타 구법계 중생이 자력으로 엿볼 수 있는 것이 아닙니다.

이로 인해 이 양자를 저울질해 말하면 보살은 번뇌를 끊고 증득하여 원만히 달성할 수 없고 철저히 인식의 기준(量)을 증득하지 못함을 알아야 합니다. 무릇 그가 설한 것이 만약 부처님 말씀과 맞다 하면 이와 같고 이와 같이 말한다 인증할 수 있습니다. 그러나 만약 그가 한 말이 부처님 말과 맞지 않다면 그의 말은 진리에 부합하지 않다고 말하거나 일체종지 현량의 소견과 부합하지 않다고 말하고, 이는 모름지기 버려야 합니다.

여기서는 행자가 거룩한 가르침에 믿음을 일으키는 인식의 기준(量)에 대해 표명합니다. 이로 인해 굳은 믿음의 방식으로 말하면 설령 부처님 말씀에 잘못이 있을지라도 저는 철저하게 믿습니다. 실제로 부처님 말씀에는 잘못이 없습니다. 그러나 보살의 논조가 부처님 말씀과 어긋난다면 이야말로 진정으로 진리의 법칙에 부합하지 않고 편차가 나타납니다.

그래서 그들이 십념으로 왕생할 수 없다고 말함은 부처님의 마음과 아미타부처님 대원의 본의와 완전히 부합하지 못합니다. 이 같은 말의 논조를 널리 퍼트리면 확실히 자신으로 하여금 즉생卽生에 정토에 왕생하고 · 단박에 광겁의 윤회를 벗어나며 · 신속히 불퇴전위를 증득하며 · 해탈성불하는 큰 이익을 상실하게 만듭니다. 게다가 수천수만의 사람을 잘못 인도하여 그들로 하여금 신심을 잃게 하여 이번 생에 정토에 왕생할 수 없고 단지 멀고 먼 미래 세상에 이르러 할 수 있을 뿐이라고 생각하게 만듭니다. 이러면 그들은 일심으로 왕생을 기원하려는 결단의 마음을 내지 못하거나, 어떤 이는 말하는 중간에 의심 · 염려하고 퇴전하려는 마음이 생겨나고 지극한 마음으로 정토로 나아갈 수 없습니다. 이렇게 되면 수많은 중생들이 생사를 넘나들고, 왕생정토의 큰 이익을 잃게 됩니다. 이러면 무수한 중생이 즉생卽生에 횡으로 생사를 뛰어넘고 정토에 왕생하는 큰 이익을 물러나 잃고 맙니다. 이로 인해 이 문제 상에서 반드시 부처님 말씀을 인식의 기준(量)으로 삼아야 합니다. 이는 지극히 깊고 깊은 불가사의한 일로 우리는 그것의 현묘한 이체 및 아미타부처님의 불가사의한 역량을 보기 매우 어렵습니다. 그러나 우리가 부처님 말씀을 깊이 믿고 이것을 인식의 기준(量)으로 삼기만 하면 우리는 반드시 장차 지극히 불가사의한 이익을 얻을 수 있을 것입니다. 단지 당신이 이러한 위없는 여의보의 공능을 믿고 직접 그것의 조작법칙에 순응하여 실천하기만 하면 반드시 장래에 이익을 얻을 수 있습니다. 그렇다고 당신이 진정으로 여의보如意寶의 체성과 역용을 꼭 보아야 하는 것은 아닙니다. 이는 매우 어려운 일입니다.

마치 오늘날 일반 사람들이 모두 자동카메라나 각종 편리하고 고급스런 전자기기를 사용할 수 있어도 그 안에 담긴 깊고 미묘한 원리를 완전히 꿰뚫을 필요는 없는 것처럼, 이는 극소수의 전문가들의 일일 뿐입니다.

그러나 단지 당신이 믿고 받아들인다 말하면 이 제품의 편리함을 꼭 얻을 수 있습니다. 이 비유를 수없이 확대하면 우리도 응당 부처님의 말씀과 확철대오한 후의 지시를 이와 같이 믿고 받아들이고, 응당 이 법문에 불가사의한 공능과 역용이 있으며, 그것은 우리의 상상이나 기타 통도법문의 범위를 완전히 뛰어넘고 또한 근본적으로 하근기 범부중생의 정량情量 내지 도를 배우는 성자의 인식기준(量)으로 헤아려 알 수 있는 것이 아님을 믿어야 합니다. 이로 인해 이 일에 있어서는 반드시 부처님 말씀을 인식의 기준(量)으로 삼아 끝까지 굳게 믿어야 합니다.

이러한 이치에서 선도대사께서는 뒤에서 "심심深心"을 이야기하실 때 특별히 부처님 말씀에 대해 견고히 움직이지 않는 신심을 가리키십니다. 한편으로는 자신이 생사 한가운데 항상 빠지고 항상 유전하며, 시종일관 자신으로 하여금 생사를 문득 뛰어넘는 지극히 기묘하고 특이한 인연을 얻지 못함을 믿습니다. 그래서 다른 한편으로는 깊이 믿어야만 오늘 마침내 아미타부처님 48원이란 위없는 대원大願 바다의 법문을 듣고서 그것이 장애가 많은 범부로 하여금 아래로 지심십념至心十念에 이르러 공덕이 매우 수승한 정토에 태어날 수 있게 하고, 이로 인해 이 광겁토록 만나기 어려운 좋은 기회를 또렷이 이해하면 마치 가난한 자가 위없는 여의보를 만나는 것처럼 그렇게 기뻐합니다. 이 같은 깊은 신심으로써 갖가지 회의를 배제하니, 비록 다른 모든 논사·모든 성문 연각 아라한·모든 일지에서 십지에 이르는 보살, 심지어 시방제불께서 이 법은 요의了義가 아니라고 말씀하시거나 전혀 이와 같지 않다고 말할지라도 어떠한 의난疑難과 퇴각退卻도 생기지 않습니다. 이러한 마음이야말로 진실한 신심입니다.

[정공 스님 강기]

선도대사께서는 중국불교사에서 매우 높은 지위에 계시는데, 정토종 제2대 조사로서, 기록에 따르면 아미타부처님의 화신이 다시 오신 분이라 합니다. 「앙원仰願」은 공경이 절정에 이른 것입니다. 누구를 공경하느냐 하면 우리를 공경합니다. 진정으로 인자한 어머니는 자식을 사랑하는 마음이 사무치십니다. 우리가 여기서 이를 체득할 수 있어 정성과 간절함이 절정에 이르러 마음을 쓰는 것이 「앙원」입니다.

어찌 나를 해치는 것을 만날 수 있겠습니까? 무엇을 해치냐 하면 내가 부처님의 말씀을 믿는 것을 해칩니다. 부처님께서 설사 잘못 말씀하셔도 나는 믿고 의심하지 않습니다. 부처님의 말씀이 잘못이면 나도 끝까지 잘못이어도 좋습니다. 이 같은 신심이 있어야 합니다.

보살의 말, 등각보살, 어떤 보살도 믿지 말아야 합니다. 그에게 염불왕생보다 더 좋은 법문, 더 수승한 법문이 있다고 말해도 나는 믿지 않습니다. 나는 여전히 석가모니부처님의 말씀, 아미타부처님의 말씀을 전일하게 믿습니다. 특히 정토삼부경은 일체제불께서 호념하신 경입니다. 그것은 바로 내가 일체제불이 설한 말을 믿고 보살을 믿지 않는다 말함입니다. 어떤 보살도 믿지 않습니다. 어떤 나한도, 어떤 오늘날의 선지식도 당연히 나는 더더욱 믿지 않습니다. 이래야 왕생할 수 있고 구제받을 수 있습니다.

만약 당신이 보살의 말씀에 집착하고 여러 대덕의 말씀을 집착하여 그들이 이 염불법문은 구경법문이 아니고 가장 좋은 법문이 아니라고 말하는데, 당신이 이 말을 믿으면 당신 자신을 잃어버리고 잘못됩니다. 자신만 잘못될 뿐만 아니라 다른 사람도 잘못되게 합니다. 이 몇 마디 말씀은 대단히 중요합니다. 우리가 부처님의 말씀만 믿고, 일체보살 이하의 말씀이 이 법문과 상응하지 않아도 모두 믿지 않으면 이번 일생에 결정코 왕생할 수 있습니다.

[어찌 금세에 부처님 말씀을 잘못 믿어 (자신의 믿음을) 해치겠는가(寧傷今世錯信佛語)! 더 이상 자신의 기회를 잃지 말고 다른 사람을 그르치지 말라(不可再自失誤他也)]

[청화] 선도대사의 이 두 마디 말씀은 진정으로 잘 이해하면 감히 이번 생에 결정코 정토에 왕생할 수 있다고 말할 수 있습니다.

우리는 어떤 상해傷害를 받습니까? 부처님께서 우리에게 말씀해 주신 것은 왕생법문으로 우리는 부처님을 믿고 이 법문을 믿습니다! 설사 잘못 믿을지라도 이번 일생에도 아무런 지장이 없습니다. 세세생생 모두 잘못되었는데, 이번 생에 다시 잘못된다고 무슨 상관이 있겠습니까! 선도대사의 고구정녕한 대비심은 너무나 깊습니다. 절대로 다시는 이번 일생의 기회를 상실해서는 안 됩니다. 그러면 너무나 슬픈 일입니다. 만약 우리가 부처님의 말씀을 믿지 않는다면 이 기회를 눈앞에서 잘못 스쳐 보낼 것입니다.

그래서 자신이 믿지 않음은 자신의 기회를 놓침이고, 다른 사람에게 정토를 닦을 필요가 없다고 권하면 다른 사람을 그르칩니다. 자신이 그르치면 자업자득으로 그래도 용서할 수 있습니다. 그러나 다른 사람이 착실히 염불하고 있는데, 당신이 참선을 권하고 밀교를 권하여 그가 염불하는데 장애가 되면 이 인과에 대한 책임은 실로 큽니다. 이번 생에 왕생하여 분명히 부처가 될 수 있는 사람인데, 당신이 그의 길을 끊어버렸으니, 당신의 죄과가 얼마나 크겠습니까? 그래서 선도대사께서는 우리에게 "더 이상 자신의 기회를 잃지 말고, 다른 사람을 그르치 말라!" 권유하십니다. 우리는 과거 생에 얼마나 여러 번 이런 잘못을 저질렀는지 모르지만, 이번 생에서는 더 이상 이런 잘못을 저지르지 않길 희망합니다. 반드시 부처님의 말씀을 믿고 부처님께서 설하신 대로 실천하여야 합니다.

[부처님 명호를 전일하게 부르면 즉시 왕생한다]

[보충] 마지막으로 선도대사께서는 잘못 믿고 헐뜯는 말을 하여, 마침내 범부 세속사람의 말을 믿고 받아들여 부처님의 성실한 말씀을 헛된 말이라고 지껄이는 사람을 통절히 파척하신다. 그래서 "지금 이미 이 거룩한 가르침으로 증명을 삼으니, 지금 일체행을 살피지 못한 자가 아무런 의취도 모르고 범부와 소인배의 논조를 특별히 믿고 받아들여 제불의 성제언誠諦言을 오히려 헛된 말이라고 하는가? 괴롭도다! 어찌 이 같은 차마 듣지 못할 말을 내뱉을 수 있는가?" 하셨다.

선도대사께서는 또한 왕생을 구하는 정토행자에게 차라리 자신이 금세 부처님의 말씀을 잘못 믿는 험난한 길을 무릅쓸지언정 보살의 논설을 준칙으로 삼거나 지침으로 삼아서는 안 된다고 특별히 일깨우신다. 왜냐하면 만약 이에 의지해 집착하면 바로 자신을 잃고 남을 잘못 인도하고 남에게 해를 끼칠 뿐이다. 그래서 "비록 그러할지라도 극락세계에 왕생하려는 모든 선지식들이 잘 사량하길 간절히 원하나니, 어찌 금세에 부처님 말씀을 잘못 믿어 자신의 믿음을 해치고 보살의 논조를 지남으로 삼아 집착할 수 있겠는가? 만약 이 집착에 의지하면 바로 자신을 잃고 남을 잘못 인도하는 것이다." 하셨다.

염불의 심행心行에 관해서 정토종에서는 다른 일반 대승보살교와 달리 정토행자는 정토삼부경의 교화만 전일하게 의지해 일체 다른 경론을 준칙으로 삼거나 한 이야기로 뒤섞는 것을 금하여야 한다. 그렇지 않으면 미혹을 지녀 자신이 미혹하여 왕생의 큰 이익을 잘못 잃게 된다, 그래서 선도대사께서는 최후에 한번 더 거듭 말씀하시며 정토행자에게 권유하시길, "다만 위로는 한 몸의 목숨이 다하도록 닦고, 아래로는 십념에 이를 수 있으면, 부처님의 원력으로써 모두 왕생하지 않음이 없는 까닭에 「이행易行」이라 한다. 이 일은 말로써 뜻을 정하여 믿음이 있는 자가 의심을 품도록 해서는 안 되나니, 거룩한 가르침을 인용하여 증명을 삼아 듣는 자로 하여금 결정코 의혹을 풀 수 있도록 해야 한다." 하셨다. 정토행자는 반드시 「부처님 명호를 전일하게 부르면 즉시 왕생한다」는 사실에 대해 절대적인 신심이 있어야 한다!

묻건대, 어떻게 행을 일으키고도 왕생할 수 없다고 말하는가? 답하되, 왕생하고자 하는 이는 모름지기 행과 원을 구족해야 왕생할 수 있다. 지금 이 논에서는 단지 발원만 말하였을 뿐, 행이 있다 말하지 않았다.

問曰：云何起行而言不得往生？答曰：若欲往生者 , 要須行願具足方可得生。今此論中但言發願 , 不論有行。

[이시푼촉 스님 강기]

묻습니다. "논에서 말한 것이 어떻게 행을 일으키고도 왕생할 수 없는 것입니까?"

답하겠습니다. 무릇 왕생의 성과를 얻고 싶은 사람은 반드시 행과 원을 구족하되, 하나도 빠뜨려서는 안 됩니다. 그러나 이 논에서는 단지 발원만 말하였을 뿐, 실행은 말하지 않았습니다.

묻건대, 무슨 까닭에 논하지 않았는가? 답하되, 내지 일념에도 아직 마음을 둔 적이 없는 까닭에 논하지 않았다.

問曰 : 何故不論 ? 答曰 : 乃至一念曾未措心 , 是故不論。

[이시푼촉 스님 강기]

묻습니다. "왜 실행을 말하지 않았는가?"

답하겠습니다. 왜냐하면 일념을 일으키나 진정 실행하려는 마음이 없기 때문에 그는 단지 원願 하나만 있고 실제 행동은 없습니다.

묻건대, 원과 행의 뜻에 차별이 있는가? 답하되, 경에서 말씀처럼 단지 그 행만 있으면 행은 곧 오직 행일 뿐, 또한 이르는 바가 없다. 단지 그 원만 있으면 원은 곧 빈 원으로, 또한 이르는 바가 없다. 모름지기 원과 행이 서로 도와야 하는 일을 모두 할 수 있다. 이런 까닭에 지금 이 논에서는 줄곧 원만 발하였고, 행이 있음을 말하지 않았다. 이런 까닭에 즉시 왕생할 수 없고, 먼 미래에 왕생함에 인을 심어줌으로 그 의취는 진실하다.

問日：願行之義有何差別？答日：如經中說，但有其行，行卽孤，亦無所至。但有其願，願卽虛，亦無所至。要須願行相扶，所爲皆克。是故今此論中，直言發願，不論有行。是故未卽得生、與遠生作因者，其義實也。

[이시푼촉 스님 강기]

묻습니다. "원과 행은 함의상에 어떤 차별이 있는가?"

답하겠습니다. 경전의 말씀처럼, 단지 입으로 부처님 명호를 부르는 행위만 있고 왕생하고 싶은 원이 없다면 이는 오직 행동만 있을 뿐, 원하는 곳에 도달할 수 없습니다. 만약 단지 원만 있고 행동이 없다면 이는 바로 빈 원으로 또한 목표에 도달할 수 없습니다. 반드시 행과 원이 서로 섭지攝持해야 합니다. 말하자면 진실한 원으로써 행위를 섭지하고 원하는 곳으로 행진하도록 유도하고 원하는 바를 실제 행동으로 채워야 목표를 달성할 수 있습니다.

총괄해 말하면 원과 행 중 하나라도 빠뜨려서는 안 됩니다. 아무런 원이 없고 단지 행위만 있으면 그 원은 달성할 수 없습니다. 일반인은 생각생각 아미타부처님을 염하지만, 왕생하려는 원이 없으면 왕생할 수 없는 것과 같습니다. 또한 빈 원만 있고 실행이 없는 이도 도달할 수 없습니다. 일반인이 자신의 목표에 도달하고 싶지만, 근본적으로 실행하지 않으면 달성할 수 없는 것과 같습니다.

그래서 이 논에서 단지 발원만 말하였고, 실행을 말하지 않았습니다. 이로 인해 그는 금생에 왕생할 수 없고, 단지 멀고 먼 미래에 왕생하는 인을 심어줄 뿐입니다. 논에서 말씀하신 것은 진실한 상황으로 모두 틀림이 없습니다. 별시의취別時意趣의 함의를 이렇게 이해해야 합니다.

묻건대, 빈 원이란 뜻이 어떠하기에 왕생할 수 없다 말하는가? 답하건대 서방극락이 즐겁고 불가사의하다는 말을 듣고서 즉시 작원하여 말하길, "나 또한 왕생하길 원한다." 이 말을 하고서 다시 이어가지 않는 까닭에 빈 원이라 한다.

問日：願意云何，乃言不生？答日：聞他說言西方快樂不可思議，卽作願言，我亦願生。道此語已，更不相續，故名願也。

[이시푼촉 스님 강기]

묻습니다. "이른바 원만 있다는 말은 뜻이 어떠하기에 왕생할 수 없다고 하는가?"

답하겠습니다. 어떤 사람이 다른 사람이 "서방극락세계가 얼마나 즐겁고 불가사의한가?" 하는 소리를 듣고서 마음속으로 그도 "나도 그곳에 태어나고 싶다." 발원합니다. 그러나 이 말을 한 후로 더 이상 계속 이어가지 않고, 또한 끊임없이 부처님을 칭념하는 행위를 하지 않습니다. 그래서 빈 원만 있을 뿐이라고 합니다.

지금 이 《관경》에서 부처님 명호를 열 번 소리 내어 부르면, 곧 (보현보살의) 십원과 문수보살의 십행이 구족된다. 어떻게 구족되는가? 「나무」란 바로 귀명이요, 또한 발원·회향의 뜻이다. 「아미타불」이란 바로 그 행이다. 이러한 뜻이 있는 까닭에 반드시 왕생한다.

今此《觀經》中 , 十聲稱佛 , 卽有十願十行具足。云何具足？言南無者 , 卽是歸命 , 亦是發願回向之義。言阿彌陀佛者 , 卽是其行 , 以斯義故 , 必得往生。

[이시푼촉 스님 강기]

그리고 이 《관경》에서 열 번 소리 내어 부처님 명호를 부르는 수행을 말하는데, 실제로는 이미 열 번의 원과 열 번의 행이 구족되어 있습니다. 말하자면 한 번 소리 내어 부처님 명호를 부르는 행동마다 모두 원과 행이 그 안에 있고, 계속해서 열 번 소리 내어 부처님 명호를 부르면 계속해서 열 차례 원과 행이 내재되어 있습니다. 왜 한 번 소리 내어 명호를 부르는 가운데 원과 행이 구족되어 있다 말하겠습니까? 왜냐하면 마음속으로 실제 심리의 취향이 있기 때문입니다. "나무"라고 말할 때 확실히 귀명하고, 또한 일심으로 발원하여 극락세계로 나아가려고 합니다. 그리고 입으로 "아미타불"을 부를 때 이것이 바로 왕생의 행지行持입니다. 왜냐하면 왕생은 바깥의 다리를 통해서 가는 것이 아니라 자신의 마음을 통해서 일념일념 아미타불을 불러서 부처님의 마음과 계합함이 바로 극락세계로 행진하는 것입니다. 그래서 이것이 실행입니다.

이는 앞쪽과 근본적으로 다릅니다. 앞쪽에서는 극락세계로 가려하지만, 입으로 염불을 하지 않고, 마음으로 서방극락으로 취향하지 않으며, 단지 미래에 왕생하는 먼 인을 심을 뿐입니다. 또한 다른 부류의 사람은 비록 입으로 아미타불을 염하지만, 내심으로는 일심으로 아미타불에 귀의하여 극락정토로 용감하게 달려가지 않습니다. 그래서 내면의 심행 상에 가고자 하는 어떤 직접적인 발원과 욕구가 있는지, 그리고 그 왕생의 행문에 따라 실제로 걷고 있는지 살펴보아야 합니다. 만약 이 두 가지 내포가 있다면 그것은 원과 행을 구족하고 있습니다. 이 두 가지 내포가 없다면 단지 입으로만 염할 뿐, 원이 있음을 나타내지 않습니다. 단지 마음속으로 생각할 뿐, 가려는 뜻은 있으나 실행이 있음을 나타내지 않습니다.

그러나 《관경》에서는 하품인이 임종시에 지옥상이 모두 이미 나타나는데, 이때 선지식이 그를 인도하여 왕생을 구하도록 돕습니다. 그가 믿고 진심으로 그곳에 가려하고, 그 후 행동을 내보여 아미타불을 칭념하면 이미 대원의 배에 올라 앉아 서방정토로 갑니다. 그래서 그는 아미타불을 염하여 한번 소리 낼 때마다 원과 행을 구족하였습니다. 원과 행을 이미 구비하여 아미타부처님 본원에 부합하고 당연히 당하에 왕생하니, 어떻게 별시의취別時意趣라고 해석할 수 있겠습니까?

[정공 스님 강기]

[청화] 그래서 이 부처님 명호를 일심으로 칭념하면 육자홍명六字洪名의 공덕은 불가사의합니다. 이는 아무리 자세히 말해도 다

말할 수 없어 대사께서는 우리를 위해 간략하게 말씀하십니다. 부처님 명호 소리소리 안에는 모두 보현보살의 「십원十願」과 문수보살의 「십행十行」이 구족되어 있습니다. 바꾸어 말하면 《화엄경》에서 강설하신 수학법문이 이 한마디 부처님 명호에 모두 구족되어 있습니다.

「나무아미타불」 육자명호를 해석하면 「나무」는 바로 귀명歸命의 뜻이자 귀의한다는 뜻입니다. 귀는 머리를 돌림·본래자리로 돌아감이고, 의는 의지입니다. 지금부터 우리는 한마음 한뜻으로 아미타부처님에 의지합니다. 그래서 「나무」에는 귀의가 있다, 발원이 있다는 뜻이 있습니다.

우리가 「나무아미타불」 부르는 이것이 바로 수행방법이자 수행법문입니다. 이러한 방법은 서방극락의 교주이신 아미타부처님께서 우리에게 가르쳐 주신 것입니다. 단지 그의 명호만 부르기만 하면 아미타부처님께서 인지因地에서 증과證果하기까지 시방세계에서 일체 중생을 접인하시는 갖가지 공덕이 이 한마디 부처님 명호에 구족되어 있습니다. 그래서 이 한마디 부처님 명호를 염하면 아미타부처님께서 인지에서 중생을 교화하시기까지 지혜·대원·덕행·방편 갖가지 모두 염하게 됩니다.

평상시 염불하는 사람은 매우 많지만 진정으로 「나무아미타불」 육자명호의 뜻을 아는 사람은 그리 많지 않습니다. 당신이 이 뜻을 알면 매우 기쁜 마음으로 염불할 수 있습니다. 한번 소리내어 염할 때 마다 심心·행行·원願이 모두 아미타부처님과 상응하면 이를 「공부득력」이라 합니다. 만약 명호의 함의에 대해 아는 것이 하나도 없이 다른 사람이 아미타불을 염할 때 나도 따라서 소리 내어 아미타불을 염하면 「입으로만 하는 염불」이라고 합니다. 우리의 심·행·원이 상응하지 않고 단지 입으로 염불하는 소리가 같을 뿐이고 다른 것은 모두 같지 않습니다. 이렇게 염불하여 공부하면 득력하지 못합니다.

우리가 일심으로 아미타부처님에게 귀명하는데, 어찌 왕생하지 못할 리가 있겠습니까! 그래서 「반드시 왕생한다」 하십니다. 여기서 「반드시」는 대단히 긍정적인 말투로 우리는 추호도 의심 없이 반드시 왕생합니다.

우리가 일심으로 아미타부처님에게 귀명하고서 어찌 왕생하지 못할 리가 있겠습니까! 그래서 반드시 왕생한다 하십니다. 여기서 「반드시」는 대단히 긍정적인 어투로 추호도 의심이 없이 반드시 왕생합니다.

또한 위로는 논 가운데 다보불을 칭념함은 불과를 구하기 위함으로 바로 정보이고, 아래로는 오직 발원 하나로 정토에 태어나길 구함은 바로 의보이다. 하나는 정보이고 하나는 의보이니, 어찌 비슷할 수 있겠는가? 그러나 정보는 기약하기 어렵고, 일행이 비록 정일할지라도 능히 해낼 수 없다. 의보는 쉽게 구하는데, 어찌 일원의 마음으로써 곧 증입하겠는가?

又來論中 , 稱多寶佛 , 爲求佛果卽是正報 , 下唯發願求生淨土卽是依報。 一正一依 , 豈得相似 ? 然正報難期 , 一行雖精未克 ; 依報易求 , 豈以一願之心卽入?

[이시푼촉 스님 강기]

게다가 위쪽 논 가운데 다보불을 염한다는 말씀이 가리키는 것은 행자가 자신의 행으로 불과를 증득해야 한다는 것으로, 이는 정보正報의 일입니다. 뒤에 또한 발원으로써 정토에 태어나길 구함은 부처님의 의보국토 가운데 태어나고 싶음을 가리킵니다. 하나는 정보성불正報成佛이고, 하나는 의보, 즉 부처님의 타수용토他受用土 가운데 왕생함입니다. 이 두 개는 과를 구하는 성질이 달라 하나의 말로 섞어서는 안 됩니다.

그래서 응당 이렇게 정일하고 미세하게 간택하여 번뇌를 끊고 증득하여 구경원만한 불과를 성취해야 한다고 말하니, 이는 무상의 불과로 일시에 달성하기 어렵습니다. 그래서 비록 염불이 일행으로 매우 정일하여도 이로 말미암아 능히 해낼 수 없고, 반드시 일체의 인행因行을 모두 원만히 구족하여야 무상보리를 이룰 수 있습니다. 그리고 의보의 국토를 말씀하시길, 이는 비교적 낮은 목표로 증득을 구하기 쉽다 합니다. 비록 이와 같을지라도 오직 발원 하나만 있고 행이 없는 사람은 증입할 수 없습니다. 바꾸어 말하면 정보의 불과正報를 대단히 높게 얻음으로 말미암아, 설사 염불을 매우 정일하게 깊게 닦을지라도 일시에 달성하기 어렵습니다. 그리고 아미타부처님 의보의 국토에 왕생함은 매우 달성하기 쉽지만 원만 있고 행이 없음으로 증입할 수 있는 것이 아닙니다. 이로 인해 이 두 가지 상황은 모두 별시의취에 속합니다.

아래에서는 다시 한 가지 비유를 들어 여러분으로 하여금 깨닫게 합니다.

비록 그럴지라도, 비유컨대 변방의 소국이 대국에 의탁해 섭화되면 곧 쉽지만 주체가 되려고 하면 곧 어렵다. 지금 왕생을 발원하는 이가 모두 일체를 맡기면 (부처님께서) 중생을 섭화하시니, 어찌 쉽지 않겠는가? 다만 위로는 한 몸 목숨이 다하도록 닦고, 아래로는 내지 십념에 이를 수 있으면, 부처님의 원력으로써 모두 왕생하지 않음이 없는 까닭에 「이행易行」이라 한다.

> 雖然 , 譬如邊方 , 投化即易 , 爲主即難。今時願往生者 , 並是一切投化衆生 , 豈非易也？但能上盡一形 , 下至十念 , 以佛願力 , 莫不皆往 , 故名易也。

[이시푼촉 스님 강기]

이 비유를 또렷이 이해하면 깊이 믿게 됩니다. 즉 확실히 범부가 즉생에 서방정토에 왕생함은 매우 성판成辦하기 쉬운 일입니다. 비유컨대 변방의 소국이 자신의 운명을 대국에 맡기면 매우 쉽습니다. 단지 그의 마음이 믿음으로 수순하고 거역하지 않으면서 중앙의 군주를 매우 존경하고, 신심과 원망願望이 있어 행동으로 귀의하면 당연히 중앙 대국에 흡수 동화됩니다. 만약 그가 스스로 중앙대국의 국왕이 되려고 한다면 이는 매우 어려워서 반드시 상응하는 지위에 도달해야 하고, 그렇게 큰 복덕과 권세가 있어야 중앙 대국을 통치할 수 있습니다.

이 비유는 지극히 합당하고 매우 잘 납득이 되며, 한번 들으면 바로 이해됩니다. 현재 우리 범부는 스스로 원만한 부처가 되기에는 너무 어려워 반드시 성불의 인연을 구족하여야 성불할 수 있습니다. 그러나 내가 현재 아미타부처님 국토에 태어나기만 하면 이는 매우 쉽습니다. 왜 그렇습니까? 아미타부처님께서 위없는 자비심이 있어 당신의 마음이 완전히 부처님을 믿고 수순하여 가려는 뜻이 있고, 또한 염불할 수 있으면 부처님께서 응당 즉시 섭수하여 바로 부처님의 타수용토他受用土에 태어날 수 있습니다. 이는 지극히 쉽게 왕생이 결정되는 것입니다. 이렇게 또렷이 이해한 후에는 이른바 십념왕생이 과장된 설법이 전혀 아니고 확실히 매우 쉽게 왕생이 결정됩니다. 신명을 던져 귀의하여 맡기고, 생각을 항복시키고 바꾸기만 하면 이룰 수 있습니다.

우리는 더 이상 억세고 거칠어 섭수되기 어려운 사람이 되지 말아야 합니다. 줄곧 나는 사바세계에서 어찌어찌 지낼까 생각하지만, 실제로 우리는 이미 철저히 고해 한가운데 살고 있으니, 응당 진심으로 중앙 대국에 의탁하길 희망해야 합니다. 그것이 바로 부처님의 정토세계입니다. 그래서 이렇게 생각해야 합니다. "저는 일체를 완전히 아미타부처님께 맡깁니다." 그러면 당연히 아미타부처님께서 받아주십니다.

어떻게 하여야 아미타부처님께서 받아주십니까? 조건은 최소한 단지 믿음으로 수순하는 마음이 있고 거스르지 말아야 합니다. 그 다음으로 가고자 원하는 마음이 있어야 하고, 고해 가운데 계속 빠지려고 해서는 안 됩니다. 재차 끊임없이 아미타부처님 명호를 부르고 아미타부처님께 전보를 치면 아미타부처님께서 받아주십니다. 마치 변방의 소국이 투항한다는 편지를 써서 중앙 국왕에게 보내면 국왕이 보고서 당연히 받아들이니, 이는 매우 쉬운 일이 아닙니까?

그래서 여기서 결정적인 어투로 말하니, 단지 이러한 믿음과 발원이 있기만 하면 상등자는 이 몸과 목숨이 다하도록 생명의 최후 일각까지 줄곧 닦습니다. 하등자는 임종시 지극한 마음으로 내지 십념에 이를 수 있으면 모두 부처님 원력의 섭지攝持에 기대어 왕생할 수 있습니다. 마치 모든 변방의 소국이 자신의 운명을 성심으로 맡기면 중앙 대국이 전부 받아들이는 것과 같습니다. 이를 "이행(易行; 쉽게 행함)"이라 하고, 이를 "직절(直截; 곧바로 끊음)"이라고 합니다. 그래서 절대로 별시의취別時意趣라고 판단해서는 안 됩니다. 그러면 경의 뜻에 크게 어긋나고, 부처님 마음에 크게 어긋나며, 연기법칙에 크게 어긋납니다.

[정공 스님 강기]

[다만 위로는 일생이 다하도록 닦고, 아래로는 내지 십념에 이를 수 있으면, 부처님의 원력으로 모두 왕생하지 않음이 없다]

[청화] 상근의 사람은 일생 동안 염불하여 염불을 제일 대사로 짓습니다. 하근의 사람은 일이 많아서 전념할 수 없습니다. 일로 바쁘면 어떻게 하면 됩니까? 아침·저녁으로 십념만 합니다. 그래서 이 십념은 바로 아침·저녁 일과입니다. 여기서 십념十念

법을 다시 한번 말씀드리니 기억해 두시길 바랍니다.

한 호흡이 다함을 일념一念이라 합니다. 사람마다 몸의 상황은 같지 않습니다. 어떤 사람은 몸이 매우 건강하고 호흡이 길어서 한 호흡에 열 몇 번 소리 내어 염할 수 있습니다. 이에 반해 어떤 사람은 몸이 쇠약하고 호흡이 짧아서 한 호흡에 서 너 번 소리 내어 염할 뿐이지만, 그래도 괜찮습니다. 한 호흡을 일념으로 해서 열 번 호흡하는 동안 염함을 십념이라 합니다. 그 시간은 길지 않습니다.

그래서 당신이 아무리 바빠도 아침에 일어나서 세수를 한 후 집에 불상이 있으면 불상 앞에서 합장하고 열 번 호흡하는 동안 염하고, 불상이 없으면 서방을 향해서 이런 방법으로 열 번 호흡에 맞춰 염하십시오. 밤에 자기 전에도 이 십념법을 쓰십시오. 그 시간은 비록 짧을지라도 공부를 빠뜨리지 않고 매일 아침·저녁으로 염불하여 이번 일생동안 일과를 모두 빠뜨리지 않으면 상응합니다. 그래서 이 염불법은 일이 매우 바쁜 사람을 위한 것으로 이 사람도 왕생할 수 있습니다. 단지 아침·저녁으로 빠뜨리지 않고 습관을 형성하면 때가 이르러 아미타불을 생각하게 됩니다. 그래서 이는 매우 좋은 수행방법입니다. 「부처님 원력으로써」, 이는 특별히 48원에서 18원을 가리킵니다. 일념 내지 십념이면 반드시 왕생합니다.

이 일은 말로써 뜻을 정하여 믿음이 있는 자가 의심을 품도록

해서는 안 되나니, 거룩한 가르침을 인용하여 증명을 삼아 듣는 자로 하여금 결정코 의혹을 풀 수 있도록 해야 한다.

斯乃不可以言定義, 致信之者懷疑, 要引聖敎來明, 欲使聞之者決能遣惑。

[이시푼촉 스님 강기]

그래서 이 일에서 우리는 경론 문자의 표면상으로만 그것의 함의를 확정하거나 혹은 자신의 억측에 따라 결론을 내려서 본래 심심深心이 있는 자로 하여금 오히려 의심이 생겨 물러나 심심을 잃어버리게 해서는 안 됩니다. 반드시 성제誠諦이자 헛되지 않은 제불의 금강어金剛語로써 증명을 삼아야 듣는 사람으로 하여금 결정코 의심을 풀어 제거할 수 있습니다. 그런 후면 그는 일심으로 믿고 발원하여 결정코 물러나 후회하지 않습니다. 이렇게 곧장 생명의 마지막 숨이 멎을 때까지 모두 금강반야의 신심이 있고, 일심으로 믿고 발원하는 마음이 있어 중간에 의심으로 인해 장애를 받지 않으면 순조롭게 왕생할 수 있습니다. 그래서 이 일은 지극히 중요하여 반드시 이에 따라 교敎로써 리理로써 증명을 하여 일체 행자로 하여금 직접 일심으로 정토에 들어가게 할 수 있습니다.

6. 이승종성 불생의 뜻을 회통함

여섯째, 이승의 종성은 왕생하지 못한다는 뜻을 회통한다. 묻건대, 아미타불의 청정한 국토는 보토인가 화토인가? 답하되, 화토가 아니라 보토이다. 어떻게 알 수 있는가? 《대승동성경》에 이르시길, "서방안락토와 아미타불은 보토이고 보불이다." 하셨다. 또한 《무량수경》에 이르시길, "법장 비구는 세요왕불 처소에서 보살도를 행할 적에 48원을 발하셨다. 그 한 원에 이르시길, 만약 제가 부처될 적에 시방 중생이 나의 명호를 부르고 저의 국토에 왕생하길 원하여 아래로 내지 십념에 이르러도 왕생하지 못한다면 정각을 취하지 않겠나이다." 하셨다. 지금 이미 성불하였으니, 바로 인지의 원행願行에 감득한 보신이다. 또한 《관경》에 상배삼인이 목숨을 마치려할 때 모두 말하길, "아미타부처님께서 화불과 함께 이 사람을 마중하러 오신다." 보신과 아울러 화신이 모두 손을 잡아주시는 까닭에 "여與"자라 한다. 이 경문으로써 증명을 삼는 까닭에 보신이라 한다.

第六、會通二乘種不生義者。問曰：彌陀淨國爲當是報是化也？答曰：是報非化。云何得知？如《大乘同性經》說：西方安樂阿彌陀佛是報佛報土。又《無量壽經》云：法藏比丘在世饒王佛所，行菩薩道時，發四十八願，有一願言：若我得佛，十方衆生稱我名號，願生我國，下至十念，若不生者，不取正覺。今旣成佛，卽是酬因之身也。又《觀經》中，上輩三人臨命終時，皆言：阿彌陀佛及與化佛來迎此人。然報身兼化，共來授手，故名爲"與"。以此文證，故知是報。

[이시푼촉 스님 강기]

여섯째 이승의 종성은 왕생하지 못한다는 뜻을 회통합니다.21) 묻습니다. "아미타부처님의 청정국토는 보토인가 화토인가?" 답하겠습니다. 이는 화토가 아니고 보토입니다. 어떻게 알 수 있습니까? 세 가지 단락의 경문을 인용하여 증명하겠습니다. 첫째, 《대승동성경》에서 말씀하시길, "서방극락세계와 아미타불은 보토이고 보불이다." 하셨습니다. 둘째 《무량수경》에서 말씀하시길, "법장 비구가 세자재왕불의 처소에서 보살도를 행할 적에 48대원을 발하셨으니, 한 원에서 말씀하시길, 만약 제가 성불한다면 시방중생이 저의 명호를 부르고 저의 국토에 나길 원하여 아래로 십념에 이르면 정각을 취하지 않겠나이다." 하셨습니다. 현재 이미 성불하였습니다. 이는 인지因地의 원행願行에 응답한 색신이니, 보신입니다._바꾸어 말하면 지금 서방정토에 현현하시는 불신은 옛날 인행에 응답하여 출현하신 것으로 보신입니다. 셋째 《관경》에 상배삼인이 임종시 모두 말하길, "아미타부처님께서 화불과 함께 내영하여 이 사람을 접인하신다." 하셨습니다. 여기서는 보신과 화신이 함께 손을 잡아주시므로 더불어 "여(與)" 자를 썼습니다.

---

21) "또한 이 논에 단 이승二乘의 종성은 태어나지 않는다고 한다. 이른바 안락국에는 이승의 종자가 태어나지 않지만, 또한 어찌 이승의 내생來生을 막겠는가? 비유하면 귤나무의 묘목(橘栽)이 강북에서는 자랄 수 없지만, 황하와 낙수의 과일가게(菓肆)에 또한 귤이 있는 것을 보는 것과 같다. 또한 앵무새는 용서龍西를 건널 수 없다고 하지만, 조趙와 위魏의 새장(架桁)에도 앵무새가 있다. 거기에 성문이 있다는 것도 또한 이와 같다. 이와 같이 해석을 하면, 경론經論은 곧 회통된다."《왕생론주》, 담란대사

[정공 스님 강기]

이는 정토종 수학에서 확실히 하나의 문제입니다. 대사께서는 여기서 우리들을 위해 상세히 설명하십니다. 이승의 종성은 서방 극락세계에 생하지 않는다는 사실에 대해 이 주석에서는 매우 상세히 말씀하십니다. 이 단락에는 몇 가지 매우 중요한 법문이 있습니다.

그런데 보신과 응신이라 함은 안眼과 목目처럼 다른 이름이다. 앞에는 보를 응이라 번역하고, 뒤에는 응을 보라 번역한다. 무릇 보報라 말함은 인행이 헛되지 않고, 결정코 과보를 초래하여 과보가 인행에 응하는 까닭에 보라 한다. 이에 과거 현재 제불께서 삼신三身을 판석하시니, 이를 제외하고 그밖에 더 이상 다른 체성은 없다. 설사 팔상성도가 무궁하고 명호가 항하사일지라도 체성을 논하면 모두 화불께서 섭수하는 대상으로 돌아간다. 지금 저 아미타 부처님께서는 현현함이 보신이다.

然報應二身者 , 眼目之異名。前翻報作應 , 後翻應作報。凡言報者 , 因行不虛定招來果 , 以果應因故名爲報。又三大僧祇所修萬行 , 必定應得菩提 , 今旣道成 , 卽是應身。斯乃過現諸佛辨立三身 , 除斯已外更無別體。縱使無窮八相 , 名號塵沙 , 克體而論 , 總歸化攝。今彼彌陀 , 現是報也。

[이시푼촉 스님 강기]

그런데 보신과 응신은 다른 명칭일 뿐, 안眼과 목目이 같은 것처럼 가리키는 것은 모두 하나입니다. 먼저 앞에서 "보報"는 번역하면 "응應"이고, 뒤에 "응應"은 번역하면 "보報"입니다. 무릇 "보報"라고 말함은 바로 인지의 수행이 헛되이 버려지지 않아 반드시 상응하는 과보를 초래함을 가리킵니다. 과는 인에 응함으로 말미암아 생기므로 수보酬報라 합니다.

한 걸음 더 나아가 추론하면 삼대아승지겁에 닦은 만행으로 반드시 보리과를 얻습니다. 현재 이미 무상각도無上覺道를 성취하였습니다. 이로 인해 과거의 보살행에 감응하여 오심을 "응신"이라 부릅니다. 요컨대 "보報"·"응應"은 하나의 함의로 이는 바로 현재 과거 제불께서 삼신의 의의를 판석한 것이니, 이를 제외하고 그밖에 더 이상 다른 체성은 없습니다. 설사 무궁한 팔상성도의 사업상事業相을 나타내 보이거나 각 세계에 항하사 숫자의 명호를 안립할지라도 체성을 논하면 모두 화불의 섭수대상(所攝)으로 돌아갑니다.

총괄적으로 말하면 이는 모두 부처님께서 무량한 기간에 응하시어 상응하는 색신·명호·사업상事業相 등을 나타내심이니, 이 한 부류는 중생의 기에 응하여 환으로 지어낸 상입니다. 그리고 현재 아미타부처님께서 서방극락세계에서 성불하심은 인과가 원만하여 시현하는 색신불임을 가리킵니다. 그러므로 그가 당하當下에 보리를 현증現證하신 곳에서 현현하는 것이 보신보토報身報土입니다.

[정공 스님 강기]

[청화] 무엇을 보신報身, 보토報土라고 합니까? 아미타부처님께서

는 성불하시기 이전 인지因地에서 출가하셔서 수행하셨으니, 법명이 법장法藏입니다.《무량수경》에서는 그분의 역사를 볼 수 있습니다. 그가 출가한 후 수행한 인행은 모두 진실이고, 조금도 거짓이 없습니다. 우리가 지금 수행하는 것은 진실하지 못하고, 다른 사람이 볼 때 허세를 부려서 수행하는 것처럼 행동하고, 다른 사람이 가버리면 우리는 그냥 방일하고, 그냥 되는대로 하는 것이 진실하지 못합니다. 법장 비구는 인지에서 다른 사람이 보든지 보지 않든지 상관하지 않고 언제나 진실로 수행하셔서 헛되이 보내지 않았습니다. 그래서 인因이 원만하여 과보가 현전합니다(定招來果). 이로써 인과가 헛되지 않고 선한 인연은 반드시 선한 과보를 얻고, 악인은 반드시 악한 과보를 얻음을 알 수 있습니다. 아미타부처님께서 닦은 것은 진실의 인因이므로 그는 진실의 과보를 얻었습니다(以果應因). 그래서 이 **실보장엄토實報莊嚴土**는 그의 수행에서 유래한 것입니다.

법성토는 닦는 것이 아니고 법신토도 닦는 것이 아니며, 자성본연 그대로의 모습입니다. 법신과 법성은 결정코 다르지 않고, 미혹과 깨달음은 둘이 아닙니다. 그러나 보신과 보토는 같지 않고, 닦아서 얻은 것입니다. 그래서 법장 비구는 원만한 선·구경의 선을 닦아서 원만보신·실보장엄토를 성취하였습니다.

보토報土와 보불報佛은 우리가 이런 경계에 이르지 않으면 볼 수 없습니다. 우리가 서방극락세계에 왕생하여 아미타부처님을 친견하면 바로 응신應身을 봅니다. 그러나 서방극락세계 아미타부처님의 응신과 시방세계 제불의 응신은 같지 않습니다. 왜냐하면 시방세계 제불의 응신은 중생의 심량을 따라 응현하는 것입니다.

석가모니부처님께서 3천 년 전, 이 세계에 출현하셨습니다. 그의 응신은 32상 80종호를 갖추었고, 그의 신장은 6척입니다. 현재의 척도로는 대략 8척 크기입니다. 부처님은 장신이지만 우리가 상상하듯이 엄청나게 큰 거인이 아니고 우리와 차이가 많지 않습니다. 이를 범부중생을 위해 설법하시는 열응신劣應身이라 합니다. 그러나 서방극락세계 아미타부처님의 응신은 그 신장의 크기가 보신과 별로 차이가 나지 않는데, 이는 불가사의합니다. 그래서 응신도 서로 같지 않다고 합니다.

묻건대, 보報를 말함은 보신은 상주하여 영원히 생멸이 없는데 무슨 까닭에 《관음수기경》에서는 아미타부처님께서도 열반에 드는 때가 있다 하였는가? 이 하나의 뜻은 어떻게 회통하여 해석하겠는가?

問曰：既言報者，報身常住永無生滅，何故《觀音授記經》說，阿彌陀佛亦有入涅槃時？此之一義若爲通釋？

[이시푼촉 스님 강기]

의문이 하나 생깁니다. 즉 "이미 「보報」라고 말함은 보신이 상주하여 생멸이 없는데, 왜 《관음수기경觀音授記經》에서는 아미타부처님께서도 열반에 드시는 때가 있다고 하는가? 이 양자는 어떻게 회통하여 해석하겠는가?"

답하되, 열반에 드는지 여부는 오직 제불의 경계일 뿐, 삼승의 얕은 지혜로 엿볼 수 없거늘 어찌 소견 범부가 알 수 있겠는가? 비록 그러할지라도 반드시 알고자 하면 감히 불경을 인용하여 증명을 삼는다.

答曰：入不入義者，唯是諸佛境界，尚非三乘淺智所窺，豈況小凡輒能知也？雖然，必欲知者，敢引佛經以爲明證。

[이시푼촉 스님 강기]

답하겠습니다. 제불께서 열반에 드시는지 여부는 제불의 경계로 삼승의 얕은 견해로써 엿볼 수 있는 것이 아니거늘, 하물며 소견 범부가 어떻게 또렷이 알 수 있겠습니까? 비록 이와 같을지라도 만약 확인하거나 또렷이 알고 싶다면 여기서 한 단락의 불경을 인용하여 증명을 삼아도 괜찮습니다.

어떤 경문인가? 《대품경·열반비화품》에 있는 말씀이다. 부처님께서 수보리에게 이르시길, "그대의 생각은 어떠한가? 화인化人이 다시 화인이 된다면 이러한 화化에 자못 진실의 일이 있어 공하지 않은 것이더냐?" 수보리가 답하길, "그렇지 않습니다, 세존이시여!" 부처님께서 수보리에게 이르시길, "색이 바로 화化이고, 수상행식이 바로 화이며, 내지 일체종지가 바로 화이니라."

何者？如《大品經‧涅槃非化品》中說云：佛告須菩提：於汝意云何？若有化人作化人，是化頗有實事不空者不？須菩提言：不也，世尊。佛告須菩提：色卽是化，受想行識卽是化，乃至一切種智卽是化。

[이시푼촉 스님 강기]

어떤 경문으로 증명합니까?《대반야경》'열반비화품涅槃非化品'에 있는 한 단락의 경문입니다. 당시 부처님께서 수보리에게 이르시길, "그대는 어떻게 생각하는가? 변화하여 된 사람이 다시 변화하여 사람이 된다면 이렇게 변화하여 된 사람이 자못 진실의 일을 얻을 수 있는가? 또는 그것을 찾을 때 이 같은 진실의 법을 찾을 수 있는가?" 하셨습니다.

수보리가 말하길, "세존이시여, 기꺼이 찾을 수 없습니다. 왜냐하면 그는 변화하여 된 것으로 현현한 곳에서 나타나 존재하는 것 같지만 실제로는 찾을 때 추호도 찾을 수 없습니다. 그래서 진실한 일이 아니고 단지 변화된 가상일 뿐입니다." 하였습니다.

부처님께서 수보리에게 이르시길, "이것과 마찬가지로 눈앞에 보이는 갖가지 색도 변화하여 된 것이고, 수상행식도 변화하여 된 것이며, 내지 일체종지도 변화하여 된 것으로 진실로 찾을 때 이러한 정해진 법이나 진실한 법을 얻을 수 없느니라." 하셨습니다.

[정공 스님 강기]

[청화]《반야경》은 우리에게 공의 이치를 말씀해 줍니다. 모든 일체법은 의보依報이든 정보正報이든 모두 법성이 변화하여 된 것으로 하나도 변하지 않는 것은 없고, 하나도 상주하지 않는 것은 없습니다. 이 사실을 명료하게 알아야 진정으로 내려놓을

수 있고, 분별·집착하지도 근심·걱정하지도 않습니다. 이것은 모두 쓸데없는 것이고 가상입니다. 그래서 반야지혜가 있으면 신심세계를 저절로 내려놓고, 진실한 청정에 도달합니다.

「일체법은 모두 변화하여 된 것이다.(一切法皆是化)」 불법도 변화하여 된 것(化)입니다. 서방극락세계도 변화하여 된 것입니다. 비록 모두 변화하여 된 것일지라도 인과는 서로 같지 않습니다. 예컨대 우리 인간은 자성이 변화한 것이고 이 세간에서 몇 십 년을 보낼 수 있다고 말합니다. 우리가 물 위의 작은 벌레를 보면 물 위를 뛰어다니는 것을 하루살이라고 부르는데, 그 수명은 몇 시간밖에 되지 않으니, 아침에 태어나 저녁에 죽습니다. 그것이 그의 일생입니다. 비록 변화하여 된 것일지라도 존재하는 시간의 장단은 같지 않고, 누리는 고락도 같지 않습니다. 서방극락세계는 비록 변화하여 된 것일지라도 그곳 사람의 수명은 무량수입니다.

일체 변화된 곳 중에서 서방극락세계가 제일 수승합니다. 비록 화토化土일지라도 그것은 진정한 실보토實報土라고 말할 수 있습니다. 왜냐하면 한 사람 한 사람 서방극락세계에 태어난 이후는 일생 중에 반드시 견성성불하고 성불한 후 진정한 대자재를 얻기 때문입니다. 변화하여 된 것으로 그것은 진실로 마음이 원하는 대로 이루어지므로 원래는 가상이지만 가상이 진실한 것으로 변합니다. 서방극락세계에 가야만 화토를 진실한 보토로 변화시킬 수 있고, 화신을 진실한 보신으로 변화시킬 수 있음을 알아야 합니다.

만약 다른 제불정토나 다른 방법이면 《화엄경》의 말씀대로 무량아승지겁을 닦아야 성취할 수 있습니다. 왜냐하면 삼계를 벗어나는 것은 쉽지 않아서 나아가는 시간은 적고, 물러나는 시간은 많기 때문입니다. 한번 삼악도에 떨어지면 몇 대겁 동안 불법을 들을 수 없고, 삼악도에서 괴로움을 다 받아야 다시 인간의 몸을 얻습니다. 인간의 몸을 얻어 불법을 만나야 다시 닦을 기회가 있고, 또한 수십 년 닦아도 죽은 후에 삼계를 벗어나지 못하고 삼악도에 떨어지니, 무량겁이 필요합니다. 그래서 서방극락세계에 가지 않으면 안 됩니다.

수보리가 부처님께 아뢰길, "세존이시여! 만약 세간법이 화化이고, 출세간법 또한 화이면 이른바 사념처·사정근·사여의족·오근·오력·칠각분·팔성도분과 삼해탈문 불과상의 십력·사무소외·사무애지·십팔불공법 등 모든 도법의 과위 및 현인·성인인 이른바 수다원·사다함·아나함·아라한·벽지불·보살마하살·제불세존, 이 법 또한 화가 아닙니까?" 하셨다.

須菩提白佛言：世尊！若世間法是化，出世間法亦是化，所謂四念處、四正勤、四如意足、五根、五力、七覺分、八聖道分，三解脫門，佛十力、四無所畏、四無礙智、十八不共法，並諸法果，及賢聖人，所謂須陀洹、斯陀含、阿那含、阿羅漢、辟支佛、菩薩摩訶薩、諸佛世尊，是法亦是化不？

[이시푼촉 스님 강기]

수보리가 부처님께 아뢰길, "세존이시여, 만약 세간법이 환화幻化와 같고 실다움이 없어 실제로 찾을 때 조금도 얻을 수 없으며, 출세간법도 실다운 법을 얻을 수 없습니다. 그렇다면 이른바 일체도과道果의 법은 이와 같지 않습니까? 이른바 사념처四念處·사정근四正勤·사여의족四如意足·오근五根·오력五力·칠보리분七菩提分·필상도분八聖道分이 포섭되는 삼십칠도품의 법 및 공空·무상無相·무원無願의 삼해탈문三解脫門 내지 무상불과無上佛果 상의 십력十力·사무외四無畏·사무애지四無礙智·십팔불공법十八不共法 등등 이러한 도법을 수지하여 출현하는 과위 및 현위·성위의 사람, 이른바 성문초과·이과·삼과·사과, 연각과위·보살마하살·제불세존, 이러한 일체가 현현하는 법도 환화와 같습니까?" 하였습니다.

부처님께서 수보리에게 이르시길, "일체법은 모두 화化이다. 이 법 가운데 성문의 변화법이 있고 벽지불의 변화법이 있으며, 보살의 변화법이 있고 제불의 변화법이 있으며, 번뇌의 변화법이 있고 업인연의 변화법이 있다. 이러한 인으로써 연한 까닭에 수보리여! 일체법은 모두 화이다." 하셨다.

佛告須菩提：一切法皆是化。於是法中，有聲聞法變化，有辟支佛法變化，有菩薩法變化，有諸佛法變化，有煩惱法變化，有業因緣法變化。以是因緣故，須菩提！一切法皆是化。

[이시푼촉 스님 강기]

이때 부처님께서 매우 확실하게 말했습니다. "수보리여, 일체법은 모두 화化이다. 실제상 얻을 수 있는 법은 없고 진실로 그곳에 현현하는 어떠한 실법도 없다. 이는 말하자면 이들 법에서 갖가지 차별상이 출현한다. 예를 들어 말하면 사제四諦를 수지하여 오도五道·사과四果·사향四向 등 성문법의 변화가 있는데, 마치 하나하나 법이 있는 것 같다. 혹은 십이연기十二緣起를 수습하여 벽지불 유학 무학 등 변하는 법이 있다. 혹은 육바라밀을 수지하여 보살법계의 갖가지 변화하는 법이 있다고 말한다. 혹은 제불의 갖가지 변화의 법이 있다고 말한다. 유루계有漏界에서 말하면 중생이 탐진치 등을 일으켜 갖가지 변화의 법이 있고, 혹은 업력이 모여서 갖가지 인연과보의 변화법 등등이 출현한다. 이러한 인으로써 연한 까닭에 수보리여, 일체법은 모두 화이다. 왜냐하면 모두 연기를 따라서 갖가지 상상相狀이 나타나는 것 같지만, 실제로는 진실로 찾을 수 없는 것이다. 그래서 일체 얻을 수 있는 실다운 법은 없다."

[정공 스님 강기]

"일체법은 모두 화이다." 이는 바로 무릇 현상은 모두 자성이 변화하여 생겨난 것으로 육범법계도 이와 같고 사성법계도 예외가 아니라는 말입니다. 우리는 묻습니다. 서방극락세계는 화化가 아닌가? 화입니다. 「화엄경」에서 말하는 화장세계 일진법계는 화가 아닌가? 화입니다. 화하는 주체(能化)는 다른 사람이 아니라

바로 우리 자신의 진성眞性, 늘 말하는 자신의 진심眞心임을 알아야
합니다. 우리가 밤에 잠을 자면서 꿈을 꾸는 것과 마찬가지로
꿈속의 모슨 경계는 좋은 경계이든 나쁜 경계이든 꿈에서 깬
후에는 우리는 모두 원래 꿈속 경계임을 알게 됩니다. 꿈은 어디서
옵니까? 꿈은 자신의 마음이 변하여 나타난 것으로 바깥에 있는
물건이 꿈속 경계로 변하여 나타난 것이 아닙니다. 왜냐하면
꿈속 경계는 매우 짧아서 매우 쉽게 깨어납니다. 이 현상에 대해
우리는 비교적 또렷하게 이해합니다.

그러나 현전하는 이 세계는 다시 전체 우주로 확장하여 광대하여
부처님께서 경전에서 말씀하신 다함없는 세계, 다함없는 중생과
같습니다. 이것도 여전히 자성이 변화하여 나타난 것입니다.
그래서 《금강경》에서는 부처님께서 한 마디 매우 유명한 말씀을
하시길, "무릇 모든 상은 다 허망하니라(凡所有相 皆是虛妄)." 하셨습
니다. 왜 허망하다고 하십니까? 그것은 변하여 생긴 것으로 영원
히 존재하는 것이 아닙니다. 이렇게 변화하여 생긴 상은 우리의
감촉 가운데 상당히 오랜 시간의 존재가 확실히 있는 것 같지만,
이는 우리의 착각임을 전혀 모릅니다. 실제 상황은 어떠합니까?
실제 상황은 이 같은 변화의 상속일 뿐입니다. 이는 부처님께서
경론에서 매우 또렷하게 상속상相續相이라고 말씀하셨습니다.
앞에서 변하는 이 현상과 뒤에서 변하는 이 현상은 서로 비슷하여
하나하나 비슷하게 계속 일어나서 우리는 이 현상이 존재한다고
느끼게 되는 것입니다. 마치 우리가 영화를 볼 때 영화 스크린에
나타나는 현상과 같아서 필름 한 장 한 장이 그곳에서 교체되어
이어지는 상속상입니다. 우주와 인생의 진생은 바로 이와 같습

니다.

모든 이런 변화하는 그것의 성질에 생멸이 있습니다. 부처님께서 이 세계 유정중생, 요즘 말로 동물에게는 생노병사가 있다고 말씀하셨습니다. 이것이 동물의 생멸상입니다. 식물에는 생주이멸生住異滅이 있어 그것도 변화합니다. 식물의 변화는 쉽게 똑똑히 관찰할 수 있는데 춘하추동 사계절처럼 매우 현저합니다. 광물에게는 성주괴공成住壞空이 있습니다. 광물의 관찰시간은 비교적 깁니다. 현재 고고학적인 방법으로 이른바 쌍전벽해를 확실히 증명합니다. 지형도 변화가 있습니다. 현대과학기술의 발달로 우리는 고배상의 망원경으로 우주공간의 별을 관찰하면 새로 생겨나는 별도 있고 폭발하여 사라지는 별도 있습니다. 이는 세계의 성주괴공입니다. 부처님께서는 전체 현상은 생멸상이라고 말씀해주셨습니다.

그렇다면 서방극락세계는 생멸상입니까? 《화엄경》에서 말씀하신 비로자나불의 정토인 화장세계는 생멸상입니까? 경에서는 확실히 우리에게 아니라고 말씀하십니다. 왜 모두 진성이 변하여 나타난 현상인데 하나는 생멸이 있고 하나는 생멸이 없습니까? 부처님께서는 이치에 밝은 분으로 마음대로 말씀하시지 않습니다. 이 현상의 생生에는 무릇 진실로 성性이 있으면 상相이 있습니다. 성性은 능변能變이고, 상相은 소변所變입니다. 능能이 있으면 반드시 소所가 있습니다. 우리 육도범부는 생멸심을 쓰므로 나타나는 상은 바로 생멸상이고 생멸상은 환으로 변하여 무상합니다. 부처님의 경계, 부처님과 대보살의 마음은 진심眞心입니다. 진심은 불생불멸입니다. 우리 범부가 쓰는 것은 망심妄心입니다. 망심은 바로 생각으로, 한 생각이 일어나고 한 생각이 멸합니다. 우리는 확실히 생멸심을 씁니다. 그래서 변하여 나타나는 현상은 생멸하는 현상입니다. 제불보살께서 변하여 나타나는 현상은 불생불멸의 현상입니다.

생멸현상도 자성이 변하여 나타난 것이고 불생불멸의 경계도 자성이 변하여 나타는 것으로 모두 화化입니다. 그래서 이 화化 안에 정토가 있고 예토가 있으며, 법성토가 있고 법상토가 있습니다. 진심이 변한 것을 **법성토**法性土라고 하고, 생멸심이 변한 것을 **법상토**法相土라고 합니다. 그래서 모두 화化입니다. 만약 우리가 이러한 이치를, 이러한 사실을 깊이 깨닫는다면 부처님께서 제법은 평등하여 위·아래가 없다 하신 말씀에 활연대오하실 것입니다. 왜 제법은 평등하여 위·아래가 없습니까? 모두 자성이 변하여 나타난 것으로 결정코 자성이 없기 때문입니다. 그래서 일체법은 끝끝내 성공性空입니다. 이 성性이 바로 그것의 본체입니다. 일체법은 결정코 그 자체가 없고, 내지 경전에서 설하는 보리·열반도 또한 이와 같습니다. 그렇다면 어떻게 평등하지 않겠습니까? 중생과 부처도 평등합니다. 서방극락세계는 사바세계와 평등합니다. 이理 상에서 평등하고 사事 상에서 평등하며 작용에서도 평등하여 평등하지 않은 것이 하나도 없습니다. 비록 평등한 현실일지라도 우리가 서로 다르게 감수합니다. 왜 다르다는 감수가 있습니까? 여기에는 미혹과 깨달음의 차별이 있기 때문입니다. 깨달은 그는 이것이 청정하다고 느껴, 정토와 예토가 모두 청정합니다. 만약 깨닫지 못하면, 즉 자성에 미혹하면 이 감수는 고락의 연분이 있어 크게 다릅니다. 이는 모두 불·보살이 말하는 우주와 인생의 진상입니다. 진상 가운데 강요綱要를 우리를 위해 설하십니다.

우리는 부처님도 여전히 배워야 함을 알게 됩니다. 배워야 할 뿐만 아니라 착실히 배워야 합니다. 왜냐하면 오직 착실히 수학하여야 제법의 실상을 증득할 수 있고, 제불보살과 같아야 원만한 깨달음을 증득할 수 있습니다. 이것이 불경에서 말하는 원각圓覺, 원만한 깨달음입니다. 원만히 깨달은 후 비로소 진정으로 구경원만한 이고득락離苦得樂에 도달할 수 있습니다. 그래서 부처님께서는 경에서 두 가지 원칙을 말씀하셨습니다. 하나의 원칙은 우리의 경계에 따라 말하는 것으로, 중생의 상식에 따라 중생의 이해에 따라 말하는 것입니다. 이는 우리가 매우 쉽게 이해하고 한번 말하면 잘 이해하여 쉽게 받아들입니다. 다른 하나의 원칙은 그의 견해에 따라 말하는 것입니다. 이로 인해 수많은 법문이 있고 우리가 들어도 이해하지 못합니다. 우리의 상식과 완전히 어긋나서 우리는 이해할 수 없고 받아들일 수 없지만 부처님의 설법은 진실한 말씀입니다. 우리에 수순하는 설법도 거짓으로 하신 말씀이 아닙니다. 부처님께서 속제俗諦에 따라 말씀하시든 진제眞諦에 따라 말씀하시든 모두 진실하여 헛되지 않습니다. 우리는 이로부터 세심하게 체득해야 합니다.

중생은 미혹되고 깨닫는 정도가 서로 다르고 경계층차가 서로 평등하지 않아 부처님께서는 수없이 많은 중생을 교화하시고자 우리 세간의 사람을 관찰하여 진실로 고구정녕 노파심에 헤아릴 수 없는 선교방편으로, 요즘 말로 교학의 방법과 수단이 무량무변이지만, 목표는 오직 하나 우리를 도와 깨닫게 하고 우리를 도와 실상을 증득하게 하는데 있습니다. 이것이 부처님께서 중생을 교화하시는 종지요 목표입니다. 그러나 중생의 방면에서 말하자면 무시겁 이래 미혹·전도되어 있다고 말할 수 있습니다. 이러한 미혹은 미혹·전도에 점점 더 깊이 빠집니다. 진흙에 점점 더 깊이 빠질수록 기어 나오기가 매우 어렵고 쉽지 않습니다. 우리는 무시겁 이래 육도에 미혹되어 세세생생 더욱 심각해집니다. 그래서 설사 원만한 지혜가 있고 부사의한 선교방편이 있어도 우리는 의연히 득도得度할 수가 없습니다. 부처님의 지혜가 원만하지 못하고, 부처님의 방법이 좋지 않다고 말하는 것이 아니라 우리 자신의 업장이 너무나 깊고 너무나 무거워서 부처님의 법문을 체득하기 매우 어렵습니다. 개경게에서 "원하옵건대 여래의 진실한 뜻을 이해하고자 하나이다." 말하지만 우리는 종종 부처님의 뜻을 잘못 이해합니다. 더욱이 부처님께서 세상에 계시지 않고 이 경전을 남겨두셨지만 우리는 뜻을 잘못 생각하면 여쭤볼 기회도 없습니다. 부처님께서 세상에 계실 때에는 우리가 잘못이 있으면 여쭤볼 수 있지만, 부처님께서 세상에 안 계실 때에는 물어볼 곳도 없습니다. 이것이 바로 업장이 깊고 무거움입니다.

제불께서 증득한 구경원만한 경계에 대해 우리가 얻고 싶고 계입契入하고 싶어도 실제로는 매우 어렵습니다. 《화엄경》의 말후는 「입부사의해탈경계入不思議解脫境界」인데 그 부사의해탈경계는 무엇입니까? 요즘 말로 하면 우주와 인생의 진상입니다. 입입은 완전히 이해한다, 완전히 깨닫는다는 뜻으로 오悟가 바로 입입입니다. 늘 쓰는 말로 증득한다는 말입니다. 이는 불법 교학의 최종적인 목표이고 부처님께서 중생을 교화하신 구경원만의 능사能事입니다. 만약 우리가 이런 경계에 계입할 수 없다면 부처님의 중생교화는 실패일 것입니다. 비록 가르치시더라도 이 수준에 도달할 수 없다면 이 교육은 실패입니다. 당연히 부처님께서 그들 법신대사(대보살)에 대해 문제없이 잘 가르치셨습니다! 대승 순선純善의 중생은 가르치기 좋지만, 우리 같은 사람은 가르치기 어렵습니다!

우리 같은 사람은 누구입니까? 선도대사께서는 우리에게 매우 분명히 개시하여 주셨습니다. 그래서 앞에서 말한 구품에서 상배삼품의 대승 극선의 사람임을 기억해야 합니다. 대승의 심량은 크고 견해는 넓어서 마음을 일으키고 생각을 움직이는 것이 모두 일체중생의 진실한 이익을 고려합니다. 이것이 바로 대승 극선으로 염념마다 중생의 진실한 이익을 생각하니 이 같은 사람은 가르치기 좋습니다. 중배삼품의 사람은 소승의 근성으로 선인善人, 소선小善입니다. 소선은 비록 매우 선할지라도 그의 사상견해는 넓지 못하고 매우 보수적입니다. 동양에서는 선을 택하여 굳게 지키는 것(擇善固執)이 인간의 도리라고 말합니다. 그는 이 같은 고집의 굳센 정신이 있습니다. 그래서 계율을 매우 엄격히 지킵니다. 대승인은 이와 달라서 대승 극선의 사람은 비록 그의 경계가 보살경계가 아닐지라도 그는 매우 근접하여 이른바 이사무애理事無礙·사사무애事事無礙의 이런 유형에 속합니다. 상배삼품·중배삼품은 모두 선인으로 죄업을 짓지 않습니다. 우리는 하배삼품으로 죄업을 짓습니다. 지은 죄업의 경중이 다릅니다.

오역십악을 지으면 하하품으로 왕생합니다. 죄업을 조금 가볍게 지으면 하상품·하중품으로 왕생합니다. 이는 죄업을 짓는 중생에 속합니다. 이런 중생은 제도하기 어렵습니다.

제도하기 어려운데 뜻밖에 제도할 수 있는 사람이 있으니, 어떤 원인입니까? 《무량수경》에서 매우 또렷하게 말씀하시고 있습니다. 우리가 이번 일생에 선을 짓고 악을 지음은 생활환경과 매우 큰 관계가 있습니다. 이는 바로 선도대사께서 《사첩소》에서 말씀하신 「만나는 연분이 다름(遇緣不同)」입니다. 우리가 만나는 연분이 선연善緣이면 매우 순조롭게 성취되지만, 만나는 연분이 선하지 않으면 우리는 다소 그의 영향을 받습니다. 분명한 것은 운이 매우 좋아 처음부터 좋은 스승, 좋은 도반을 만나면 학불은 순풍에 돛을 단 것처럼 매우 빠르게 진보합니다. 만일 처음에 만난 인연이 진정한 선지식이 아니어서 우리를 잘못된 길로 끌어들인다면, 번거로움이 매우 크고, 거기에서 다시 돌아오기가 매우 어렵습니다. 어려움은 먼저 들은 것이 주가 되는 선입견에 있습니다. 이는 매우 신중해야 합니다.

먼저 들은 것이 주가 된다는 이치, 이 사실을 아는 것이 중요합니다. 어린아이는 책을 읽고 깨우쳐주는 선생님이 그의 일생을 결정합니다. 옛날에 가장은 자신의 자녀가 학교에 가서 만나는 첫 번째 선생님에 대해 매우 신중했습니다. 첫 번째 선생님을 선택함에 있어 학문은 중요하지 않았습니다. 어린이를 가르치는 데는 높은 학문이 필요하지 않고, 덕행이 가장 중요합니다. 어린아이가 스승의 덕행에 따라 훈도를 받아 어릴 때부터 뿌리 내리게 하고, 선입견이 잘 자리잡게 하는 것이 중요합니다. 우리가 불법을 배우는 것도 이와 같아 우리가 불법을 접촉하고서 첫 번째 선생님이 중요한 인물입니다.

오늘날 선지식은 적어서 학불하는 처음에 진실로 선지식을 만나면 더할 나위 없이 좋지만, 이렇게 만날 수 있는 사람은 매우 적습니다. 설사 만나더라도 당신이 선지식에 대해 신심이 없다면 면전에서 놓쳐버리는 이는 너무나 안타까운 일입니다. 그래서 이 일을 자세히 말하면 「연緣」자 하나에 있습니다. 당신이 이 선지식과 연분이 있느냐, 관건은 연에 있습니다. 연분이 없으면 비록 며칠 동안 함께 있으면서 그 사람의 말을 들어도 아무런 흥미가 나지 않고, 또 다른 사람의 말을 들으면 그 사람의 말도 틀리지 않습니다. 많이 들을수록 잡다하게 배울수록 머리는 복잡해지고 망상이 많아지고 분별·집착도 많아져서 자기가 수학하는 데 곤란을 초래하고 장애를 초래합니다. 불법의 수학은 세간법의 수학과 다름을 모릅니다.

불법은 선정을 닦는데 있습니다. 계율로 인해 선정이 생기고 선정으로 인해 지혜가 생김을 알아야 합니다. 불법의 목적은 지혜를 여는 것입니다. 지혜가 없으면 부사의해탈경계에 계입할 수 없으므로 반드시 고도의 지혜가 있어야 합니다. 고도의 지혜는 선정 가운데 얻습니다. 그래서 불법은 다른 것을 수학하는 것이 아니라 선정을 닦는 것입니다. 정토법문에서는 바로 청정심을 닦음입니다. 《무량수경》은 경의 제목에서 청정심·평등심·각심, 즉 「청정평등각」을 닦는데 있다고 매우 분명히 말하고 있습니다.

《아미타경》에서 말하는 것은 「일심불란一心不亂」으로, 이것이 바로 선정입니다. 청정·평등은 모두 선정의 다른 이름입니다. 그래서 가장 두려운 것은 두뇌가 너무 복잡하게 되고 너무 골치가 아프면 얻을 수 없는 점입니다. 진정으로 이러한 문제를 똑똑히 알아야 합니다.

인광대사의 염불당에는 《아미타경阿彌陀經》 한 권만 있었습니다. 이는 대단히 훌륭합니다. 우리는 대사님과 견줄 수 없습니다. 대사님의 마음은 진실로 청정하였습니다. 당신이 이렇게 많은 경서를 염송하는 것은 몇 권의 경서를 이렇게 전념하여 염송하는 것만 못하고, 몇 권의 경서를 염송하는 것은 한 권의 경서를 진정으로 정통하도록 염송하는 것만 못합니다. 다시 전문적으로 깊이 들어가면 최후에는 한마디 부처님 명호만 있으면 되고, 한 권의 경서도 필요 없으니, 확실히 이와 같습니다.

왜 염불당에서는 《아미타경》 한 권만 염송해야 합니까? 이 《아미타경》 한 권은 마음을 선정에 들게 합니다. 마음이 선정에 들지 않고 망념이 있을 때 이 경을 염송하면 망념이 사라집니다. 그런 후에 부처님 명호를 들면 부처님 명호와 비로소 작용이 일어납니다. 어떤 작용이 일어납니까? "일념에 부처님 명호와 상응하여 일념에 부처가 되고, 염념마다 상응하여 염념마다 부처가 된다(一念相應一念佛 念念相應念念佛)." 상응하는 작용이 비로소 일어납니다. 그래서 이 경전 한권에 통상 왕생주를 세 번 또는 왕생주를 7번 염송하는 목적은 모두 마음을 선정에 들도록 돕기 위함으로 망상을 버리고 청정심으로 이 한마디 부처님 명호를 염하기 위함입니다. 대경에서 말하는 일향전념, 일심전념이 바로 이 뜻입니다. 석가모니부처님 뿐만 아니라 시방일체 제불여래께서도 아미타부처님께서 접인하시는 이 방법을 채택하고 우러러 떠받들었습니다. 이 아미타부처님 본원 공덕에 의지하여 모든 일체 중생을 가르쳐 모두 왕생하게 하고 부사의해탈경계에 계입하게 할 수 있으면 부처님께서 중생을 제도하시는 이러한 원이 비로소 원만하고 부처님께서 구법계 유정중생에 대한 교화가 비로소 허사가 되지 않으니, 이는 진정으로 대단히 훌륭합니다.

이것이 바로 일체 법문은 최후에 이르러 모두 염불법문으로 돌아가는 이유입니다. 이른바 「(석가모니부처님께서 49년 설한) 천경만론은 곳곳마다 정토를 가리켜 돌아감에 있다(千經萬論 處處指歸)」입니다. 불문에서도 길은 다르지만 돌아가는 곳은 같아서 모두 정토로 돌아가고, 모두 아미타부처님 서방극락세계에 돌아가니, 어찌 이승의 종성이 생하지 않겠습니까? 이승의 종성은 생하지 않는다 함은 실제로 집착하여 이 법문을 받아들이지 못하는 것에 불과합니다. 그러면 방법이 없습니다. 단지 고집하지 않기만 하면 이 법문에 대해 환희심이 생긴다는 뜻입니다. 이로 인해 시방세계 소승의 중생도 이 법문을 듣고서 환희심이 생겨 극락에 태어나길 발원하여 구하면 결정코 장애가 없고 모두 왕생합니다. 이렇게 서방극락세계에 왕생하면 당연히 과거 생 동안 소승의 습기가 매우 무겁고 결코 한번이 아니어도 잘못을 고칠 수 있습니다. 그래서 서방극락세계에 도달하여 아라한과를 증득하고 그런 다음 소승을 돌려서 대승으로 향하게 하면 속도가 매우 빨라집니다. 아라한과를 증득하여 몸을 흔들어 바꾸면 바로 보살입니다. 그렇게 한번 바꾸어 보살을 이루면 경에서 말씀한대로 "아비발치阿鞞

跋致로 영원히 퇴전함이 없습니다." 그래서 이 이理와 사事를 모두 잘 알아야 의심이 생기지 않고 수학의 장애가 생기지 않습니다. 이것이 이 단락의 대의입니다.

수보리가 부처님께 아뢰길, "세존이시여! 이는 모든 번뇌를 끊어 나타나는 과위로 이른바 수다원과·사다함과·아나함과·아라한과·벽지불 등 여러 번뇌·습기를 끊어 나타나는 성인의 법도 모두 변화가 아닙니까?" 하셨다.

須菩提白佛言：世尊！是諸煩惱斷, 所謂須陀洹果、斯陀含果、阿那含果、阿羅漢果, 辟支佛道, 斷諸煩惱習, 皆是變化不？

[이시푼촉 스님 강기]

수보리는 또한 의심하는 말을 표시하길, "세존이시여! 일체 혹업의 힘이 나타난 바 법은 모두 무명이고 착란의 힘 가운데 나타나 마치 허공 가운데 눈병(翳眼)이 나서 허공꽃과 같은 상이 보이듯이 당연히 그것은 헛된 환으로 진실하지 않는 것으로, 그것을 찾을 때 근본적으로 얻을 수 없고, 단지 착각일 뿐입니다. 그렇다면 일체 헛되고 거짓된(虛假) 번뇌를 이미 그치고 제거하여 나타나는 성과聖果의 법 - 초과·이과·삼과·사과·벽지불도 는 번뇌를 끊어 제거한 것으로 이러한 성인의 법도 변화한 것과 같지 않습니까?" 하셨습니다.

부처님께서 수보리에게 이르시길, "만약 법에 생하고 멸하는 상이 있으면 모두 변화이니라." 하셨다.

佛告須菩提：若有法生滅相者，皆是變化。

[이시푼촉 스님 강기]

부처님께서 수보리에게 이르시길, "이것도 변화한 것이다. 만약 생하고 멸하는 상이 있는 법이면 모두 변화하여 나타난 것으로 다른 것은 아무것도 없다." 하셨습니다. 바꾸어 말하면 생하고 멸하는 상이 출현하면 예컨대 증감·거래·생멸 등등의 상이 있으면 이들 상은 모두 헛되고 거짓된 것으로 환화幻化와 같습니다. 이른 바 사과四果 등 성문과 연각의 법은 마찬가지로 헛된 환입니다. 왜 헛된 환입니까? 왜냐하면 본래 혹惑·업業·고苦의 법은 모두 진실하지 않는 것으로 허공꽃처럼 얻을 수 없으니, 그것의 사라짐도 얻을 수 없는 것입니다. 이런 법이 없는데, 어찌 이런 법의 소멸이 있겠습니까?

이러므로 이른바 성인법은 범부법이 안립安立한 것이고, 청정법은 염오법이 안립한 것으로 얻을 수 있는 실다운 법은 없습니다. 범부의 업혹법을 가립假立한 것에 근거하여 갖가지 헛되고 거짓된 허공꽃과 같은 과보가 있어 그것에 견주어 이들 가법假法을 그치고 멸한 성인의 과위를 안립합니다. 이러므로 이른바 성인의 과위는 법계 중에서 실제 증득할 수 있는 것이 전혀 아니고, 단지 일종의 명언名言을 가립하였을 뿐입니다. 그래서 실제 찾아도 얻을 수 없는 것입니다. 당신은 진실한 성인법이 있어 얻을 수 있다고 생각하지 마십시오. 이 또한 마찬가지로 헛되고 거짓된 것으로, 진실하지 않은 것입니다.

수보리가 말하길, "세존이시여! 어떤 법이 변화가 아닙니까?" 부처님께서 말씀하시길, "만약 생함도 멸함도 없는 법이라면 변화가 아니니라." 하였다. 수보리가 말하길, "어떤 것이 생하지도 멸하지도 않는 변화가 아닌 법입니까?" 하였다. 부처님께서 말씀하시길, "속이는 상이 없는 열반, 이 법은 변화가 아니니라." 하셨다.

須菩提言：世尊！何等法非變化？佛言：若法無生無滅，是非變化。須菩提言：何等是不生不滅非變化？佛言：無誑相涅槃，是法非變化。

[이시푼촉 스님 강기]

당시 수보리가 말하길, "세존이시여, 이미 이러한 것들은 모두 변화한 것이라 말씀하셨습니다. 그러면 어떤 법이든 변화가 아닌 것이 없습니까?" 하였습니다.

이는 결택抉擇의 중점 위에 도달한 것입니다. 만약 변화하는 것이 있다면 모두 갑자기 나타나는 객진客塵으로 원래는 없다가 갑자기 현전하고 그 후 또한 증감 등등이 있는 이 같은 법은 모두 가假입니다. 수보리는 이로 인해 묻습니다. "변화하지 않는 법이 하나라도 있습니까? 아니면 인연따라 변화하는 것이 아니라는 말씀이십니까?"

부처님께서 말씀하시길, "만약 한 법이라도 최초에 생하지도 않고 나중에 멸하지도 않는다면 이 같은 법은 변화하지 않는 법이니라." 하셨습니다.

수보리가 말하길, "그렇다면 어떤 것이 생하지도 멸하지도 않는 변화가 아닌 법입니까." 하였습니다.

부처님께서는 말씀하시길, "변화하는 것을 속이는 상이라 하고, 혹은 가법假法이라고 말한다. 본래 스스로 이러한 허공꽃과 같이 속이는 상은 없다. 그러면 바로 본래 스스로 청정한 열반으로서 그것은 생하지도 멸하지도 않는 것으로, 이 법 위에서 조금도 변이變異가 없느니라. 이러므로 본래 스스로 착란의 상이 없는 청정열반, 그것이 변화가 아닌 법이니라." 하셨습니다.

[보충법문] 《반주삼매경 심요》(비움과소통)

[불념佛念에 나아가면 바로 계戒이다]

보살이 이른바 염혜念慧를 잃고서 바깥 경계(外塵)에 여실히 지견知見하지 못해 실유實有가 없는 상에 화합하면 계행이 모자라게 되니, 이를 애욕을 좋아함(樂愛欲)이라 합니다. 만약 여실히 지견하면 상을 본모습 그대로 보고, 근은 바깥 경계에 물들지 않아 오근이 청정합니다.

만약 이 불념佛念에 나아가면 바로 계戒입니다. 《염불경念佛鏡》에 이르길, "염불로 말미암은 까닭에 모든 죄가 사라지면 곧 지계持戒이니라." 하였습니다. 한창 염불을 할 때 명백하고 또렷하여 다른 연에 반연하지 않고 다른 생각이 없어 정념正念을 잃지 않습니다.

이 염에 머물지 않고 안으로 수호하는 공용(功)이 없는 까닭에 염에 머물지 못합니다. 염 바깥에 반연하지 않고, 바깥으로 산란함이 없으며, 또한 바깥 경계에 머물지 않습니다. 한 마디 한 마디 이와 같이 뒤섞지 않고 끊어짐이 없이, 단지 한마디 아미타부처님 성호로 그치면 당하에 지계바라밀을 구족합니다.

계를 지킬 뿐만 아니라 구하는 바가 없어야 바라밀을 얻습니다. 불법 중의 일체 제행은 모두 이처럼 성취됩니다. 《염불인》에는 이야기 하나가 있습니다.

(일본) 이세伊勢의 모 부인은 사바세계를 벗어나는(出離) 큰일을 위해 번뇌하며, 오랫동안 본원本願의 교화를 직접 받을 수 없음을 괴로워하였습니다.

아원阿園이 이 부인에게 말하길, "제가 반드시 안심을 얻을 수 있는 비전의 묘법을 알고 있는데, 2·3년 받들어 행해 보실 생각이 있습니까?"라고 하자, 부인은 매우 기뻐하며 답하길, "다음 생(後生)의 큰일을 위해 생각한다면 어떤 일이든 기꺼이 하겠습니다." 아원은 그녀에게 "지금부터 3년간 멈추지 말고 염하십시오. 관계없습니다. 구할 것이 없습니다."라고 가르쳤습니다. 부인은 매우 기분이 좋아 돌아갔습니다.

3·4일이 지난 후 부인이 다시 왔습니다. "저는 그녀의 말을 듣고서 3일간 아침부터 저녁까지 쉬지 않고 염했지만, 마음속의 고뇌는 조금도 변하지 않았습니다. 이렇게 하면 어떻게 가망이 있겠습니까?" 아원은 말했습니다. "관계없습니다. 구할 것이 없

습니다." 부인은 또 말했습니다. "여전히 아무것도 없습니다.
마음에 조금도 변화가 없습니다." 아원은 또 말했습니다. "관계없
습니다. 구할 것이 없습니다." 이때 부인은 비로소 갑자기 범부의
몸으로 구제 받음을 깨달았고, 마음이 열려서 뛸 듯이 기뻐하며
염불하였습니다.

수보리가 말하길, "세존이시여! 부처님 당신께서 말씀하셨듯이
제법은 평등하여 성문이 지어낸 것도 아니고 벽지불이 지어낸
것도 아니며, 보살마하살이 지어낸 것도 아니고 제불이 지어낸
것도 아닙니다. 부처님께서 세상에 계시든 안 계시든 제법의 체성은
항상 공적하여 이 성공性空이 바로 열반이거늘, 어떻게 열반 일법이
화와 같지 않다고 하십니까?" 하였다.

世尊！如佛自說，諸法平等，非聲聞作、非辟支佛作、非諸菩薩摩訶薩作、
非諸佛作。有佛無佛，諸法性常空，性空即是涅槃。云何涅槃一法非如
化？

[이시푼촉 스님 강기]

수보리는 또한 말하길, "세존이시여 부처님 당신께서 말씀하셨
듯이 제법의 평등성은 이미 성문이 지어낸 것도 아니고 벽지불이
지어낸 것도 아니며, 대보살이 지어낸 것도 아니고 제불이 지어낸
것도 아닙니다. 그것은 제법 본래 스스로의 법성입니다. 부처님
께서 세상에 나오시든 부처님께서 세상에 나오시지 않든지 상관
없이 제법의 체성은 항시 공적하여 이 성공性空이 바로 열반입니

다. 그렇다면 왜 또한 열반 이 일법이 화化와 같지 않다고 하십니까? 응당 일체가 모두 화化이고, 일체가 모두 공적하여 어떤 실다운 법도 얻을 수 없거늘, 왜 또한 화化가 아닌 열반의 법이 나옵니까?" 하였습니다.

부처님께서 수보리에게 이르시길, "이러하고 이러하여 제법은 평등하니, 성문이 지어낸 것이 아니고 내지 성공性空이 바로 열반이다. 만약 새로 뜻을 낸 보살이 일체법은 모두 필경에 성공이고 내지 열반 또한 모두 화와 같다는 말을 들으면 그 마음은 놀라고 두려울 것이다. 새로 뜻을 낸 보살을 위하는 연고로 생하고 멸하는 것은 화와 같고 생하지도 멸하지도 않는 것은 화와 같지 않다고 분별하신다." 하였다.

> 佛告須菩提：如是如是，諸法平等，非聲聞所作，乃至性空卽是涅槃。若新發意菩薩，聞是一切法皆畢竟性空，乃至涅槃亦皆如化者，心則驚怖。爲是新發意菩薩故，分別生滅者如化，不生不滅者不如化耶。

[이시푼촉 스님 강기]

부처님께서 수보리에게 이르시길, "이러하고 이러하여, 제법의 평등성이 이러하니, 그것은 법성으로 누가 지어낸 것이 아니다. 이러므로 성문이 지어낸 것도 아니고 벽지불도 지어낸 것이 아니며, 대보살이 지어낸 것도 아니고 제불이 지어낸 것도 아니며 내지 제법의 체성은 스스로 공적하니, 이것이 바로 열반으로서 달리 얻을 수 있는 열반은 없다. 그러나 새로 뜻을 낸 보살은 일체법은 모두 필경에 성공性空으로 얻을 수 있는 것이 아무것도 없고, 내지 열반도 환화와 같고, 얻을 수 있는 열반의 실법이 없다는 말을 들으면 그의 마음은 놀라고 두려울 것이다. 이러한 처음 뜻을 낸 보살을 위하는 연고로 부처님께서는 생하고 멸하는 법이 화와 같고 생하고 멸하지 않는 법은 화와 같은 것이 아니라고 분별하셨다. 이로 인해 그대들은 열반을 얻을 수 있다." 하셨습니다.

[정공 스님 강기]

[제법은 평등하여 법성은 항상 공하여 성공이 바로 열반이다. 일체법은 모두 필경에 성공이고, 나아가 열반 또한 모두 화와 같다.]

《반야경》에서 이 몇 마디 말은 매우 중요합니다. 세간법에 마음을 두지 말고 그것을 버려야 할 뿐만 아니라 불법조차도 버려야 합니다. 《금강경》에서도 매우 잘 말씀하고 있습니다. 부처님께서는 법은 뗏목과 같다고 비유하여 말씀하시길, "법조차 버려야 하나니 하물며 법이 아님에랴(法尚應捨 何況非法)." 하셨다. 이 법은 바로 부처님께서 설하신 일체법으로 집착하지 말아야 합니다. 집착하면 깨달음이 열릴 수 없고 깨달음의 문을 가로막습니다. 불법에 집착하면 세간의 선법으로 변화됩니다. 불법은 일체법에서 선법으로 집착하면 그것은 바로 선법입니다. 집착하지 않으면 진선眞善입니다. 이른바 진선은 선악의 선이 아닙니다. 집착하지 않으면 선악의 양변을 모두 떠납니다. 이래야 마음을 밝혀 견성할 수 있습니다. 이는 이理 상에서 말씀하신 것입니다.

지금 이미 이 성교로써 아미타부처님께서 결정코 보신임을 증험하여 알았다. 설사 뒤쪽에 열반에 든다 말할지라도 그 뜻은 방해가 없다. 모든 지혜가 있는 자는 응당 알아야 한다.

今旣以斯聖敎 , 驗知彌陀定是報也。縱使後入涅槃 , 其義無妨。諸有智者應知。

[이시문촉 스님 강기]

이 한 단락의 성교聖敎로써 아미타부처님과 극락국토는 결정코 보신報身·보토報土임을 증험해 알 수 있습니다. 설사 뒤쪽에 열반에 든다 말할지라도 열반은 본래 얻을 수 없기 때문에 그 뜻에는 아무런 지장이 없습니다. 제법이 본래 스스로 공적하다고 해서 정말 서방극락에 나타나 계신 아미타부처님이 열반에 들어 계시지 않다고 생각하지 마십시오. 왜냐하면 열반도 하나의 임시로 세운 개념이기 때문입니다. 이러므로 진정으로 부처를 이룬 이후 그는 바로 불생불멸의 본체 금강신으로 어떠한 들 수 있는 열반은 없고 일체의 실법 혹은 변제邊際 위에 떨어지는 법은 모두 얻을 수 없는 것입니다.

그래서 지혜로운 사람은 비록 한 부류의 무리는 생전에 아마 이러한 상을 볼 수 있을지 몰라도 부처님의 본신에서 말하면, 진정한 인행因行에 과果가 원만히 출현하는 부처님께서는 확실히 어떠한 주처住處도 없고, 이로부터 저곳으로 들어간다는 희론이 없으며, 들어가는 대상(所入)인 실법으로 얻을 수 있는 열반은 없음을 압니다. 요컨대, 범부의 희론 가운데는 서방극락의 아미타부처님께서는 결정코 불생불멸의 보신이 없습니다.

묻건대, 저 부처님 및 국토가 이미 보불·보토라 말씀하신 이상 보법은 높고 미묘하여 소승의 성인조차 오르기 어렵거늘 온갖 번뇌와 업장을 지닌 범부가 어떻게 들어갈 수 있겠는가?

問曰：彼佛及土旣言報者，報法高妙，小聖難階，垢障凡夫云何得入？

[이시푼촉 스님 강기]

묻습니다. "이미 아미타부처님과 그 거하시는 정토는 모두 보불報佛·보토報土인 이상 이는 매우 높고 미묘한 법으로 소승의 성인도 모두 태어나기 어렵거늘 온갖 번뇌의 때와 업장을 지닌 범부가 어떻게 취입趣入할 수 있겠는가?"

답하되, 중생의 번뇌와 업장을 논하자면 실로 나아가기 어렵다. 바로 부처님의 원력에 의탁함을 강한 증상연으로 삼음으로 말미암아 오승이 나란히 들어가게 된다.

答曰：若論衆生垢障，實難欣趣。正由托佛願以作強緣，致使五乘齊入。

[이시푼촉 스님 강기]

답하겠습니다. 만약 중생이 번뇌의 때에 더럽혀지고 얽매인 상황을 말한다면 확실히 취입趣入하기 매우 어렵습니다. 그러나

아미타부처님 본원력에 의지하여 강한 증상연으로 삼음으로 말미암아 오승인 사람도 모두 보토에 들어갈 수 있게 됩니다.

여기서 오승五乘이란 인승人乘·천승天乘·성문승聲聞乘·연각승緣覺乘·보살승菩薩乘을 가리키니, 다섯 부류의 법을 수행한 사람이 모두 보토에 들어갈 수 있습니다.

묻건대 범부와 소승의 성인이 왕생할 수 있다고 말하면 무슨 까닭에 천친보살께서는 《정토론》에서 이르시길, "여인 및 육근에 결함이 있는 사람, 이승의 종성은 왕생하지 못한다." 하셨는가? 지금 저 국토에는 이승이 나타나 있으니, 이와 같은 논교의 뜻은 어떻게 풀 수 있는가?

問曰：若言凡夫、小聖得生者，何故天親《淨土論》云：女人及根缺，二乘種不生？今彼國中現有二乘，如斯論教若爲消釋？

[이시푼촉 스님 강기]

묻건대 만약 범부와 소승인이 모두 정토에 태어날 수 있다면 왜 천친보살께서는 《왕생론往生論》에서 말씀하시길, "여인 및 육근에 결함이 있는 사람, 이승의 종성은 왕생하지 못한다." 하셨는가? 논 중에서 이승의 종성은 왕생하지 못한다고 말씀하셨는데, 현재 극락국토에는 이승의 아라한이 있습니다. 이 같은 논술은 응당 어떻게 해석하여야 융통할 수 있겠습니까?

답하되, 그대는 단지 그 글을 독송할 뿐 깊은 도리를 알지 못하고, 게다가 졸렬한 생각에 봉쇄되고 미혹되어 깨우침이 없다. 지금 부처님의 가르침을 인용하여 증명으로 삼으니, 그대 의정을 물리칠지라.

答曰：子但誦其文，不窺理況，加以封拙懷迷，無由啟悟。今引佛教以爲明證，卻汝疑情。

[이시푼촉 스님 강기]

답하겠습니다. 그대는 단지 문자만 읽을 뿐 근본적으로 문자로 상세히 해석한 구체적인 의리를 잘 알지 못하고, 게다가 당신은 자신의 졸렬한 견식 안에 계속 봉쇄되고 마음은 갖가지 의혹의 우리에 덮여버려서 견해를 열 수 없습니다. 현재 제가 부처님의 거룩한 가르침을 인용하여 증명으로 삼으니, 마음 속 의정을 없애버리십시오.

어떤 것인가? 바로 《관경》의 하배삼인이 이것이다.

何者？即《觀經》下輩三人是也。

[이시푼촉 스님 강기]

어느 단락의 가르침을 인용하였는가? 바로 《관경》에서 설한 하배삼인의 왕생상황입니다.

어떻게 알 수 있는가? 하품상생에 이르시길, "혹 어떤 중생이 악법을 많이 짓고 부끄러워함이 없다면 이와 같은 어리석은 사람이 목숨이 다하려 할 때 선지식이 나타나 그를 위해 대승을 설하고 아미타불을 칭념하도록 가르치면 응당 부처를 부를 때 화신불보살께서 그 앞에 나타나시니 금빛 광명 화개가 있고 마중하여 저 국토로 돌아가게 하신다. 꽃이 핀 후 관세음보살께서 그를 위해 대승을 설하고 이 사람이 듣고서 곧 위없는 도심을 발하리라." 하셨다.

何以得知？如下品上生云：或有衆生多造惡法，無有慚愧，如此愚人命欲終時，遇善知識爲說大乘，敎令稱阿彌陀佛。當稱佛時，化佛菩薩現在其前，金光華蓋迎還彼土。華開已後，觀音爲說大乘，此人聞已，卽發無上心。

[이시푼촉 스님 강기]

이승의 종성은 생하지 못함을 어떻게 아는가? 바로 하품상생에서 설한 바처럼 "만약 어떤 중생이 생전에 매우 많은 악법을 지었을 뿐만 아니라 부끄러워하는 마음이 없다면 이러한 어리석은 사람이 목숨이 다하려고 할 때 선지식이 나타나 그에게 대승을 강설하여 주고 아미타불을 칭념하도록 가르쳐 주어 응당 부처를 한번 부를 때 화신불보살께서 그의 면전에 나타나 금빛 광명 화개가 있어 그를 마중하여 저 국토에 태어난다. 꽃이 핀 후에 관세음보살께서 그에게 대승법을 설하여 주니 듣고서 위없는 도심을 발한다." 하셨습니다. 이러므로 이런 부류의 사람은 근본적으로 소승의 마음을 일으키지 않으니, 이를 이승의 종성은 왕생하지 못함이라 부를 수 있습니다.

[정공 스님 강기]

[청화] 이 단락은 사事 상에서 말한 것입니다. 이理를 명료히 알면 우리의 수행은 끊임없이 향상되고 장애가 없습니다. 또한 사事를 또렷이 알아서 사事 상에서 착실히 수학해야 허사가 되지 않음을 알아야 합니다. 이理를 명료히 하지 않으면 사事 상에서 닦을지라도 장애가 있어 경계를 향상시키기가 쉽지 않습니다. 또한 만약 광명에 집착하여 사事를 없애버리면 타락하여 악취공惡取空의 해를 불러오게 되면 이는 크게 틀립니다.

하품상생을 예로 들면 실제로 현전하는 사회에서 수많은 사람은 우리 자신을 포함해서, 마음을 일으키고 생각을 움직이며 언어와 행동에 선은 적고 악은 많으며, 미혹·전도되어 부끄러움을 모릅니다. 이러한 사람은 임종시에 선지식을 만나야 왕생함을 우리에게 가르쳐 주니, 이는 쉽지 않음을 알아야 합니다. 우리 범부는 육안으로만 현전함을 볼 수 있고 단지 이번 세상의 인과만 볼 수 있을 뿐 과거 생은 볼 수 없습니다. 무릇 한평생 악업을 지어도 임종시에 왕생함은 그가 이번 생에 미혹·전도되어 만난 연분이 좋지 않지만 과거생의 수지修持로 불가사의합니다.

어떻게 압니까? 《무량수경》에서 매우 또렷이 말씀하고 있으니, 이 법문은 세존께서 선근이 무르익은 중생을 위해 설하신 것입니다. 이들 중생은 악도에 흩어져 있습니다. 인간과 천상 두 세계에만 있는 것이 아니라 삼악도에도 있습니다, 그래서 앞에서 「고해에 빠져 벗어날 수 없는 중생(常沒衆生)」을 말하였습니다. 왜 과거 생에 이렇게 깊고 두터운 선근이 악도에 떨어졌습니까? 이것이 바로 선도대사께서 말씀하신 「만나는 연분이 다름(遇緣不同)」입니다.

이 한마디 말씀은 매우 훌륭합니다. 우리가 구품에 왕생하는 것은 만나는 연분이 다름이고, 이번 생의 과보도 만나는 연분이 다름이며, 우리가 악을 짓고 선을 지음도 만나는 연분이 다름입니다. 왜냐하면 이 부류의 사람은 모두 부정성不定性에 속하기 때문입니다. 「붉은 것을 가까이 하면 붉게 되고, 검은 것을 가까이 하면 검게 된다」는 말처럼 우리는 바깥 경계에 따라 굴러서 바깥 경계의 연분(境緣)이 좋으면 우리는 모두 좋은 사람 선한 사람이 되고, 바깥 경계의 연분이 좋지 않으면 악한 사람 나쁜 사람으로 바뀌는데, 이를 부정성不定性이라 합니다. 대사님께서 이런 연분이 서로 다르다고 잘 말씀하셨습니다.

대경에서는 우리에게 이번 생에 왕생하는 사람은 설사 악인이 왕생할지라도 모두 과거생에 무량무변의 제불여래께 공양한 적이 있다고 하십니다. 그에게 이런 큰 선근이 없다면 아미타부처님께서 그에게 한 번 하신 말씀을 어떻게 믿고 받아들일 수 있겠습니까? 그는 한번 하신 말씀을 믿고 기쁜 마음으로 받아들여 받들어 행하니, 그의 선근은 이번 생에 성숙됩니다. 《아미타경》에서 말씀하시길, 「적은 선근·복덕·인연으로는 저 불국토에 태어날 수 없느니라(不可以少善根福德因緣得生彼國)」하셨습니다. 이 세 가지 조건을 구족하여야 비로소 왕생할 수 있습니다.

이는 선근이 그에게 있다는 말입니다. 왜냐하면 한번 듣고서 기뻐하고 믿으면 이는 선근이 있는 것입니다. 복덕이란 무엇입니까? 임종시 머리가 맑고 깨끗하여 미혹되지 않고 전도되지 않아 또렷하고 명백함이 복덕입니다. 임종시에 미혹·전도되어 인사불성이면 선근이 있을지라도 복덕이 없어 당신이 그에게 권해도 들을 수 없고 받아들이지 못하여 당신의 염불을 따라가지 못하면 복이 없습니다. 그래서 이 복덕은 다른 말이 아니라 임종시에 신지神智가 또렷하다고 말합니다. 세 번째 조건은 바로 선지식을 만났을 때 선지식이 그에게 아미타불을 염불하라 가르치고 정토에 태어나길 발원하고 권하면 그에게 복덕이 있습니다. 그는 신지가 또렷하여 미혹하지 않아 받아들일 수 있고, 선근이 있어 한번 듣고서 기뻐하고 받아들이면 이 사람은 아미타불을 한번 소리 내어 염불하여도 왕생합니다.

모두들 이 말씀을 똑똑히 듣고 마음에 확실히 새겨두시길 바랍니다. 이것은 요행이 아니니, 절대로 임종시 염불하여 여전히 왕생할 수 있고, 현재 염불하지 않아도 상관없고 목숨을 마칠 때 이르러 다시 하겠다고 생각하지 마십시오. 만일 당신이 임종시 미혹·전도되면 이번 생은 끝장입니다. 그래서 우리 자신에게 선근이 있으면 자신이 있다고 말할 수 있습니다. 선근이 있으면 이 법을 듣고서 진정으로 환희심이 생길 것입니다. 그러나 복덕이 없으면 자신이 없으니, 감히 임종시에 또렷하고 명백할 것이라 보증할 수 있겠습니까? 아마 그 누구도 기꺼이 보증하지 못할 것입니다.

그렇다면 어떻게 해야 합니까? 악을 끊고 선을 닦으며 공덕을 쌓아 다른 복덕을 구하지 않고, 현재 오욕·육진, 명성·이익 이런 복보는 모두 필요 없으며, 모두 받지 않고, 우리가 복을 닦아 떠날 때에 또렷하고 명백하면 결정코 왕생합니다. 왜 그렇습니까? 우리가 평상시 염불하여 임종시 선지식을 만날 필요도 없고 다른 사람이 권유할 필요도 없이 우리 자신이 또렷하고 명료하면 결정코 왕생합니다.

절대로 현재에 복을 닦아 현재의 복을 누리지 마십시오. 복을 다 누려서 임종시 정신이 오락가락하면 큰일입니다. 이 점을 똑똑히 알지 못하면 안 됩니다. 설령 이번 생에 잘못된 일을 매우 많이 하고, 죄업을 매우 많이 지었을지라도 모두 두렵지 않고 중요하지 않습니다. 오늘부터 업장을 참회하고 악을 끊고 선악을 닦는 것이 진정한 업장 참회입니다. 착실히 염불하면 우리의 과보는 반드시 경전의 말씀대로 왕생할 것입니다.

이는 하품왕생입니다. 우리의 왕생은 이들 부류에 속하지 않습니다. 왜냐하면 우리는 현재 착실히 염불하고 있기 때문입니다. 이들 부류의 사람은 한평생 악을 짓고 임종시 비로소 선지식을 만나는 사람입니다. 그래서 우리의 왕생품위는 반드시 그들에 비해 높습니다. 바꾸어 말하면 삼배왕생 중에서 결정코 중배이상으로 왕생하고, 하배삼품으로는 떨어지지 않습니다.

하배삼품으로 서방극락세계에 왕생하여도 불보살님께서 마중하심에 금빛 광명 화개가 있어 구품은 모두 연화화생입니다. 서방극락세계에 태어나면 관세음보살, 대세지보살께서 그를 위해 설법하시고, 이때 그에게 무상보리심이 비로소 진정으로 드러납니다.

묻건대, 종성과 마음은 어떤 차별이 있는가? 답하되, 방편으로 취하여 말하였을 뿐 의미상 차별은 없다. 연꽃이 필 때 그 사람의 근신법기根身法器는 청정하여 바로 능히 법을 들을 수 있고, 또한 대소승법에 관계없이 단지 법을 듣고서 곧 믿음을 내게 할 뿐이다. 이러므로 관세음보살께서 소승법을 설하시지 않고 먼저 대승법을 설해 주신다. 법을 듣고서 크게 기뻐하여 곧 위없는 도심을 발하니, 곧 대승의 종성으로 생함이라고 하고 또한 대승의 마음으로 생함이라 한다.

問曰：種之與心有何差別？答曰：但以取便而言，義無差別。當華開之時，此人身器清淨，正堪聞法，亦不簡大小，但使得聞卽便生信。是以觀音不爲說小，先爲說大。聞大歡喜，卽發無上道心，卽名大乘種生，亦名大乘心生。

[이시푼촉 스님 강기]

묻습니다. "종성(種)과 마음(心)은 어떤 차별이 있는가?" 답하겠습니다. 이는 단지 방편에 따라 다른 글자를 말하였을 뿐 의미상에서는 차별이 없습니다. 종성이 바로 마음이고 마음이 바로 종성입니다. "이승의 종성은 왕생하지 못함"은 곧 "이승의 마음은 왕생하지 못함"입니다. 연꽃이 필 때 그의 근신법기는 대단히 청정하여 능히 법을 받을 수 있을 때 소승법이든 대승법이든 상관없이 단지 그로 하여금 법을 듣고서 신심을 일으키게 할 뿐입니다. 이러므로 관세음보살께서도 그에게 소승법을 말씀하시지 않고 맨 먼저 대승법을 강설해주실 것입니다. 그가 법을 듣고 난 이후 큰 환희심을 내고 곧바로 위없는 보리심을 일으킵니다. 이런 후의 상황은 대승의 종성으로 왕생함이라 하고 혹은 대승의 마음으로 왕생함이라 합니다. 말하자면 일단 법을 받아들여 불러일으킨 즉시 대승의 위없는 보리심을 일으키니 근본적으로 이승의 마음을 낼 리가 없습니다.

꽃이 필 때 관세음보살께서 소승법을 말씀하시어 소승법을 듣고 믿음을 내면 곧 이승의 종성으로 왕생함이라 하고, 또한 이승의 마음으로 왕생함이라 한다.

又當華開時, 觀音先爲說小乘者, 聞小生信, 卽名二乘種生, 亦名二乘心生。此品旣爾, 下二亦然。

[이시푼촉 스님 강기]

또한 만약 연꽃이 필 때 관세음보살께서 맨 먼저 그에게 소승법을 말씀해주시고 일단 소승법을 듣고서 그도 신심을 냅니다. 이러한 상황을 이승의 종성으로 생함 혹은 이승의 마음으로 왕생함이라 합니다.

말하자면 행자의 종성이 정해지지 않아 어떤 법을 듣느냐에 따라 상응하여 신심을 일으킵니다. 그래서 보살은 단지 그에게 대승법을 말해줄 뿐입니다. 그래서 "이승의 종성은 왕생하지 못함"이라 합니다. 하품하생도 이와 같고 하품중생·하품하생도 이와 같습니다.

이 삼품의 사람은 모두 저 불국토에서 보리심을 발하니, 바로 대승법을 들음으로 말미암아 대승의 종성을 왕생한다. 소승법을 듣지 못하는 연고로 그래서 이승의 종성은 왕생하지 못한다. 무릇 종성이라 말함은 바로 그 마음이다. 이상으로 이승의 종성은 왕생하지 못한다는 뜻을 해석해 마쳤다.

此三品人俱在彼發心 , 正由聞大卽大乘種生。由不聞小故 , 所以二乘種不生。凡言種者 , 卽是其心也。上來解二乘種不生義竟。

[이시푼촉 스님 강기]

이 삼품의 사람은 모두 저 불국토에서 대승의 보리심을 발합니다. 바로 그곳에 일단 이르러 대승법을 들음으로 말미암아 곧바로 대승의 종성으로 생하거나 대승의 마음을 생합니다. 그가 연꽃에서 필 때 소승법을 듣지 못하는 연고로, 이승의 종성 혹은 이승의 마음은 필경 왕생하지 못합니다. 이른바 종성은 바로 마음입니다. 이상으로 이승의 종성은 생하지 않는다는 함의를 해석하여 마쳤습니다.

這裏說到下品三人有大乘的機 , 一生到彼土的時候 , 就傳大乘法 , 當卽就生大乘的菩提心而不生小乘心 , 這一類情況叫做二乘種不生。

여인 및 육근에 결함이 있는 사람의 경우 저 국토에는 없는
까닭에 알 수 있다.

女人及根缺義者 , 彼無故可知。

[이시푼촉 스님 강기]

여인 및 육근에 결함이 있는 사람에 관해서는 극락세계에는
이런 상황이 없습니다. 아미타부처님 원력의 가피로 서방극락세
계에 왕생하는 자는 모두 대장부상이고 여인상이 아닙니다.
또한 아미타부처님 서원의 바다로 이미 가피를 입어 육근이
원만함으로, 육근에 결함이 있는 상황은 없습니다.

또한 시방중생이 소승의 계행을 닦아 왕생을 발원하는 경우
아무런 장애도 없고 모두 왕생할 수 있다. 다만 저 국토에 가서
먼저 소승과를 증득하고서 곧 대승으로 전향한다. 대승으로 전향한
이후에는 더 이상 물러나 이승의 마음을 내지 않는다. 그래서
이승의 종성은 생하지 못함이라 한다.

又十方衆生修小乘戒行願往生者 , 一無妨礙 , 悉得往生。但到彼先證小
果 , 證已卽轉向大。一轉向大以去 , 更不退生二乘之心。故名二乘種不生。

[이시푼촉 스님 강기]

그 다음으로 한 가지 상황이 있는데, 바로 시방중생이 과거세에
소승의 계행을 닦아서 왕생을 발원하는 사람도 아무런 장애가

없이 모두 왕생할 수 있습니다. 다만 서방극락에 일단 가면 맨 먼저 소승과를 증득하고 바로 소승을 돌려서 대승으로 전향합니다. 일단 대승으로 전향한 이후 더 이상 이승의 마음으로 퇴락하지 않습니다. 이 같은 상황도 이승의 종성은 왕생하지 못함이라 합니다.

　앞의 해석은 부정종성의 시작이고, 뒤의 해석은 소승과위의 마침임을 마땅히 알아야 한다.

　前解就不定之始 , 後解就小果之終也 , 應知。

[이시푼쵹 스님 강기]

　요컨대 이승의 종성이 생하지 않음에 대해 이상으로 두 가지 해석을 하였는데, 이는 모두 실제 상황에 매우 부합합니다. 첫 번째 해석은 부정종성으로 이미 과거의 숙겁에 대승을 수습한 사람이 있다고 말합니다. 연꽃이 일단 피면 가장 먼저 보살께서는 그에게 대승법을 선설해 주십니다. 그래서 곧바로 대승의 마음을 내고, 소승의 마음은 내지 않습니다.

　두 번째 상황은 과거 숙겁에 소승을 매우 깊게 수습한 사람은 일단 왕생한 후 그의 습기에 수순해 소승법을 전해주어 그로 하여금 먼저 소승과를 증득하게 합니다. 그러나 필경의 상황에서 보면 그는 소승과를 증득한 이후 바로 소승을 돌려서 대승으로 전향합니다. 일단 대승으로 전입한 후에는 더 이상 퇴락하지 않습니다. 이러므로 절대 이승의 마음 가운데 떨어지지 않습니다.

이러므로 모든 극락세계 중생의 발전 취향으로 보면 절대 소승에 떨어지지 않습니다. 학교와 비교하자면 비록 온갖 층차가 있을지라도 최후에는 모두 일치하여 대학까지 공부해서 졸업해 마칩니다. 절대 단지 소학교 졸업의 정도 혹은 위로 올라갔다 또 다시 아래로 떨어지는 상황은 있을 리 없습니다.

[제7문] 위제희 부인이 부처님의 정설을 듣고 얻은 이익

일곱째, 위제희 부인이 부처님의 정설을 듣고 얻은 이익과 정도를 요간한다.

第七、料簡韋提聞佛正說得益分齊者。

[이시푼촉 스님 강기]

일곱째, 위제희 부인이 부처님 설법을 듣고 무생인無生忍을 얻은 이익의 시간과 한도를 판정하려고 합니다.

[정공 스님 강기]

대사께서는 이 단락에서 위제희 부인이 석가모니부처님의 법문을 듣고서 어떤 이익을 얻었는지 일러주시려고 합니다. 그것은 바로 「득익분제得益分齊」입니다. 분分으로 일분이고, 제齊는 등제等齊로 바로 얻은 바 이익은 보살 계급에서 어느 부류의 보살이나 평등합니다. 이 글은 글자 상으로 이런 뜻입니다.

묻건대, 위제희 부인이 이미 무생인을 얻었다고 말했는데, 어느 때 무생인을 얻었는지 알지 못하지 않은가? 어느 경문에 나오는가?

問曰：韋提旣言得忍，未審何時得忍？出在何文？

[이시푼촉 스님 강기]

묻습니다. "이미 위제희 부인이 무생인을 얻었다고 말한 이상 어느 때에 무생인을 얻었는지 모르지 않은가? 또한 어느 경문에 근거가 있는가?"

답하되, 위제희 부인이 무생법인을 얻음은 제7관을 선설하는 첫 부분에 나온다. 경전에 말씀하시길, "부처님께서 위제희 부인에게 이르시길, 나는 그대들을 위하여 고뇌를 없애는 법을 분별하여 해설하겠노라. 이와 같이 말씀하실 때 무량수불께서 허공 중에 머물러 서계시고, 관세음보살·대세지보살이 좌우로 모시고 서 있었느니라. 이때 위제희 부인은 감응하여 부처님을 친견하고, 부처님의 발을 받들어 머리에 대고 예를 올리고서 기뻐하며 찬탄하였으니, 곧 무생법인을 얻었다."

答曰：韋提得忍出在第七觀初。經云：佛告韋提：吾當爲汝分別解說除苦惱法。說是語時，無量壽佛住立空中，觀音勢至侍立左右。時韋提應時得見，接足作禮，歡喜讚歎，卽得無生法忍。

[이시푼촉 스님 강기]

답하겠습니다. 위제희 부인이 무생법인을 얻은 것은 제7관을 선설하는 최초의 때입니다. 경전에서 말씀하시길, 부처님께서 위제희 부인에게 이르시길, "나는 현재 그대에게 고뇌를 제거하는 묘법을 분별하여 해설하겠노라." 하셨습니다. 이렇게 말씀하실 때 아미타부처님께서 허공 중에 머물러 서 계셨고, 관세음·대세지보살께서 부처님의 좌우에서 모시며 서 있었습니다. 당시 위제희 부인은 서방삼성을 친견하고, 삼성 앞에서 발을 받들어 머리에 대고 예를 올리고서 기뻐하며 찬탄하였습니다. 이때 바로 무생법인을 얻었습니다.

[정공 스님 강기]

이는 이익을 말씀하심입니다. 위제희 부인은 운이 좋아 석가모니 부처님께서 계시던 시대에 부처님께서 친히 오셔서 그녀를 위해 법문을 하셨고, 감응이 진정으로 불가사의하여 그녀로 하여금 진정으로 아미타부처님 관세음·대세지보살을 친견하게 하였습니다. 이 같은 견불見佛은 바로 《능엄경》에서 말씀하신 현전견불現前見佛로 "현전이나 당래에 반드시 결정코 부처님을 친견하리라(現前當來必定見佛)"입니다.

부처님께서 멸도하신 후 현전에서 견불하는 일은 있었지만, 갈수록 감소하고 있습니다. 우리는 《고승전高僧傳》이나 《거사전居士傳》에서 본적이 있으나 현대로 내려올수록 감소하고 있습니다. 현전에서 친견함은 위제희 부인처럼 감응하여 보는 것으로 이는 선정 중도 아니고 꿈속도 아니며, 정말 현전에서 친견하는 것입니다.

그 밖에 선정 중에 부처님을 친견하는 경우도 있고, 또 그 다음에 꿈속에서 부처님을 친견하는 경우도 있습니다. 이는 모두 서상瑞相입니다. 왜 우리는 현재 친견하지 못합니까? 부처님께서 우리가 친견하는 것을 원하지 않는 것이 아닙니다. 만약 부처님께서 '나는 너와 왕래하는 것을 원치 않아', 이런 생각이 있다면 부처님은 범부로 바뀔 것입니다. 그도 분별이 있고 집착이 있기 때문입니다. 여러분은 부처님의 마음은 청정·평등하여 결정코 분별·집착이 없음을 알아야 합니다.

부처님께서는 어디에 계십니까? 부처님께서는 계시지 않는 곳이 없고 계시지 않은 때가 없습니다. 우리는 왜 친견하지 못합니까? 우리 자신의 이쪽에 장애가 있지만, 부처님 저쪽에는 장애가 없습니다. 어떤 장애입니까? 우리에게 망상이 너무나 많고 분별 집착이 너무 심합니다. 그래서 부처님을 친견하는 이런 연분을 가로막고 있습니다.

이로 말미암아 진정으로 노력하는 사람은 다른 사람이 없고, 그의 망상이 적고 분별·집착이 적어서 연분이 성숙하면 현전에서 부처님을 친견하는 기회가 많아짐을 알 수 있습니다. 만약 우리가 이런 사실을 안다면 우리가 부처님을 친견하는 기회는 위제희 부인과 견주어 차이가 나지 않습니다. 그래서 착실히 노력하며 수학하여야 합니다.

어디서부터 시작할까요? 악을 끊고 선을 닦음에서, 사리사욕을 버림에서 시작하여 염념마다 중생의 진실한 이익을 생각합니다. 이 진실한 이익은 바로 중생을 도와서 이번 생 동안 염불하여 왕생하게 함에 있습니다. 오직 염불하여 왕생해야만 진실한 이익이지, 다른 것은 모두 진실한 이익이 아닙니다. 왜냐하면 다른 것은 설사 지극한 선일지라도 인천 유루有漏의 복보로 복을 다누리면 여전히 타락하여서 진정으로 좋은 일이 아닙니다. 진정으로 좋은 일은 다른 사람을 도와, 다른 사람에게 권해서 염불하여 왕생하는 것입니다.

우리에게 이런 마음이 있고 이런 원이 있으며, 또한 전심전력을 다해 노력하면 시방 일체제불께서 중생을 제도하는 대원에 상응합니다. 그래서 응당 이 법문으로써 다른 사람에게 폭넓게 추천·소개하는 것이 지극한 선이고 참된 선입니다. 이러한 선심, 선행이 있으면 망상·집착은 저절로 감소합니다. 왜냐하면 망상·집착의 근원은 모두 자신의 사욕으로 염념마다 자신을 생각함입니다. 그 병통이 모두 여기에 있습니다. 이 방법은 당신의 병근을 뿌리뽑아 자신을 생각하지 않도록 도와줍니다.

그러나 많은 사람들은 정말 생각을 떨쳐버리지 못합니다. 들을 때는 고개를 끄덕이다 끝나면 다 잊어버리고, 여전히 자신을 생각합니다. 자신은 돈을 조금 더 모아서 앞으로는 좀 편하게 살고 싶어 합니다. 따라서 세상 사람들은 믿기가 어렵고 쉽지 않습니다. 이 믿음, 한 글자는 대단히 어렵습니다.

그래서 《금강경》에서는 말씀하시길, "신심이 청정하면 곧 실상을 깨닫는다(信心淸淨 則生實相)." 하셨습니다. 이 청정심은 대단히 함양하기 어렵습니다. 반드시 이런 사실, 인과에 대해 진정으로 사무쳐야 얻을 수 있습니다. 이는 매우 곤란한 일로 이렇게 깊은 도리는 확실히 체득하기가 매우 어렵습니다. 잘 알지 못하면 기꺼이 들은 대로 행하는 것이 대선근입니다. 이는 일반인이 해낼 수 있는 것이 아닙니다.

어떻게 알 수 있는가? 아래와 같이 이익분에서 말씀하시길,

부처님 몸과 두 보살을 친견하고서 환희심이 생겨 미증유를 찬탄하며 활연대오하여 무생법인에 이르렀다. 이는 광명대에서 불국토가 나타날 때 증득함이 아니다.

何以得知？如下利益分中說言：得見佛身及二菩薩，心生歡喜，嘆未曾有，豁然大悟，逮無生忍。非是光臺中見國時得也。

[이시푼촉 스님 강기]

이는 어떤 확실한 근거가 있습니까? 이는 아래 이익분의 경문에서 말씀한 것에 근거한 것입니다. 위제희 부인은 부처님의 몸과 두 보살을 친견하고서 환희심이 났고 일찍 보지 못한 일임을 찬탄하며 활연대오하여 무생법인을 얻었습니다. 이는 명확히 서방삼성을 친견하고 환희심이 생겨 활연대오할 때, 당하에 곧 무생법인을 증득하였음을 가리킵니다. 이는 결코 앞의 부처님의 가피로써 광명대에서 불국정토가 나타날 때 얻는 무생법인이 아닙니다.

묻건대, 위 경문에서 말씀하시길, 저 국토의 지극히 미묘하고 즐거운 일을 보고서 마음이 기쁜 까닭에 이때 감응하여 무생법인을 얻는다 하셨다. 이 경문의 뜻을 어떻게 융통하게 해석하겠는가?

問曰：上文中說言，見彼國土極妙樂事，心歡喜故，應時即得無生法忍。此之一義云何通釋？

[이시푼촉 스님 강기]

묻습니다. 위에서 말한 광명대에서 불국정토가 나타나 보인다는 말은 경문에서는 "저 국토의 지극히 미묘하고 즐거운 일을 보고 마음이 기쁜 까닭에 감응하여 무생법인을 얻는다." 하셨습니다. 이 같은 설법은 어떻게 융통하여 해석하겠습니까? 앞에서 무생법인을 얻는 것처럼 보입니다.

답하되, 이러한 경문의 뜻이라 함은 단지 세존께서 앞의 특별한 청에 응수하신 것으로 이익을 권도하는 방편의 유서由序로 들었다.

答曰：如此義者，但是世尊酬前別請，擧勸利益方便之由序。

[이시푼촉 스님 강기]

답하겠습니다. 당시 이렇게 말씀한 것은 단지 세존께서 위제희 부인의 특별한 청구에 답한 것입니다. 즉, 서방극락세계에 대해 응당 어떻게 사유思惟하고 어떻게 정수正受하는지에 대한 간청에 대해 세존께서는 먼저 극락세계의 미묘한 장엄을 보면 이때 감응하여 무생법인의 이익을 얻을 수 있다고 말씀하셨습니다. 이를 권도勸導의 방편으로 삼았습니다. 그래서 이는 복선 혹은 유서由序입니다.

어떻게 알 수 있는가? 다음으로 아래 경문에서 말씀하시길, 제불여래께서는 특이한 방편이 있어 곧 그대로 하여금 볼 수 있게

하신다. 다음으로 아래 일상관·수상관·빙상관 내지 13관까지를
다 특이한 방편이라 이름한다. 여래께서는 중생으로 하여금 이
관문을 하나하나 성취하여 저 국토의 미묘한 일을 보고 마음이
기쁜 까닭에 곧 무생법인을 얻게 하신다. 이에 바로 여래께서는
말법시대 중생을 자애로 불쌍히 여기시어 이익을 들어 권수·격려
하신다. 교학을 연구하는 자로 하여금 고귀한 불력으로 남몰래
가피하여 얻는 현세의 이익을 잃지 않게 하려는 까닭이다.

何以得知？次下文中說言：諸佛如來有異方便令汝得見。次下日想、水想、
氷想乃至十三觀已來，盡名異方便也。欲使衆生於此觀門一一得成，見彼
妙事，心歡喜故，即得無生。斯乃直是如來慈哀末代，擧勸勵修。欲令積
學之者，無遺聖力冥加現益故也。

[이시푼촉 스님 강기]

어떻게 압니까? 왜냐하면 이어서 아래 경문에서 말씀하시길,
제불에게는 특이한 방편이 있어 그대로 하여금 서방정토를 볼
수 있게 하십니다. 이어서 아래에서 일상관·수상관·빙상관
내지 13관까지 개시하여 모든 이러한 관을 닦음은 제불께서
중생으로 하여금 청정한 국토장엄을 보게 하는 특이한 방편이라
합니다. 이는 여래께서 중생으로 하여금 이들 관문을 모두 성취하
여 서방극락을 미묘하게 장엄하는 일을 보고, 당하에 곧 환희심이
생겨 이를 인으로 삼아 무생법인을 증득하게 하심입니다.

요컨대 이는 여래께서 자애와 근심으로 말법중생을 불쌍히
여기시어 먼저 이익을 꺼내 중생으로 하여금 관행觀行으로 나아

가도록 권하고, 이렇게 정진 수련할 수 있는 자로 하여금 불력으로 은연 중에 가피하여 현전의 이익을 잃지 않게 하시려는 연고입니다. 그래서 세존께서는 맨 먼저 불력으로써 저 국토를 장엄하는 일을 보면 온갖 이익을 얻을 수 있다고 말씀하십니다. 이렇게 행자로 하여금 갈앙渴仰의 마음을 내게 하십니다. 이로 인해 위제희 부인이 무생법인을 얻음은 나중에 서방삼성께서 출현하실 때 환희심을 내어 얻은 바 이익이지, 앞에 광명대에서 불국정토가 보일 때의 법인, 무생법인 등을 증득함이 아닙니다.

[정공 스님 강기]

[제불여래께서는 특이한 방편이 있어 곧 그대로 하여금 볼 수 있게 하신다.]

대사께서 여기서 말한 「특이한 방편」은 제가 이제 말하려는 것과 원칙상 완전히 같습니다. 그것은 마음이 청정함입니다. 마음이 청정하면 부처님을 친견할 수 있고, 부처님께서 현전하십니다. 마음을 청정하게 하는 수행법은 팔만사천 법문이라 할 수 있습니다. 이러한 무량한 법문은 모두 청정심을 닦는 방법입니다. 여기서 대사께서 열거하시는 것은,

[다음으로 아래 일상관·수상관·빙상관 내지 13관까지를 다 특이한 방편이라 이름한다.]

제13관은 관상觀像염불로 불상을 생각하는 것입니다. 이 13관에서 이 관상염불은 비교적 쉽습니다. 당신이 집에서 불상을 모시고 공양하며 언제나 이 불상을 생각합니다. 그래서 우리가 부처님께 공양하는 원칙은 자신이 매우 좋아하는 불상에 공양하는 것으로

항상 이 불상을 생각하고 항상 마음속에 새깁니다. 부처님을 생각하기 때문에 다른 것을 생각하지 않고 다른 망상을 끊어버립니다. 이는 특별한 방편법문입니다. 이 법문으로 자신의 망상·분별·집착을 떨어버리면 우리의 마음은 청정에 도달합니다.

[중생으로 하여금 이 관문을 하나하나 성취하여 저 국토의 미묘한 일을 보게 하신다.]

여기서 「미묘한 일」은 바로 부처님을 친견하고, 보살을 친견하며, 서방극락세계의 의정장엄을 보는 것입니다, 정보正報는 불보살이고, 의보依報는 보배연못 연꽃 가로수 등이 속합니다. 이러한 일들을 보게 됩니다. 방금 말했듯이 현전에서 친견함이 있고, 선정 중에 친견함이 있으며, 꿈속에서 친견함이 있습니다. 그러나 여러분은 친견하고 난 후에도 친견하지 않은 것과 같아야만 당신의 마음이 청정함을 꼭 알아야 합니다. 만약 친견한 후 한번 기쁘고 끝이 나면, 청정심을 잃어버립니다. 희·노·애·락·애·오·욕 일곱 가지 감정은 모두 번뇌입니다. 당신은 비로소 알게 됩니다. 불보살님께서 자비로우신데 왜 당신에게 상像을 나타내 보여주지 않느냐 하면 일당 상을 나타내 보이면 번뇌가 곧 닥칩니다. 번뇌가 이미 많아서 끊어도 모두 끊지 못하니, 불보살님께서 어떻게 모질게도 당신에게 번뇌를 보낼 수 있겠습니까? 그래서 당신에게 상을 나타내 보여주지 않습니다. 당신의 마음이 청정하여 일체 경계가 모두 당신을 물들일 수 없으면 부처님께서 상을 나타내 보여주십니다.

혜원慧遠대사께서 정종을 수학하는 방식에서 우리에게 이러한 좋은 모범을 보여 주셨습니다. 대사께서는 여산廬山에 염불당을 건립하고 1백23명의 사람과 함께 닦았습니다. 이 점을 기억하여야 합니다. 동수란 고정된 것이지 왔다 갔다 하는 것이 아니며, 뜻을 같이 하여 도에 합하는 사람들이 같은 곳에서 닦아서 성취할 수 있었습니다. 그래서 후대의 정종도량은 거의 모두 여산도량을 모범으로 삼았습니다.

민국초 정종 최후의 도량인 인광대사의 영암산사靈巖山寺가 진정으로 성취한 것도 모두 발심하고서 도량에서 오래 머물렀으며, 왔다 갔다 하지 않았기 때문입니다. 왔다 갔다 하는 사람이 있으면 외톨이가 되어 참학參學하는 것으로, 그곳에 오래 머물지 못합니다. 대사께서도 자비로우셔서 사람들을 도와 이곳에서 도량의 형식, 과정의 안배, 노력하는 방식을 보게 하고, 여기서 보고 배운 후에 다른 곳에서 유사한 도량을 건립하길 희망하셨습니다. 그래서 그는 다른 사람이 와서 참학하는 것을 허락하셨습니다.

진정한 수행은 이런 도량에서 오래 머물러야 성취할 수 있습니다. 오래 머물지 않고 날마다 끊임없이 몸에 배이도록 닦지 않으면 성취하기 매우 어렵습니다. 왜 그렇습니까? 중생의 습기는 매우 깊어서 삼일만 염불하지 않아도 저속하기 짝이 없습니다. 이는 진실인데, 얼굴에 광채가 없습니다.

항상 염불인은 얼굴도 바뀌고 체질도 바뀌며, 염불할 수록 얼굴빛은 수승해지고 몸은 강건해집니다. 왜냐하면 마음이 청정하여 완전히 정상을 회복하기 때문입니다. 모든 일체 질병·근심·노화의 원인은 모두 망상·집착입니다. 그래서 근심이 사람을 늙게 한다는 옛말이 있습니다. 근심 우환이 있는 사람은 매우 쉽게 늙습니다.

마음이 청정하면 근심 걱정이 없습니다. 이 같은 사람은 쉽게 늙지 않습니다. 그래서 정종법문을 수학하면 특별히 제불보살께서 가지加持하여 현전에서의 이익을 얻을 수 있습니다. 현전에서의 이익은 부처님을 친견하고, 보살을 친견하며, 서상을 접할 뿐만 아니라 자신의 체질이 바뀌고, 번뇌와 우환을 멀리 여의며, 신심이 편안하고 자재합니다. 이들은 모두 현전에서 얻는 진실한 이익입니다.

[청화] 이는 초집初集에서 선도대사께서 우리에게 결론을 맺어 주는 것입니다. 먼저 선도대사님께서 여기서 사용한 용어를 살펴 보겠습니다. 제불諸佛은 한 분 부처님이 아니라 일체 제불입니다. 제불은 일체 제불의 뜻 이외에 아미타부처님의 존칭입니다. 아미타부처님은 일체 제불이 공경심으로 우러러보는 부처님이기 때문에 제불이라 불립니다. 석가모니부처님께서는 《무량수경》에서 아미타부처님을 찬탄하며 "광명 중에 지극히 존귀하며, 부처님 중의 왕이니라(光中極尊 佛中之王)."라고 말씀하셨습니다. 우리의 본사 석가모니부처님께서 더할 나위 없이 아미타부처님을 찬탄하셨습니다. 세존께서 이렇게 찬탄하시고 시방의 일체 제불께서도 이렇게 찬탄하셨습니다. 이로 인해 아미타부처님도 제불이라 불립니다. 그래서 이 뜻은 매우 깊고 매우 광대합니다.

[제불여래유이방편諸佛如來有異方便]. 「이방편異方便」은 바로 불가사의한 방편입니다. 방方은 방법이고 편便은 편의로 중생을 제도하

는 방법이 매우 기묘함을 뜻합니다. 이는 바로 명호를 집지하여 왕생하고 불퇴위에 올라 성불함을 가리키는데, 불가사의한 특이한 방편입니다.

[그대로 하여금 볼 수 있게 하신다. … 저 국토의 미묘한 일을 보고 마음이 기쁜 까닭에 곧 무생법인을 얻게 하신다.] 그 당시 위제희 존자가 석가모니부처님을 향해 가르침을 청할 때 세존께서는 시방제불세계의 의정장엄을 모두 부인의 면전에 나타나게 하여 그녀로 하여금 모두 볼 수 있게 하셨습니다. 이는 이 일을 가리킵니다. 왕생한 후 우리들은 경전 상에서 보게 될 것입니다. 그녀는 이렇게 한번 보고서 마음속에 환희심이 생겨 무생법인을 증득하였습니다. 바꾸어 말하면 아비발치의 지위를 증득하였습니다.

그래서 [여래께서 말법시대 중생을 자애로 불쌍히 여기시어], 여기서 「여래」는 본사 석가모니부처님을 가리키고, 「말대末代」는 바로 우리들 현재 말법시기를 가리킵니다. 특별히 이 법문을 거양하여 우리에게 권하고 우리에게 격려하며, 우리가 전수專修하길 희망하고 근수勤修하길 희망하십니다. 이번 일생 동안 결정코 성취하여 헛되이 보내지 않습니다.

특별히 자애로 불쌍히 여기는 것은 [욕령적학지자欲令積學之者]는 경교經敎를 연구하는 불자들을 가리킵니다. 바꾸어 말하면 정토종을 전수하는 것을 제외한 그밖에 다른 종파의 학인으로 제불여래의 호념 가지加持, 이 부분의 이익을 유실하지 않도록 합니다. 그러면 너무나 애석합니다. 왜 그렇습니까? 아미타불을 염하지 않고 정토에 태어나길 구하는 발원을 하지 않으면 어느 종파를 배우든지, 어느 종류의 경론 어느 종의 법문을 배우든지 모두 제불의 호념과 천룡·신장의 옹호를 얻을 수 없습니다. 왜냐하면 당신이 이 법과 상응하지 않기 때문입니다. 이는 대사께서 여기서 특별히 우리에게 권면하는 것이고, 바로 옛 대덕께서 "천경만론은 그 길은 다르지만 돌아가는 곳은 같다." 하신 말씀으로 모두 서방정토로 돌아가면 옳습니다. 대사님의 이 한마디 말씀도 이런 뜻입니다. 즉 다른 경론을 연구하든 관계없이 반드시 정토로 귀명하고 서방극락세계에 왕생하길 구하면 옳습니다.

증명하여 말하길, 관경의 뜻을 파악하여 13개 단락이 있으니 단락마다 이치에 수순하여 현문에 상응한다. 이 의주義周를 마치고 앞에 세 가지 증명을 노정한다.

證曰：掌握機系十有三結，條條順理以應玄門。訖此義周，三呈前證者矣。

[이시푼촉 스님 강기]

이 단락의 뜻은 불명확합니다. 해석할 수 없습니다.

[관경소전통기觀經疏傳通記] 양충良忠 스님.

「증왈證曰」이란 이는 사첩소를 지어 유포하여 증명을 나타낸다. 그 증명은 모두 제4권 마지막에 있다.

[장악기계십유삼결등掌握機系十有三結等]. 이 뜻은 알려져 있지 않다.

해석을 시도해보면 「기계機系」라 함은 바로 《관경觀經》이다. 위의 사첩소 글에서 "날줄은 씨줄을 간직할 수 있다(經能持緯)"고 말한다. 경의 뜻을 깊게 얻을 수 있는 까닭에 파악한다고 하였다. 「십유삼결十有三結」이란 칠문현의七門玄義에 또한 덧붙여 경론經論에 육단六段의 상위相違가 있다. 총별總別로 합하여 십삼결十三結이라 한다.

「조조條條」라 함은 바로 단락(段段)이다. 13개 단락이 법의 이치에 수순한다. 경전에 현의에 상응하는 까닭에 의주義周라 말한다.

「삼정전증三呈前證」이란 《사첩소》를 지으니 영험한 상, 곧 세 가지 서상이 있었다. 첫째는 저 국토의 의정依正을 봄이고, 둘째는 스님 한 분이 와서 전수하심이며, 셋째는 바퀴 등의 서상이다. 이를 삼정三呈이라 한다. 아래 《사첩소》 글에 이르시길, "경문의 뜻을 펼치고 노정하여 말법시대에도 들리게 하고자 한다." 하였다. 지금 또한 이와 같다. 이에 제4권을 기다리지 않고 제1권에 세 가지 증명을 노중할 수 있다. 그래서 대략 예시한다.

「응현문흘應玄門訖」이란 먼저 현문을 밝히고 증명을 마친다는 뜻이다. 「삼정전증三呈前證」이란 미리 후 세 권을 밝히고 또한 증명을 마친다는 뜻이다. 이른 바 삼三이란 후 세 권을 말한다. 비록 세 권을 노정할 수 있으나 처음과 뒤, 드러냄 가운데 있다.

이상에 비록 일곱 문이 있어 비록 다를지라도 총괄하면 경문 앞에 현의이다. 경론에 있는 상위相違와 방난妨難을 요간함에 하나

하나 가르침을 인용하여 증명하여 믿는 자로 하여금 의심이 없게 하고 왕생을 구하는 자로 하여금 막힘이 없도록 하고자 한다. 마땅히 알지라.

上來雖有七段不同 , 總是文前玄義。料簡經論相違妨難 , ――引教證明 , 欲使信者無疑 , 求者無滯。應知。

[이시푼촉 스님 강기]

이상으로 일곱 문이 있습니다. 총괄하여 경문 앞에 현의부분을 해석함입니다. 여기서는 경론에 있는 상위相違의 부분이나 방난妨難의 부분을 간별·판정함에 하나하나 모두 거룩한 가르침을 인용하여 증명으로 삼습니다. 총괄적인 목적은 수행인으로 하여금 의심을 품지 않고 신심을 내도록 하며, 왕생을 구하는 자로 하여금 마음속에 장애가 없도록 하는데 있습니다. 위에서 선설한 의도를 알아야 합니다.

관경사첩소 현의강기

1판 1쇄 펴낸 날 2019년 5월 30일

지음 선도대사 **강의** 정공 · 이시푼촉스님 **편역** 도영스님
발행인 김재경 **편집** 허만항 **디자인** 김성우 **마케팅** 권태형 **제작** 경희정보인쇄
펴낸곳 도서출판 비움과소통(blog.daum.net/kudoyukjung)
　　　　경기 파주시 하우고개길 151-17 예일아트빌 3동 102호
　　　　전화 031-945-8739 팩스 0505-115-2068
　　　　이메일 buddhapia5@daum.net

© **도영스님, 2019**
ISBN 979-11-6016-051-2 93150

＊ 이 책은 서삭권법에 따라 보호받는 저작물이므로 무단전재와 복제를 금지하며,
　　이 책 내용의 일부를 이용할 때는 반드시 지은이의 서면동의를 받아야 합니다.
＊ 전법을 위한 법보시용 불서는 저렴하게 보급 또는 제작해 드립니다.
　　다량 주문시에는 표지 · 본문 등에 원하시는 문구(文句)를 넣어드립니다.